AURELIUS AUGUSTINUS

SELBSTGESPRÄCHE

VON DER UNSTERBLICHKEIT
DER SEELE

Lateinisch und deutsch

GESTALTUNG DES LATEINISCHEN TEXTES VON
HARALD FUCHS

EINFÜHRUNG, ÜBERTRAGUNG, ERLÄUTERUNGEN
UND ANMERKUNGEN VON HANSPETER MÜLLER

ARTEMIS & WINKLER

CIP-Kurztitelaufnahme der Deutschen Bibliothek
Augustinus, Aurelius:
Selbstgespräche. Von der Unsterblichkeit der Seele.
Lat. u. dt. / Aurelius Augustinus.
Gestaltung d. lat. Textes von Harald Fuchs.
Einf., Übertr., Erl. u. Anm. von Hanspeter Müller. –
3. Aufl. Düsseldorf ; Zürich : Artemis und Winkler 2002
(Sammlung Tusculum) Einheitssacht.: Soliloquia
Einheitssacht. d. beigef. Werkes: De immortalitate animae
ISBN 3-7608-1650-9

NE: Fuchs, Harald [Hrsg.]; Augustinus, Aurelius: [Sammlung]

3. Auflage 2002
© 2002 Patmos Verlag GmbH & Co. KG
Artemis & Winkler Verlag, Düsseldorf/Zürich
Alle Rechte, einschließlich derjenigen des auszugsweisen
Abdrucks, der fotomechanischen und elektronischen
Wiedergabe, vorbehalten.
Druck: Pustet, Regensburg
Printed in Germany
ISBN 3-7608-1650-9
www.patmos.de

INHALT

SOLILOQUIA

LIBER PRIMUS

1 1 Volventi mihi multa ac varia mecum diu, ac per multos
dies sedulo quaerenti memetipsum ac bonum meum,
quidve mali evitandum esset, ait mihi subito sive ego
ipse sive alius quis, ⟨sive⟩ extrinsecus sive intrinsecus,
nescio: nam hoc ipsum est quod magnopere scire mo- 5
lior, ait ergo mihi *Ratio:* Ecce, fac te invenisse aliquid:
cui commendabis, ut pergas ad alia? – *Augustinus:* Me-
2 moriae scilicet. – *Ratio:* Tantane illa est, ut excogitata
omnia bene servet? – *Augustinus:* Difficile est, immo
non potest. – *Ratio:* Ergo scribendum est. sed quid 10
agis, quod valetudo tua scribendi laborem recusat? nec
ista dictari debent; nam solitudinem meram desiderant.
– *Augustinus:* Verum dicis. itaque prorsus nescio, quid
3 agam. – *Ratio:* Ora salutem et auxilium, quo ad concu-
pita pervenias, et hoc ipsum litteris manda, ut prole tua 15
fias animosior. deinde quod invenis paucis conclusiun-
culis breviter collige nec modo cures invitationem tur-
bae legentium; paucis ista sat erunt civibus tuis. – *Augustinus:* Ita faciam.

---

4 ⟨sive⟩, *add. Dyroff.*

SELBSTGESPRÄCHE

ERSTES BUCH

Wie ich mich lange Zeit mit den verschiedensten Gedanken
trug und viele Tage ernsthaft mich selber suchte und was für
mich ein Gutes sei oder ein Übel, das es zu meiden gilt, da
sagte plötzlich zu mir – vielleicht ich selber, vielleicht ein
Zweiter, in mir oder außer mir (ich weiß es nicht, und doch
möchte ich gerade dies so gerne wissen . . .) – nun, da sagte
zu mir die *Vernunft:* Merk auf! Nimm an, du hättest eine
Entdeckung gemacht: wem willst du sie anvertrauen, um zu
anderem weiterschreiten zu können? – *Augustinus:* Dem Gedächtnis doch am besten. – *Vernunft:* Ist dieses so gut, daß es
alle deine Funde getreulich aufbewahren kann? – *Augustinus:*
Das wird schwer sein, oder vielmehr ganz unmöglich. –
Vernunft: Drum muß man schreiben[1]. Doch was willst du
tun, da deine Gesundheit die Schreibarbeit nicht erlaubt?
Diktieren darf man solche Dinge nicht; denn sie verlangen
nach reiner Einsamkeit. – *Augustinus:* Du hast recht, und so
weiß ich ganz und gar nicht, was ich tun soll. – *Vernunft:*
Bete um Gesundheit und Hilfe, die dir die Erfüllung deiner
Wünsche ermöglicht, und schreibe auch schon dieses Gebet
nieder, auf daß dein Erzeugnis dir neuen Mut gebe. Fasse
darauf deine Funde zu wenigen schlüssigen Sätzen kurz zusammen und verlange nur nicht nach der Aufmunterung
eines großen Leserkreises. Es wird dies für einige wenige
unter deinen Mitbürgern genügen. – *Augustinus:* So will ich
tun.

2 1 Deus, universitatis conditor, praesta mihi, primum ut
      bene te rogem, deinde ut me agam dignum quem ex-
      audias, postremo ut liberes.
   2   Deus, per quem omnia, quae per se non essent, ten-
      dunt esse; Deus, qui ne id quidem, quod se invicem   5
      perimit, perire permittis; Deus, qui de nihilo mundum
      istum creasti, quem omnium oculi sentiunt pulcherri-
      mum; Deus, qui malum non facis, et facis esse, ne
      pessimum fiat; Deus, qui paucis ad id quod vere est
   3 refugientibus ostendis malum nihil esse; Deus, per   10
      quem universitas etiam cum sinistra parte perfecta est;
      Deus, a quo dissonantia usque in extremum nulla est,
      cum deteriora melioribus concinunt; Deus, quem amat
      omne, quod potest amare, sive sciens sive nesciens;
      Deus, in quo sunt omnia, cui tamen universae crea-   15
      turae nec turpitudo turpis est nec malitia nocet nec
   4 error errat; Deus, qui nisi mundos verum scire noluisti;
      Deus, pater veritatis, pater sapientiae, pater verae sum-
      maeque vitae, pater beatitudinis, pater boni et pulchri,
      pater intelligibilis lucis, pater evigilationis atque illumi- 20
      nationis nostrae, pater pignoris, quo admonemur redi-
      re ad te: te invoco.
3 1   Deus veritas, in quo et a quo et per quem vera sunt,
      quae vera sunt omnia; Deus sapientia, in quo et a quo
      et per quem sapiunt, quae sapiunt omnia; Deus vera et 25
      summa vita, in quo et a quo et per quem vivunt, quae
      vere summeque vivunt omnia; Deus beatitudo, in quo
      et a quo et per quem beata sunt, quae beata sunt omnia;
      Deus bonum et pulchrum, in quo et a quo et per quem
      bona et pulchra sunt, quae bona et pulchra sunt omnia; 30

---

22 te invoco *a paragr.* 3 *disiunx. Fuchs coll.* 3,3 *fin.*

Gott, Gründer des Weltalls, schenke mir als erstes, daß mein
Gebet recht sei; darauf, daß ich mich deiner Erhörung würdig erweise; endlich, daß du mich erlösest.

Gott, durch den alle Dinge, die von sich aus nicht sein
könnten, nach dem Sein hinstreben; Gott, der du nicht einmal das, was gegenseitig sich zerstört, ganz untergehen lässest; Gott, der du aus nichts diese Welt erschaffen hast[2],
deren einzigartige Schönheit aller Augen empfinden; Gott,
der du das Böse nicht hervorbringst und ihm doch das Dasein gewährst, damit nicht etwas entstünde, was das Böseste
wäre; Gott, der du den wenigen, die zu dem wahrhaft Sei-
enden sich flüchten, zeigest, daß das Böse gar kein Sein hat[3];
Gott, durch den das Weltall auch mit seinem düstern Teil
vollkommen ist; Gott, von dem aus bis ins Letzte keine
Dissonanz besteht, da das Schlechtere mit dem Besseren
sich harmonisch eint; Gott, den alles liebt, was lieben kann,
bewußt und unbewußt; Gott, in dem alles ist, und dem die
ganze Schöpfung doch mit ihrer Häßlichkeit nicht häßlich
ist, mit ihrer Bosheit nicht schadet und mit ihrem Irrtum
nicht irrt; Gott, der du wolltest, daß nur die Reinen Wahrheit hätten[4]; Gott, Vater der Wahrheit, Vater der Weisheit,
Vater des wahren und vollendeten Lebens, Vater der Seligkeit, Vater der Güte und Schönheit, Vater des Lichts der
Erkenntnis, Vater unserer Erweckung und Erleuchtung,
Vater des Pfandes, das uns Ermahnung ist, zu dir zurückzukehren: Dich rufe ich an.

Gott Wahrheit, in dem und von dem und durch den wahr
ist, was wahr ist insgesamt[5]; Gott Weisheit, in dem und von
dem und durch den weise ist, was weise ist insgesamt; Gott
wahres und höchstes Leben, in dem und von dem und durch
den lebt, was wahrhaft und vollkommen lebt insgesamt;
Gott Seligkeit, in dem und von dem und durch den selig ist,
was selig ist insgesamt; Gott Güte und Schönheit, in dem
und von dem und durch den gut und schön ist, was gut und
schön ist insgesamt; Gott geistiges Licht, in dem und von
dem und durch den geistig leuchtet, was geistig leuchtet

² Deus intelligibilis lux, in quo et a quo et per quem
intelligibiliter lucent, quae intelligibiliter lucent omnia;
Deus, cuius regnum est totus mundus, quem sensus
ignorat; Deus, de cuius regno lex etiam in ista regna
describitur; Deus, a quo averti: cadere, in quem con-   5
verti: resurgere, in quo manere: consistere est; Deus, a
quo exire: emori, in quem redire: reviviscere, in quo
³ habitare: vivere est; Deus, quem nemo amittit nisi de-
ceptus, quem nemo quaerit nisi admonitus, quem nemo invenit nisi purgatus; Deus, quem relinquere hoc   10
est quod perire, quem attendere hoc est quod amare,
quem videre hoc est quod habere; Deus, cui nos fides
excitat, spes erigit, caritas iungit; Deus, per quem vin-
cimus inimicum: te deprecor.
⁴   Deus, per quem accepimus, ne omnino periremus;   15
Deus, a quo admonemur, ut vigilemus; Deus, per
quem a malis bona separamus; Deus, per quem mala
fugimus et bona sequimur; Deus, per quem non cedi-
mus adversitatibus; Deus, per quem bene servimus et
bene dominamur; Deus, per quem discimus aliena es-   20
se, quae aliquando nostra, et nostra esse, quae aliquando aliena putabamus; Deus, per quem 'malorum escis
atque illecebris' non haeremus; Deus, per quem nos res
minutae non minuunt; Deus, per quem melius nostrum deteriori subiectum non est; Deus, per quem   25
'mors absorbetur in victoriam'; Deus, qui nos conver-
⁵ tis; Deus, qui nos eo quod non est exuis et eo quod est
induis; Deus, qui nos exaudibiles facis; Deus, qui nos
munis; Deus, qui nos in omnem veritatem inducis;
Deus, qui nobis omnia bona loqueris nec insanos facis   30
nec a quoquam fieri sinis; Deus, qui nos revocas in
viam; Deus, qui nos deducis ad ianuam; Deus, qui fa-

insgesamt; Gott, dessen Reich das Weltall ist, den unser
Sinn nicht erfaßt[6]; Gott, aus dessen Reich auch in die irdischen Reiche das Gesetz übernommen wird[7]; Gott, von dem
sich abzuwenden: fallen, zu dem sich hinzuwenden: sich
erheben, in dem zu bleiben: bestehen heißt; Gott, von dem
wegzugehen: sterben, zu dem zurückzukehren: sich wieder-
beleben; in dem zu wohnen: leben heißt; Gott, den niemand
verliert, der nicht getäuscht ist, den niemand sucht, der
nicht berufen ist, den niemand findet, der nicht geläutert ist;
Gott, den zu verlassen soviel bedeutet wie zugrunde zu gehen, den zu betrachten soviel bedeutet wie zu lieben, den zu
schauen soviel bedeutet wie zu besitzen; Gott, zu dem uns
der Glaube treibt, die Hoffnung erhebt, die Liebe hinführt[8];
Gott, durch den wir den Feind besiegen: dich flehe ich an.

Gott, von dem wir empfangen haben, daß wir nicht von
Grund verloren sind; Gott, von dem wir ermahnt werden,
wach zu sein; Gott, durch den wir vom Bösen das Gute zu
scheiden vermögen; Gott, durch den wir das Böse fliehen
und dem Guten folgen; Gott, durch den wir den Anfechtungen nicht nachgeben; Gott durch den wir richtig dienen und
richtig herrschen; Gott, durch den wir lernen, daß uns nicht
gehört, was wir wohl einst zu besitzen wähnten, und daß
wir besitzen, was wir wohl einmal als fremdes Eigentum
betrachtet hatten; Gott, durch den wir »dem lockenden Kö-
der der Bösen«[9] nicht erliegen; Gott, durch den uns das
Geringe nicht gering macht; Gott, durch den unser besseres
Ich dem böseren nicht unterlegen ist; Gott, durch den »der
Tod verschlungen wird in den Sieg«[10]; Gott, der du uns
bekehrst; Gott, der du uns dessen, was nicht ist, entkleidest
und uns mit dem, was ist, bekleidest; Gott, der du uns der
Erhörung würdig machst; Gott, der du uns Stärke gibst;
Gott, der du uns zu aller Wahrheit führst; Gott, der du
lauter Gutes zu uns sprichst und uns nicht unsere gesunden
Sinne verlieren lässest und sorgst, daß uns dieses auch von
niemandem widerfahre; Gott, der du uns auf die rechte Stra-
ße zurückrufst; Gott, der du uns hin zur Pforte führst; Gott,

cis, 'ut pulsantibus aperiatur'; Deus, qui nobis das 'panem vitae'; Deus, per quem sitimus potum, quo hausto
6 nunquam sitiamus; Deus, qui 'arguis saeculum de peccato, de iustitia et de iudicio'; Deus, per quem nos non
movent qui minime credunt; Deus, per quem impro-   5
bamus eorum errorem, qui animarum merita nulla esse
apud te putant; Deus, per quem non servimus 'infirmis
et egenis elementis'; Deus, qui nos purgas et ad divina
4 1 praeparas praemia: adveni mihi propitius. tu, quidquid
a me dictum est, unus Deus tu, tu veni mihi in auxi- 10
lium, una aeterna ⟨et⟩ vera substantia, ubi nulla discrepantia, nulla confusio, nulla transitio, nulla indigentia,
nulla mors, ubi summa concordia, summa evidentia,
summa constantia, summa plenitudo, summa vita, ubi
nihil deest, nihil redundat, ubi qui gignit et quem gi- 15
gnit, unum est.
2   Deus, cui serviunt omnia quae serviunt, cui obtemperat omnis bona anima; ⟨Deus,⟩ cuius legibus rotantur
poli, cursus suos sidera peragunt, sol exercet diem,
luna temperat noctem omnisque mundus per dies vi- 20
cissitudine lucis et noctis, per menses incrementis decrementisque lunaribus, per annos veris aestatis autumni et hiemis successionibus, per lustra perfectione
cursus solaris, per magnos orbes recursu in ortus suos
siderum magnam rerum constantiam, quantum sensi- 25
bilis materia patitur, temporum ordinibus replicationi-
3 busque custodit; Deus, cuius legibus in aevo stantibus
motus instabilis rerum mutabilium perturbatus esse
non sinitur frenisque circumeuntium saeculorum sem-

9 propitius tu: distinx. Fuchs clausulae ratione habita. – 11 ⟨et⟩ add. Fuchs.
– 18 ⟨Deus⟩ add. Fuchs.

der du sorgst, daß »denen, die da anklopfen, aufgetan werde«[11]; Gott, der du uns »das Brot des Lebens«[12] gibst; Gott,
durch den wir »dürsten nach einem Trank, dessen Genuß
uns nicht mehr soll dürsten lassen«[13]; Gott, der du die Welt
»zur Erkenntnis bringst über die Sünde und die Gerechtigkeit und das Gericht«[14]; Gott, durch den wir fest bleiben
gegen die Ungläubigen; Gott, durch den wir den Irrtum
derer mißbilligen, welche meinen, es gebe kein Verdienst
der Seele vor dir; Gott, durch den wir nicht den »schwachen
und bedürftigen Elementen«[15] dienen; Gott, der du uns läu-
terst und uns zum himmlischen Lohn vorbereitest: komm
du gnädig zu mir. Du, der du alles, was ich gesagt habe,
allein in dir vereinigst, o du einziger Gott, komm du mir zu
Hilfe, einziges ewiges und wahres Sein, wo es keine Un-
stimmigkeit, keine Verwirrung, keine Wandlung, keinen
Mangel, keinen Tod gibt; wo die höchste Eintracht, die
höchste Gewißheit, die höchste Beständigkeit, die höchste
Fülle, das höchste Leben ist; wo nichts fehlt, nichts im
Übermaß vorhanden ist; wo der Vater und der Sohn eines
ist[16]

Gott, dem alles dient, dem jede gute Seele gehorcht;
⟨Gott,⟩ nach dessen Gesetzen die Pole sich drehen, die Gestirne ihre Bahnen vollenden, die Sonne dem Tag gebietet,
der Mond die Nacht beherrscht und die ganze Welt in den
Tagen mit dem Wechsel von Licht und Dunkelheit, in den
Monaten mit dem Zunehmen und Abnehmen des Mondes,
in den Jahren mit der Abfolge von Frühling, Sommer,
Herbst und Winter, in den Jahrfünften mit der Vollendung
der Sonnenbahn, in den Großkreisen mit der Rückkehr der
Gestirne zu ihrem Anfang die große Beständigkeit des Alls,
soweit es die unseren Sinnen erfahrbare Materie zuläßt, in
der Zeiten Ordnungen und rhythmischen Wiederholungen
innehält; Gott, durch dessen Gesetze, die in Ewigkeit be-
ständig sind, die unbeständige Bewegung der wandelbaren
Dinge nicht in Verwirrung ausarten darf und, gezügelt
durch den Umlauf der Jahrhunderte, stets zur Nachahmung

4 per ad similitudinem stabilitatis revocatur; ⟨Deus,⟩ cuius legibus arbitrium animae liberum est bonisque praemia et malis poenae fixis per omnia necessitatibus di-
5 stributae sunt; Deus, a quo manant usque ad nos omnia
6 bona, a quo coercentur a nobis omnia mala; Deus, su-   5
pra quem nihil, extra quem nihil, sine quo nihil est;
Deus, sub quo totum est, in quo totum est, cum quo
7 totum est; ⟨Deus,⟩ qui 'fecisti hominem ad imaginem et
similitudinem tuam', quod qui se ipse novit agnoscit:
8 exaudi, exaudi, exaudi me; Deus meus, domine meus,   10
rex meus, pater meus, causa mea, spes mea, res mea,
honor meus, domus mea, patria mea, salus mea, lux
mea, vita mea, exaudi, exaudi, exaudi me more illo tuo
paucis notissimo.

5 1   Iam te solum amo, te solum sequor, te solum quae-   15
ro; tibi soli servire paratus sum, quia tu solus iuste
2 dominaris; tui iuris esse cupio. iube, quaeso, atque impera, quidquid vis, sed sana et aperi aures meas, quibus
voces tuas audiam, sana et aperi oculos meos, quibus
nutus tuos videam, expelle a me insaniam, ut reco- ·20
gnoscam te, dic mihi qua attendam, ut aspiciam te: et
3 omnia me spero, quae iusseris, esse facturum. recipe,
oro, fugitivum tuum, domine, clementissime pater.
iamiam satis poenas dederim, satis inimicis tuis, quos
sub pedibus habes, servierim, satis fuerim fallaciarum   25
ludibrium. accipe me, ab istis fugientem famulum tuum, quia et isti me, quando a te fugiebam, acceperunt
4 alienum. ad te mihi redeundum esse sentio; pateat mihi
pulsanti ianua tua; quomodo ad te perveniatur, doce
me. nihil aliud habeo quam voluntatem; nihil aliud scio   30
nisi fluxa et caduca spernenda esse, certa et aeterna
requirenda. hoc facio, pater, quia hoc solum novi; sed

---

1 ⟨Deus⟩ *add. Fuchs.* – 8 ⟨Deus⟩ *add. Fuchs.* – 10 *distinx. Fuchs coll.* 3, 6 *fin.*

der Beständigkeit angehalten wird; ⟨Gott,⟩ durch dessen Gesetze der Wille der Seele frei ist[17] und den Guten Belohnun-
gen, den Bösen Strafen nach allumfassender fester Ordnung
vorherbestimmt sind; Gott, von dem bis zu uns alles Gute
fließt[18], von dem uns ferngehalten werden alle Übel; Gott,
über dem nichts, außer dem nichts, ohne den nichts ist;
Gott, unter dem alles, in dem alles, bei dem alles ist; ⟨Gott,⟩
der du den Menschen »nach deinem Bilde« und dir ähnlich
geschaffen hast[19], was, wer sich selbst kennt, anerkennt:
erhöre, erhöre, erhöre mich; mein Gott, mein Herr, mein
König, mein Vater, mein Grund, meine Hoffnung, mein
Besitz, meine Ehre, mein Haus, meine Heimat, mein Heil,
mein Licht und mein Leben, erhöre, erhöre, erhöre mich
nach deiner Weise, die nur so wenigen ganz bekannt ist.

Schon liebe ich nur dich allein, dir allein folge ich, dich
allein suche ich; dir allein bin ich zu dienen bereit, weil du
allein gerechte Herrschaft übest; unter deiner Macht will ich
stehen. Befiehl du, ich bitte dich, und trage mir auf, was du
nur willst, doch heile und öffne meine Ohren, auf daß ich
deine Worte höre, heile und öffne meine Augen, auf daß ich
deine Winke sehe, vertreibe aus mir die Verblendung, auf
daß ich dich wieder erkenne, sag mir, wohin ich schauen
muß, damit ich dich erblicke, und ich hoffe alles, was du
befiehlst, ausführen zu können. Nimm auf bei dir, bitte ich,
deinen entlaufenen Knecht, Herr, du mein gnädigster Vater.
Laß es genug der Strafen sein, laß mich genug gedient haben
deinen Feinden, die unter deinen Füßen liegen, laß mich
genug ein Spielball der Täuschungen gewesen sein. Nimm
mich an, deinen Diener, der nun jenen entläuft, da auch sie
mich, als ich dir entlief, aufgenommen haben, obschon ich
fremd war. Zu dir muß ich, ich fühle es, zurückkehren; die
Pforte werde, wenn ich klopfe, aufgetan; lehre mich den
Weg zu dir. Nichts anderes habe ich als den Willen; nichts
anderes weiß ich, als daß das Veränderliche und Vergängli-
che verachtet, das Beständige und Ewige gesucht werden
muß. Das tue ich, Vater, weil ich das allein weiß; doch den

unde ad te perveniatur ignoro. tu mihi suggere, tu ostende, tu viaticum praebe. si fide te inveniunt qui ad te
refugiunt, fidem da; si virtute, virtutem; si scientia,
scientiam. auge in me fidem, auge spem, auge carita-
tem. o admiranda et singularis bonitas tua! ad te am-
bio, et quibus rebus ad te ambiatur, a te rursum peto.
tu enim si deseris, peritur: sed non deseris, quia tu es
summum bonum, quod nemo recte quaesivit et minime invenit, omnis autem recte quaesivit, quem tu recte
quaerere fecisti. fac me, pater, quaerere te, vindica me
ab errore, quaerenti te mihi nihil aliud pro te occurrat.
si nihil aliud desidero quam te, inveniam te iam, quaeso, pater; si autem est in me superflui alicuius appetitio,
tu ipse me munda et fac idoneum ad videndum te.
ceterum de salute huius mortalis corporis mei, quamdiu nescio quid mihi ex eo utile sit vel eis quos diligo,
tibi illud committo, pater sapientissime atque optime,
et pro eo quod ad tempus admonueris deprecabor. tantum oro excellentissimam clementiam tuam, ut me penitus ad te convertas nihilque mihi repugnare facias
tendenti ad te iubeasque me, dum hoc ipsum corpus
ago atque porto, purum magnanimum iustum pruden-
temque esse perfectumque amatorem perceptoremque
sapientiae tuae et dignum habitatione ⟨tua⟩ atque habi-
tatorem beatissimi regni tui. amen. amen.

5 o admiranda … bonitas tua *paragr. 6 attrib. Fuchs.* – 24 ⟨tua⟩ *add. Fuchs.*

Weg zu dir weiß ich nicht. Laß du ihn mich wissen, zeig du
ihn, gib du mir meine Wegzehrung. Wenn dich durch Glauben findet, wer zu dir sich flüchtet, gib mir Glauben, wenn
durch Tugend, Tugend, wenn durch Wissen, Wissen. Laß
wachsen in mir den Glauben, laß wachsen die Hoffnung, laß
wachsen die Liebe. Oh, wie wunderbar und einzig ist deine
Güte! Zu dir wende ich mich, und die Mittel, daß ich mich
hinwenden kann, erbitte ich mir wiederum von dir. Wem
du dich nämlich versagst, der stirbt; doch du versagst dich
nicht, denn du bist das höchste Gut, das keiner richtig gesucht und nicht gefunden hat, jeder aber richtig gesucht hat,
den du hast richtig suchen lassen. Laß mich, Vater, dich
suchen, befreie mich vom Irrtum; wenn ich dich suche,
möge mir nicht etwas anderes an deiner Stelle begegnen.
Wenn ich nichts anderes wünsche als eben dich, so möge ich
dich jetzt schon finden, ich bitte dich, Vater; wenn aber in
mir noch ein Verlangen nach etwas Überflüssigem ist, dann
läutere du selbst mich[20] und mach, daß ich fähig werde, dich
zu schauen. Was im übrigen das Heil dieses meines sterblichen Leibes betrifft: solange mir von ihm noch irgendein
Nutzen erwachsen kann oder auch denen, die ich liebe,
überantworte ich ihn dir. Vater der höchsten Weisheit und
Güte, und für ihn werde ich nur erbitten, was du zu gegebe-
ner Zeit mir nahelegen wirst. Nur um das Eine bitte ich
deine allerhöchste Barmherzigkeit: kehre du mich von
Grund auf zu dir hin und laß nicht zu, daß sich mir, da ich
zu dir strebe, irgend etwas widersetzt, und befiehl du mir,
ich solle, solange ich meinen Körper trage und schleppe,
rein, hohen Mutes, gerecht und klug sein, ein Mensch, vollendet im Lieben und im Aufnehmen deiner Weisheit, würdig, daß du in mir wohnest, und selbst ein Bewohner deines
glückseligen Reiches. Amen. Amen.

7 1   *Augustinus:* Ecce oravi Deum.
        Ratio: Quid ergo scire vis?
        A.: Haec ipsa omnia quae oravi.
        R.: Breviter ea collige.
        A.: Deum et animam scire cupio.   5
        R.: Nihilne plus?
        A.: Nihil omnino.
   2   *R.:* Ergo incipe quaerere. sed prius explica, quomo-
        do, tibi si demonstretur Deus, possis dicere: sat est.
        A.: Nescio, quomodo mihi demonstrari debeat, ut 10
        dicam: sat est. non enim credo me scire aliquid sic,
        quomodo scire Deum desidero.
   3   *R.:* Quid ergo agimus? nonne censes prius tibi esse
        sciendum, quomodo tibi Deum scire satis sit, quo cum
        perveneris non amplius quaeras?   15
        A.: Censeo quidem, sed quo pacto fieri possit, non
        video. quid enim Deo simile unquam intellexi, ut pos-
        sim dicere: quomodo hoc intelligo, sic volo intelligere
        Deum?
   4   *R.:* Qui nondum Deum nosti, unde nosti nihil te   20
        nosse Deo simile?
        A.: Quia, si aliquid Deo simile scirem, sine dubio id
        amarem. nunc autem nihil aliud amo quam Deum et
        animam, quorum neutrum scio.
   5   *R.:* Non igitur amas amicos tuos?   25
        A.: Quo pacto eos possum, amans animam, non
        amare?
        R.: Hoc modo ergo et pulices et cimices amas?
        A.: Animam me amare dixi, non animalia.
   6   *R.:* Aut homines non sunt amici tui aut eos non   30

Das Gespräch des ersten Tages

Augustinus: So habe ich nun zu Gott gebetet.
Vernunft: Was willst du also wissen?
A.: All das, was ich im Gebet gesagt habe.
V.: Faß es kurz zusammen.
A.: Gott und die Seele will ich erkennen.
V.: Weiter nichts?
A.: Gar nichts.
V.: Also, fang an zu fragen. Doch erkläre mir zuvor, an welchem Punkte der Darstellung Gottes du wirst sagen können: es ist genug.
A.: Ich weiß nicht, bis zu welchem Punkte er mir dargestellt werden muß, damit ich sagen kann: es ist genug. Denn ich glaube, ich kenne nichts so, wie ich Gott zu kennen wünsche.
V.: Was tun wir also? Meinst du nicht, du müßtest zuerst wissen, bei welchem Punkte der Gotteserkenntnis es dir genug wäre, so daß du nicht, wenn du das Ziel schon erreicht hast, weiter suchtest?
A.: Das meine ich wohl. Wie das aber geschehen könnte, sehe ich nicht. Denn was habe ich schon jemals begriffen, das Gott ähnlich war, so daß ich nun sagen könnte: so, wie ich das begreife, so will ich Gott begreifen?
V.: Wenn du doch Gott noch nicht kennst, woher weißt du denn, daß du nichts Gott Ähnliches kennst?
A.: Weil ich, wenn ich etwas Gott Ähnliches kennte, dieses ohne Zweifel liebte. Jetzt aber liebe ich nichts anderes als Gott und die Seele, und von beiden weiß ich nichts.
V.: Liebst du also deine Freunde nicht?
A.: Wie könnte ich sie nicht lieben, da ich doch die Seele liebe.
V.: So liebst du folglich auch Flöhe und Wanzen?
A.: Die Seele, sagte ich, liebe ich, nicht das Beseelte[21].
V.: Dann sind entweder deine Freunde keine Menschen,

amas: omnis enim homo est animal, et animalia te non
amare dixisti.

A.: Et homines sunt et eos amo, non eo quod animalia, sed eo quod homines sunt, id est ex eo quod ratio-
nales animas habent, quas amo etiam in latronibus. 5
licet enim mihi in quovis amare rationem, cum illum
iure oderim qui male utitur eo quod amo. itaque tanto
magis amo amicos meos, quanto magis bene utuntur
anima rationali, vel certe quantum desiderant ea bene
uti.   10

8 1   *R.:* Accipio istud. sed tamen, si quis tibi diceret:
faciam te sic Deum nosse, quomodo nosti Alypium,
nonne gratias ageres et diceres: satis est?

A.: Agerem quidem gratias, sed satis esse non dicerem.   15

R.: Cur, quaeso?

A.: Quia Deum ne sic quidem novi quomodo Alypium, et tamen Alypium non satis novi.

2   *R.:* Vide ergo ne impudenter velis satis Deum nosse,
qui Alypium non satis nosti.   20

A.: Non sequitur. nam in comparatione siderum
quid est mea cena vilius? et tamen cras quid sim cena-
turus ignoro, quo autem signo luna futura sit, non
impudenter me scire profiteor.

3   *R.:* Ergo vel ita Deum nosse tibi satis est, ut nosti 25
quo cras signo luna cursura sit?

A.: Non est satis. nam hoc sensibus approbo; ignoro
autem, utrum vel Deus vel aliqua naturae occulta causa

oder du liebst sie nicht; denn jeder Mensch ist doch etwas Beseeltes, und du sagtest eben, Beseeltes liebest du nicht.

A.: Doch, sie sind Menschen, und ich liebe sie, nicht deswegen, weil sie beseelt, sondern deswegen, weil sie Menschen sind, das heißt, insofern sie vernunftbegabte Seelen haben, die ich auch noch bei einem Räuber liebe[22]. Denn ich darf in jedem Wesen seine Vernunft lieben, während ich gleichzeitig mit Recht den hasse, der das, was ich liebe, übel anwendet. Aus diesem Grunde liebe ich meine Freunde um soviel mehr, als sie ihre vernunftbegabte Seele besser anwenden, oder jedenfalls insofern sie wünschen, sie gut anzuwenden.

V.: Das anerkenne ich. Doch wenn jemand zu dir sagen würde: »Ich will dich Gott so gut kennen lassen, wie du deinen Freund Alypius[23] kennst« – würdest du dich bei ihm nicht bedanken und sagen: »Es ist genug«?

A.: Bedanken würde ich mich schon, aber nicht sagen, es sei genug.

V.: Warum denn, bitte?

A.: Weil ich Gott nicht einmal so gut kenne wie den Alypius, und doch kenne ich auch den Alypius nicht gut genug.

V.: Dann sieh dich vor, daß nicht Vermessenheit dich treibt, wenn du Gott bis zur Genüge kennen willst, während du doch den Alypius nicht einmal genügend kennst.

A.: Dein Schluß ist nicht zwingend. Verglichen mit den Sternen zum Beispiel gibt es kaum etwas Belangloseres als mein Essen, und doch weiß ich nicht, was ich morgen essen werde, während ich ohne Vermessenheit behaupten kann, ich wisse, in welchem Zeichen der Mond stehen wird.

V.: Es genügt dir also, Gott wenigstens so gut zu kennen, wie du weißt, in welchem Zeichen der Mond morgen dahinziehen wird?

A.: Nein, es genügt mir nicht. Denn dieses da mache ich mir auf Grund der sinnlichen Wahrnehmung klar; ich weiß jedoch nicht, ob etwa Gott oder irgendeine verborgene na-

subito lunae ordinem cursumque commutet. quod si
acciderit, totum illud quod praesumpseram, falsum
erit.

4   *R.:* Et credis hoc fieri posse?

A.: Non credo. sed ego quid sciam quaero, non quid   5
credam. omne autem quod scimus, recte fortasse etiam
credere dicimur, at non omne quod credimus, etiam
scire.

R.: Respuis igitur in hac causa omne testimonium
sensuum?   10

A.: Prorsus respuo.

5   *R.:* Quid? illum familiarem tuum, quem te adhuc
ignorare dixisti, sensu vis nosse an intellectu?

A.: Sensu quidem quod in eo novi, si tamen sensu
aliquid noscitur, et vile est et satis est. illam vero par-   15
tem qua mihi amicus est, id est ipsum animum, intellectu assequi cupio.

R.: Potestne aliter nosci?

A.: Nullo modo.

6   *R.:* Amicum igitur tuum et vehementer familiarem   20
audes tibi dicere esse ignotum?

A.: Quidni audeam? illam enim legem amicitiae iu-
stissimam esse arbitror, qua praescribitur, ut sicut non
minus ita nec plus quisque amicum quam seipsum dili-
gat. itaque, cum memetipsum ignorem, qua potest a   25
me affici contumelia, quem mihi esse dixero ignotum,
cum praesertim, ut credo, ne ipse quidem se noverit?

7   *R.:* Si ergo ista quae scire vis ex eo sunt genere quae
intellectus assequitur, cum dicerem impudenter te velle
Deum scire, cum Alypium nescias, non debuisti mihi   30
cenam tuam et lunam proferre pro simili, si haec, ut

türliche Ursache plötzlich die geordnete Mondbahn verändern wird. Wenn dieses aber geschehen sollte, wird meine ganze Vermutung falsch sein.

V.: Und du glaubst, das könnte geschehen?

A.: Nein, ich glaube das nicht. Doch ich suche ein Wissen, keinen Glauben[24]. Zwar sagen wir wahrscheinlich mit Recht, daß wir alles, was wir wissen, auch glauben; aber nicht alles, was wir glauben, wissen wir auch.

V.: Verwirfst du also in diesem Falle jedes Zeugnis der Sinne?

A.: Ja, vollständig.

V.: Gut. Wie ist es aber mit deinem Freund? Du sagtest, du kenntest ihn noch nicht. Willst du ihn sinnlich oder geistig erkennen?

A.: Was ich sinnlich bei ihm erkennen konnte (wenn es wirklich sinnliche Erkenntnis gibt), das ist belanglos und genügt mir vollständig. Aber jenen Teil seines Wesens, mit dem er mir Freund ist, das heißt seine Seele, wünsche ich geistig zu erfassen.

V.: Könnte sie auch anders erkannt werden?

A.: Keineswegs.

V.: Du wagst es also, von deinem Freund, mit dem du dich wirklich eng verbunden fühlst, zu sagen, er sei dir unbekannt?

A.: Weshalb sollte ich es nicht wagen? In der Freundschaft halte ich nämlich jenes Gesetz[25] für das richtigste, das vorschreibt, man solle den Freund weder weniger noch mehr als sich selbst lieben. Wie kann es daher, wenn ich mich doch selber noch nicht kenne, für den andern eine Schande sein, wenn ich von ihm sage, ich kenne ihn nicht, zumal er, glaube ich, nicht einmal sich selber kennt.

V.: Wenn also, was du erkennen willst, von der Art dessen ist, was der Geist erfaßt, hättest du, als ich sagte, es sei vermessen, Gott erkennen zu wollen, ohne deinen Freund Alypius zu kennen, mir nicht dein Essen und den Mond als Vergleich anführen dürfen, wenn diese Dinge, wie du sag-

9 1 dixisti, ad sensum pertinent. sed quid ad nos? nunc illud responde: si ea quae de Deo dixerunt Plato et Plotinus vera sunt, satisne tibi est ita Deum scire, ut illi sciebant?

2 *A.:* Non continuo, si ea quae dixerunt vera sunt, 5 etiam scisse illos ea necesse est. nam multi copiose dicunt quae nesciunt, ut ego ipse omnia, quae oravi, me dixi scire cupere, quod non cuperem, si iam scirem. num igitur eo minus illa dicere potui? dixi enim non quae intellectu comprehendi, sed quae undecumque 10 collecta memoriae mandavi et quibus accommodavi quantam potui fidem. scire autem aliud est.

3 *R.:* Dic, quaeso, scisne saltem in geometrica disciplina quid sit linea?

A.: Istud plane scio. 15

R.: Nec in ista professione vereris Academicos?

A.: Non omnino. illi enim sapientem errare noluerunt, ego autem sapiens non sum. itaque adhuc non vereor earum rerum, quas novi, scientiam profiteri. quod si, ut cupio, pervenero ad sapientiam, faciam 20 quod illa monuerit.

4 *R.:* Nihil renuo. sed, ut quaerere coeperam, ita ut lineam nosti, nosti etiam pilam, quam sphaeram nominant?

A.: Novi. 25

R.: Aeque utrumque nosti an aliud alio magis aut minus?

test, zur sinnlichen Wahrnehmung gehören. Doch was hat das mit uns zu tun? Gib mir jetzt Antwort auf diese Frage: wenn Platons und Plotins[26] Aussagen über Gott wahr sind, genügt es dir dann, das gleiche Wissen von Gott zu haben wie sie?

A.: Es ist nicht unbedingt nötig, daß ihre Aussagen, wenn sie schon wahr sind, auch ihr eigentliches Wissen enthalten. Denn viele Leute reden sehr schön von Dingen, die sie nicht eigentlich wissen; zum Beispiel habe ich selber vorhin bekannt, all das, was ich im Gebet gesagt habe, möchte ich wissen; diesen Wunsch hegte ich aber nicht, wenn ich es schon wüßte. Hat mich das etwa gehindert, es zu sagen? Nein! Denn was ich sagte, waren ja nicht Erkenntnisse, die ich im Geiste erfaßt habe, sondern Erinnerungsstücke, die ich hier und dort aufgenommen und denen ich allerdings den größten Glauben geschenkt habe. Wissen aber ist etwas anderes.

V.: Sag mir, bitte: weißt du wenigstens, was in der Geometrie[27] eine Linie ist?

A.: Ja, das weiß ich genau.

V.: Und hast du bei dieser Aussage kein Bedenken wegen der Skeptiker?[28]

A.: Keineswegs. Denn diese nahmen für den Weisen in Anspruch, daß er sich nicht irre; ich bin aber kein Weiser. Deshalb habe ich vorläufig kein Bedenken, von den Dingen, die ich erkannt habe, auszusagen, ich wisse sie. Wenn ich aber einmal, wie ich hoffe, zur Weisheit gelangt bin, dann will ich tun, was diese mir rät.

V.: Ich habe nichts einzuwenden. Doch zurück zu meiner Frage: weißt du auch so gut, wie du weißt, was eine Linie ist, was ein Ball ist, den sie mit dem Fachausdruck ›Kugel‹ bezeichnen?

A.: Ja.

V.: Weißt du beides gleich gut oder das eine besser oder schlechter als das andere?

A.: Aeque prorsus. nam in utroque nihil fallor.

R.: Quid? haec sensibusne percepisti an intellectu?

A.: Immo sensus in hoc negotio quasi navim sum expertus. nam cum ipsi me ad locum quo tendebam pervexerint, ubi eos dimisi et iam velut in solo positus coepi cogitatione ista volvere, diu mihi vestigia titubarunt. quare citius mihi videtur in terra posse navigari quam geometrica sensibus percipi, quamvis primo discentes aliquantum adiuvare videantur.

R.: Ergo istarum rerum disciplinam, si qua tibi est, non dubitas vocari scientiam?

A.: Non, si Stoici sinant, qui scientiam tribuunt nulli nisi sapienti. perceptionem sane istorum me habere non nego, quam etiam stultitiae concedunt. sed nec istos quidquam pertimesco. prorsus haec quae interrogasti scientia teneo. perge modo; videam quorsum ista quaeris.

R.: Ne propera, otiosi sumus. intentus tantum accipe, ne quid temere concedas. gaudentem te studeo reddere de rebus quibus nullum casum pertimescas, et, quasi parvum negotium sit, praecipitare iubes?

A.: Ita Deus faxit, ut dicis. itaque arbitrio tuo rogato, et obiurgato gravius, si quidquam tale posthac.

R.: Ergo lineam in duas lineas per longum scindi manifestum tibi est nullo modo posse?

A.: Manifestum.

R.: Quid transversim?

A.: Quid nisi infinite secari posse?

---

8 geometricam (*post* quam): *corr. Fuchs.*

A.: Sicher gleich gut; denn in beiden Fällen täusche ich mich nicht.

V.: Hast du das mit den Sinnen oder mit dem Geiste erfaßt?

A.: Die Sinne habe ich bei diesem Akt gebraucht wie ein Schiff[29]: denn als sie mich zum erstrebten Ziel getragen hatten und ich auf ihren weiteren Dienst verzichten konnte und, sozusagen an Land gesetzt, nun mit meinem Verstand die Probleme zu wälzen begann, da haben mir lange Zeit die Knie gezittert. Darum scheint mir, eher kann man zu Schiff über Land fahren als die Geometrie mit den Sinnen erfassen, obschon diese den Anfängern offensichtlich ein wenig Hilfe leisten.

V.: Also hast du kein Bedenken, die Lehre von diesen Dingen, soweit sie dir etwa eigen ist, ein Wissen zu nennen?

A.: Nein – wofern es die Stoiker zulassen, die ein Wissen nur dem Weisen zugestehen. Ein Begreifen dieser Dinge aber habe ich sicherlich[30], wie es von ihnen auch der Torheit zugebilligt wird. Doch fürchte ich mich auch vor ihnen nicht. Von den Dingen, nach denen du mich fragst, habe ich durchaus ein Wissen. Fahre nur fort. Ich will sehen, zu welchem Ende du dies alles fragst.

V.: Nicht so hastig. Wir haben Zeit. Sei mir nur vorsichtig, wenn du etwas annimmst, daß du nicht blindlings zustimmst. Freude will ich dir verschaffen mit Dingen, um deren Sicherheit du nicht mehr besorgt sein sollst, und da willst du, als ob es ein nebensächliches Geschäft sei, ich solle vorwärtsstürzen?

A.: Gebe Gott, es sei, wie du sagst. Darum frage eben nach deinem Gutdünken und tadle mich ernsthaft, wenn ich in meinen alten Fehler verfalle.

V.: Also schön: daß man eine Linie der Länge nach nicht in zwei Linien aufspalten kann, das scheint dir klar zu sein.

A.: Ja.

V.: Aber in die Quere?

A.: Natürlich. Man kann sie sogar unendlich oft teilen.

2   *R.:* Quid? sphaeram ex una qualibet parte a medio
ne duos quidem pares circulos habere posse pariter
lucet?

A.: Pariter omnino.

R.: Quid? linea et sphaera unumne aliquid tibi vi-   5
dentur esse an quidquam inter se differunt?

A.: Quis non videat differre plurimum?

3   *R.:* At si aeque illud atque hoc nosti et tamen inter
se, ut fateris, plurimum differunt, est ergo differenti-
um rerum scientia indifferens?   10

A.: Quis enim negavit?

4   *R.:* Tu paulo ante. nam cum te rogassem, quomodo
velis Deum nosse, ut possis dicere: satis est, respondisti
te ideo nequire hoc explicare, quia nihil haberes per-
ceptum similiter atque Deum cupis percipere; nihil   15
enim te scire Deo simile. quid ergo nunc? linea vel
sphaera similes sunt?

A.: Quis hoc dixerit?

5   *R.:* Sed ego quaesiveram non quid tale scires, sed
quid scires sic, quomodo Deum scire desideras. sic   20
enim nosti lineam, ut nosti sphaeram, cum se non sic
habeat linea, ut se habet sphaera. quamobrem responde, utrum tibi satis sit sic Deum nosse, ut pilam illam
geometricam nosti, hoc est ita de Deo nihil ut de illa
dubitare.   25

11 1   *A.:* Quaeso te, quamvis vehementer urgeas atque
convincas, non audeo tamen dicere ita me velle Deum
scire, ut haec scio. non solum enim res, sed ipsa etiam

2   scientia mihi videtur esse dissimilis. primo, quia nec
linea et pila tantum inter se differunt, ut tamen eorum 30
cognitionem una disciplina non contineat: nullus au-

3   tem geometres Deum se docere professus est. deinde,

V.: Ist dir ebenso klar, daß eine Kugel in jeder möglichen Richtung von ihrem Mittelpunkt aus nicht zwei gleich große Schnittflächen aufweisen kann?

A.: Ja, ebenso.

V.: Linie und Kugel, scheinen sie dir das gleiche zu sein, oder sind sie sich irgendwie ungleich?

A.: Das sieht doch jeder, daß sie völlig ungleich sind.

V.: Wenn du aber Linie und Kugel gleich gut kennst und diese dennoch, wie du zugibst, völlig ungleich sind, dann gibt es also von Dingen, die verschieden geartet sind, ein gleichartiges Wissen.

A.: Wer hat dies denn bestritten?

V.: Du selbst erst vorhin. Denn auf meine Frage, bis zu welchem Grade du Gott kennen wolltest, um sagen zu können, es ist genug, hast du geantwortet, du könntest dies aus dem einen Grunde nicht darlegen, weil du nichts bis zu einem ähnlichen Grade erfaßt habest, wie du Gott zu erfassen wünschest; denn du kenntest nichts Gott Ähnliches. Nun sag: sind etwa Linie und Kugel ähnliche Gebilde?

A.: Wer wollte das behaupten!

V.: Meine Frage hieß jedoch nicht, was für Objekte dieser Art du kenntest, sondern was du genau so gut kenntest, wie du Gott zu kennen wünschest. Du kennst nämlich die Linie so gut, wie du die Kugel kennst, obschon sich die Linie ganz anders verhält als die Kugel. Darum antworte mir, ob es dir genügt, Gott genau so gut zu kennen, wie du unsern geometrischen Ball kennst, das heißt so gut, daß dir an Gott so wenig unklar ist wie an der Kugel.

A.: Verzeih! Obschon du mich heftig bedrängst und mich zuzustimmen zwingst, wage ich dennoch nicht zu behaupten, ich wollte Gott nur so gut kennen, wie ich dies kenne. Nicht nur in den Objekten, sondern auch im Wissen von diesen Objekten scheint mir ein Unterschied zu sein. Denn erstens sind Linie und Kugel nicht so sehr ungleich, daß sie nicht eine einzige Wissenschaft umfaßte; kein Geometrielehrer hat aber je verkündet, er lehre die Gotteser-

si Dei et istarum rerum scientia par esset, tantum gau-
derem quod ista novi, quantum me Deo cognito gavisurum esse praesumo. nunc autem permultum haec in
illius comparatione contemno, ut nonnumquam videatur mihi, si illum intellexero et modo illo quo videri   5
potest videro, haec omnia de mea notitia esse peritura:
siquidem nunc prae illius amore iam vix mihi veniunt
in mentem.

4   *R.:* Esto plus te ac multo plus quam de istis Deo
cognito gavisurum, rerum tamen, non intellectus dissi-   10
militudine; nisi forte alio visu terram, alio serenum
caelum intueris, cum tamen multo plus illius quam
huius aspectus te permulceat. oculi autem si non fallun-
tur, credo te, interrogatum utrum tibi tam certum sit
terram te videre quam caelum, tam tibi certum esse   15
respondere debere, quamvis non tam terrae quam caeli
pulchritudine atque splendore laeteris.

5   *A.:* Movet me, fateor, haec similitudo, adducorque
ut assentiar, quantum in suo genere a caelo terram,
tantum ab intelligibili Dei maiestate spectamina illa   20
disciplinarum vera et certa differre.

12 1   *R.:* Bene moveris. promittit enim Ratio, quae tecum
loquitur, ita se demonstraturam Deum tuae menti, ut
2 oculis sol demonstratur. nam mentis quasi sui sunt
oculi sensus animae; disciplinarum autem quaeque cer-   25
tissima talia sunt, qualia illa quae sole illustrantur, ut
videri possint, veluti terra est atque terrena omnia;
Deus autem est ipse, qui illustrat: ego autem Ratio ita

25 sq. *fortasse* certissima ⟨spectamina⟩ *sec.* 11,5; 15,1; *at* v. 2, 17, 3.

kenntnis. Und dann: Wäre die Gotteserkenntnis und die
Erkenntnis dieser Dinge gleichwertig, so freute ich mich
jetzt ebensosehr, diese Dinge zu kennen, wie ich mich vermutlich freuen werde, wenn ich einmal Gott erkannt habe.
Gegenwärtig verachte ich aber diese Dinge im Vergleich zu
Gott gar sehr, so daß es mir zuweilen vorkommt, wenn ich
ihn einmal erkannt und in dem Maß geschaut habe, als er
sich schauen läßt, dann müßten jene andern Dinge alle aus
meinem Bewußtsein verschwinden. Schon jetzt kommen
sie mir vor Liebe zu ihm kaum noch in den Sinn.

V.: Zugegeben, du wirst mehr, und zwar sehr viel mehr
Freude empfinden, wenn du Gott erkannt hast, als da du
diese Dinge erkanntest, doch beruht der Unterschied auf
den Objekten und nicht auf dem Begreifen. Oder glaubst du
etwa, du sehest die Erde mit andern Augen als den heiteren
Himmel? Und doch befriedigt dich der eine Anblick mehr
als der andere. Wenn sich aber deine Augen nicht täuschen,
dann glaube ich, daß du auf die Frage, ob du gleich sicher
seist, die Erde wie den Himmel zu sehen, die Antwort geben mußt, du seist gleich sicher, obschon du nicht gleich
viel Freude hast an der Erde und an der strahlenden Schönheit des Himmels.

A.: Ich gestehe, dieser Vergleich macht mir Eindruck,
und ich sehe mich genötigt beizupflichten: wie in ihrem
Bereich der Himmel und die Erde, so sind die erkennbare
Majestät Gottes und die wahren und sicheren Anschaunisse
der Wissenschaften voneinander unterschieden.

V.: Mit Recht läßt du dich beeindrucken. Denn es verspricht die Vernunft, die mit dir redet, dir in deinem Geist
Gott so deutlich zu zeigen, wie sich den Augen die Sonne
zeigt[31]. Der Geist hat nämlich sozusagen auch seine Augen:
im Empfindungsvermögen der Seele; die allersichersten
Wahrheiten der Wissenschaften gleichen aber den Objekten,
welche von der Sonne beleuchtet werden, so daß man sie
sehen kann, zum Beispiel die Erde und alles Irdische; Gott
selber aber ist's, der beleuchtet; doch ich selber, die Ver-

3 sum in mentibus, ut in oculis est aspectus. non enim
hoc est habere oculos quod aspicere aut item hoc est
aspicere quod videre. ergo animae tribus quibusdam
rebus opus est: ut oculos habeat quibus iam bene uti
4 possit, ut aspiciat, ut videat. 'oculi sani' mens est ab   5
omni labe corporis pura, id est a cupiditatibus rerum
mortalium iam remota atque purgata. quod ei nihil
aliud praestat quam fides primo. quod enim adhuc ei
demonstrari non potest vitiis inquinatae atque aegro-
tanti quia videre nequit nisi sana, si non credat aliter se 10
5 non esse visuram, non dat operam suae sanitati. sed
quid, si credat quidem ita se rem habere ut dicitur,
atque ita se, si videre potuerit, esse visuram, sanari se
tamen posse desperet: nonne se prorsus abicit atque
contemnit nec praeceptis medici obtemperat?   15
6   A.: Omnino ita est, praesertim quia ea praecepta
necesse est ut morbus dura sentiat.
      R.: Ergo fidei spes adicienda est.
      A.: Ita credo.
7   R.: Quid? si et credat ita se habere omnia et se speret 20
posse sanari, ipsam tamen quae promittitur lucem non
amet, non desideret suisque tenebris, quae iam consuetudine iucundae sunt, se arbitretur debere interim esse
contentam: nonne medicum illum nihilominus respuit?
      A.: Prorsus ita est.   25
      R.: Ergo tertia caritas necessaria est.
      A.: Nihil omnino tam necessarium.
      R.: Sine tribus istis igitur anima nulla sanatur, ut

nunft, bin für den Geist des Menschen dasselbe was für die
Augen das Sehvermögen. Denn Augen-Haben und Betrachten ist nicht dasselbe, und auch zwischen Betrachten
und Schauen ist ein Unterschied. Also muß die Seele drei
Eigentümlichkeiten haben: sie muß Augen haben, die sie
schon gut zu gebrauchen versteht, sie muß betrachten, und
sie muß schauen. ›Gesunde Augen‹ bedeutet: Verstand, der
von aller körperlichen Beschmutzung rein ist, das heißt: der
sich von aller leidenschaftlichen Zuwendung zum Vergänglichen schon befreit hat und rein geworden ist. Dazu verhilft
ihm nichts anderes als zuerst der Glaube. Da er nämlich das,
was ihm noch nicht gezeigt werden kann, solange er von
Sünden beschmutzt und krank ist, nur im Zustand der Gesundheit zu schauen vermag, gibt er sich keine Mühe, gesund zu werden, sofern er nicht glaubt, daß er es auf andere
Weise nicht schauen werde. Doch was geschieht, wenn er
zwar glaubt, daß sich alles so verhält, wie ich eben gesagt
habe, und daß er, wenn er schauen kann, auch wirklich
schauen wird – wenn er aber verzweifelt, daß er geheilt
werden könne? Gibt er sich nicht völlig preis und verachtet
sich und leistet den Vorschriften des Arztes keine Folge?

A.: Ganz genau so ist es, vor allem, weil die Krankheit
notwendigerweise diese Vorschriften als hart empfinden
muß.

V.: Also muß zum Glauben die Hoffnung hinzutreten.

A.: Ich glaube, ja.

V.: Nun aber: wenn er sowohl glaubt, es sei alles so, als
auch hofft, er könne geheilt werden, aber dennoch das ver-
sprochene Licht nicht liebt und ersehnt und gar glaubt, er
müsse mit der Finsternis, die ihm schon aus Gewohnheit
angenehm geworden ist, einstweilen eben zufrieden sein,
lehnt er dann nicht trotz allem jenen Arzt ab?

A.: Gewiß ist es so.

V.: So ist also als drittes die Liebe nötig[32].

A.: Nichts ist so sehr nötig wie sie.

V.: Ohne diese drei gesundet daher keine Seele so weit,

13 1 possit Deum suum videre, id est intelligere. cum ergo
       sanos habuerit oculos, quid restat?
         A.: Ut aspiciat.
         R.: Aspectus animae ratio est. sed quia non sequitur,
       ut omnis, qui aspicit, videat, aspectus rectus atque per-   5
       fectus, id est quem visio sequitur, virtus vocatur; est
    2 enim virtus vel recta vel perfecta ratio. sed et ipse
       aspectus quamvis iam sanos oculos convertere in lucem
       non potest, nisi tria illa permaneant: fides, qua credat
       ita se ⟨eam⟩ rem habere ad quam convertendus aspectus   10
       est, ut visa faciat beatum; spes, qua cum bene aspexe-
       rit, se visurum esse praesumat; caritas, qua videre per-
    3 fruique desideret. iam aspectum sequitur ipsa visio
       Dei, qui est finis aspectus, non quod iam non sit, sed
       quod nihil amplius habeat quo se intendat: et haec est   15
       vere perfecta virtus, ratio perveniens ad finem suum,
       quam beata vita consequitur. ipsa autem visio intellec-
       tus est ille qui in anima est, qui conficitur ex intelligen-
       te et eo quod intelligitur, ut in oculis videre, quod
       dicitur, ex ipso sensu constat atque sensibili, quorum   20
14 1 detracto quolibet videri nihil potest. ergo cum animae
       Deum videre, hoc est Deum intelligere contigerit, vi-
       deamus utrum adhuc ei tria illa sint necessaria. fides
       quare sit necessaria, cum iam videat? spes nihilominus,
       quia iam tenet. caritati vero non solum nihil detrahe-   25
       tur, sed addetur etiam plurimum; nam et illam singula-
       rem veramque pulchritudinem cum viderit, plus ama-
       bit, et nisi ingenti amore oculum infixerit nec ab aspi-

daß sie ihren Gott zu schauen, das heißt zu begreifen vermag. Wenn sie also gesunde Augen hat, was bleibt noch?

A.: Daß sie betrachten kann.

V.: Das Sehvermögen der Seele ist die Vernunft[33]. Doch
weil nicht folgt, daß jeder, der betrachtet, schaut, wird erst
die rechte, vollendete Betrachtung, das heißt diejenige, der
die Schau[34] folgt, als Tugend bewertet. Denn Tugend ist
rechte oder vollendete Vernunft. Doch auch die Betrachtung vermag die Augen, selbst wenn sie schon gesund sind,
nicht dem Lichte zuzukehren, wenn nicht jene drei andau-
ern: der Glaube, der sie überzeugt sein läßt, daß wirklich das
Objekt, dem die Betrachtung sich zukehren muß, durch die
Schau Glückseligkeit gibt; die Hoffnung, die sie erwarten
läßt, daß sie bei richtigem Betrachten wirklich schauen dürfe; die Liebe, die sie nach der Schau und dem Genuß verlangen läßt. Der Betrachtung folgt die Schau Gottes, die das
Ende der Betrachtung ist – nicht in dem Sinn, daß die Betrachtung aufhörte, sondern daß es darüber hinaus für sie
kein Ziel mehr gibt. Und das ist wahrhaftig die vollendete
Tugend: die Vernunft, die an ihr Ziel gelangt und der so das
glückselige Leben folgt. Die Schau selber aber ist das in der
Seele liegende Begreifen, das zustande kommt durch den,
der begreift, und das, was begriffen wird, wie in den Augen
das, was Schauen heißt, zustande kommt durch die Sinnes-
empfindung und das sinnlich Wahrnehmbare, von denen
keines fehlen darf – sonst ist das Schauen unmöglich. Wenn
es der Seele also gelungen ist, Gott zu schauen, das heißt:
Gott zu begreifen, werden ihr dann weiter noch, so müssen
wir jetzt fragen, jene drei Eigenschaften nötig sein? Warum
sollte der Glaube noch nötig sein, da die Seele schon schaut?
Ebensowenig die Hoffnung, da sie ihr Ziel ja schon besitzt.
Der Liebe allein geht nicht nur nichts verloren, sondern es
wird ihr noch gar viel gegeben; denn wenn sie Gottes
einzigartige wahre Schönheit[35] sieht, wird sie ihn noch mehr
lieben, und nur wenn sie mit ungeheurer Liebesglut das
Auge in sie verhaftet hat und vom Betrachten sich an kei-

ciendo uspiam declinaverit, manere in illa beatissima
2 visione non poterit. sed dum in hoc corpore est anima,
etiamsi plenissime videat, hoc est intelligat Deum, tamen, quia etiam corporis sensus utuntur opere proprio
(si nihil quidem valent ad fallendum, non tamen nihil 5
ad [non] ambigendum), potest adhuc dici fides ea, qua
3 his resistitur et illud potius verum esse creditur. item
quia in ista vita, quamquam Deo intellecto anima iam
beata sit, tamen [quia] multas molestias corporis susti-
net, sperandum est ei post mortem omnia ista incom- 10
moda non futura; ergo nec spes, dum in hac est vita,
4 animam deserit. sed cum post hanc vitam tota se in
Deum collegerit, caritas restat, qua ibi teneatur; nam
neque dicenda est fidem habere quod illa sint vera,
quando nulla falsorum interpellatione sollicitatur, ne- 15
que quidquam sperandum ei restat, cum totum secura
5 possideat. – tria igitur ad animam pertinent, ut sana sit,
ut aspiciat, ut videat. alia vero tria, fides, spes et caritas, primo illorum trium et secundo semper sunt neces-
saria, tertio vero in hac vita omnia, post hanc vitam 20
sola caritas.

15 1   Nunc accipe, quantum praesens tempus poscit, ex
illa similitudine sensibilium etiam de Deo aliquid nunc
me docente. intelligibilis nempe Deus est, intelligibilia
etiam illa disciplinarum spectamina, tamen plurimum 25
2 differunt. nam et terra visibilis et lux; sed terra, nisi
luce illustrata, videri non potest. ergo et illa quae in
disciplinis traduntur, quae quisquis intelligit verissima
esse nulla dubitatione concedit, credendum est [ea] non

nem Punkte abwendet, wird sie in jener allerglücklichsten
Schau[36] verharren können. Aber solange die Seele in unserem Leibe ist, verrichten auch die körperlichen Sinne, mag
die Seele noch so vollendet Gott schauen, das heißt ihn begreifen, ihr eigenes Werk, wenn nicht gerade so, daß sie zu
täuschen vermögen, so doch, daß sie Zweifel entstehen lassen; da muß man doch das Glauben nennen, mit dessen
Hilfe man diesen (Sinnen) widersteht und eher an jene
Wahrheit glaubt. Weil ferner die Seele im jetzigen Leben,
obschon sie durch die Gotteserkenntnis bereits glückselig
ist[37], viel körperliche Mühsal auszuhalten hat, muß man
doch hoffen, daß ihr all jene Mühsal nach dem Tod nicht
widerfahren werde; folglich verliert die Seele, solange sie
sich in diesem Leben befindet, auch die Hoffnung nicht.
Wenn sie sich aber nach dem irdischen Leben ganz auf Gott
sammelt, bleibt ihr noch die Liebe, mit der sie dort gehalten
wird. Denn man darf von ihr weder sagen, sie habe den
Glauben, daß jenes wahr sei, wenn ja keine störende Täuschung sie mehr quält, noch auch bleibt ihr etwas zu hoffen,
da sie alles sicher besitzt. – Drei Dinge gehören also zu der
Seele: Gesundheit, Betrachtung und Schau. Drei andere
aber, Glaube, Hoffnung und Liebe, sind für das erste jener
drei Dinge und für das zweite immer notwendig, für das
dritte aber in diesem Leben alle, nach diesem Leben nur die
Liebe.

Vernimm nun, soweit es für den gegenwärtigen Stand
unserer Untersuchung nötig ist, nach jenem Vergleich aus
der Welt des sinnlich Wahrnehmbaren auch etwas über
Gott, und laß dich von mir belehren. Erkennbar ist nämlich
Gott, erkennbar sind auch jene Anschaunisse der Wissenschaften, doch mit schwerwiegenden Unterschieden. Denn
sowohl die Erde ist sichtbar als auch das Licht; aber die Erde
ist, wenn sie nicht vom Licht beleuchtet wird, unsichtbar.
Also wird man auch bei dem, was in den Wissenschaften
überliefert wird und was jeder, der es erkennt, unbedenklich
als höchste Wahrheit ansieht, glauben müssen, man könne

posse intelligi, nisi ab alio quasi suo sole illustrentur.
3 ergo quomodo in hoc sole tria quaedam licet animad-
vertere: quod est, quod fulget, quod illuminat, ita in
illo secretissimo Deo, quem vis intelligere, tria quaedam sunt: quod est, quod intelligitur, et quod cetera   5
4 facit intelligi. haec duo, id est teipsum et Deum, ut
intelligas, docere te audeo. sed responde, quomodo
haec acceperis: ut probabilia an ut vera?
5   A.: Plane ut probabilia; et in spem, quod fatendum
est, maiorem surrexi; nam praeter illa duo de linea et 10
pila nihil abs te dictum est quod me scire audeam dicere.

R.: Non est mirandum: non enim quidquam est adhuc ita expositum, ut abs te sit flagitanda perceptio. sed
16 1 quid moramur? aggredienda est via. videamus tamen, 15
quod praecedit omnia, utrum sani simus.

A.: Hoc tu videris, si vel in te vel in me aliquantum
aspicere potes. ego quaerenti, si quid sentio, respon-
debo.
2   R.: Amasne aliquid praeter tui Deique scientiam?   20
A.: Possem respondere nihil me amare amplius, pro
eo sensu qui mihi nunc est, sed tutius respondeo nescire me. nam saepe mihi usu venit, ut, cum alia nulla re
me crederem commoveri, veniret tamen aliquid in
mentem, quod me multo aliter atque praesumpseram 25
pungeret. item saepe, quamvis in cogitationem res aliqua incidens non me pervellerit, revera tamen veniens
perturbavit plus quam putabam. sed modo videor mihi

es nicht erkennen, wenn es nicht von einem anderen, sozusagen von seiner Sonne, beleuchtet wird. Wie man also hier bei unserer Sonne drei bestimmte Dinge beobachten kann: daß sie ist, daß sie leuchtet, daß sie beleuchtet, so gibt es auch bei jenem so tief verborgenen Gott, den du erkennen willst, drei bestimmte Dinge: daß er ist, daß er erkannt wird, daß er das übrige erkannt werden läßt. Damit du diese zwei, dich selbst und Gott, erkennen kannst, wage ich, dich zu belehren. Doch antworte, wie du meine Ausführungen annimmst: als bloß glaubwürdig oder als wahr.

A.: Gewiß nur als glaubwürdig, und ich hatte, ich muß es gestehen, mich zu größerer Hoffnung erhoben. Denn außer den beiden Beispielen von der Linie und der Kugel hast du nichts mehr gesagt, von dem ich zu sagen wagte, ich wisse es.

V.: Das ist nicht verwunderlich. Denn ich habe bisher nichts so klargestellt, daß man von dir ein Begreifen verlangen dürfte. Doch verlieren wir keine Zeit! Frisch auf den Weg! Untersuchen wir denn, was allem vorausgeht, ob wir gesund sind.

A.: Das wirst du erfahren, wenn du entweder dein oder mein Inneres einigermaßen betrachten kannst. Ich werde dir auf deine Fragen, wenn ich etwas weiß, antworten.

V.: Liebst du etwas anderes außer Selbsterkenntnis und Gotteserkenntnis?

A.: Ich könnte, entsprechend der Empfindung, die jetzt in mir ist, sagen, ich liebe weiter nichts; doch vorsichtiger antworte ich: ich weiß es nicht. Denn oft ist mir widerfahren, daß mir trotz der festen Überzeugung, ich würde mich durch nichts anderes stören lassen, etwas in den Sinn kam, dessen Stachel ich ganz anders spürte, als ich erwartet hatte. Ebenso hat mich oft ein Ereignis, das mich, wenn ich mich in Gedanken mit ihm beschäftigte, keineswegs verwirrte, dann, wenn es wirklich eintrat, mehr aus der Fassung gebracht, als ich geglaubt hatte. Aber im Augenblick scheint es mir, es seien nur drei Dinge, die mich noch bewegen

tribus tantum rebus posse commoveri: metu amissio-
nis eorum quos diligo, metu doloris, metu mortis.

3   *R.*: Amas ergo et vitam tecum carissimorum tuorum et bonam valetudinem tuam et vitam tuam ipsam
in hoc corpore. neque enim aliter amissionem horum 5
metueres.

     A.: Fateor, ita est.

4   *R.*: Modo ergo, quod non omnes tecum sunt amici
tui et quod tua valetudo minus integra est, facit animo
nonnullam aegritudinem. nam et id esse consequens 10
video.

     A.: Recte vides; negare non possum.

5   *R.*: Quid? si te repente sano esse corpore sentias et
probes tecumque omnes, quos diligis, concorditer libe-
rali otio frui videas, nonne aliquantum tibi etiam laeti- 15
tia gestiendum est?

     A.: Vere aliquantum, immo, si haec praesertim, ut
dicis, repente provenerint, quando me capiam, quando
id genus gaudii vel dissimulare permittar?

6   *R.*: Omnibus igitur adhuc morbis animi et perturba- 20
tionibus agitaris. quaenam ergo talium oculorum im-
pudentia est, velle illum solem videre?

     A.: Ita conclusisti, quasi prorsus non sentiam, quan-
tum sanitas mea promoverit aut quid pestium recesse-
rit quantumque restiterit. fac me istud concedere. 25

17 1   *R.*: Nonne vides hos corporis oculos etiam sanos
luce solis istius saepe repercuti et averti atque ad illa sua
obscura confugere? tu autem quid promoveris cogitas,
quid velis videre non cogitas. et tamen tecum hoc ip-

können: Angst vor dem Verlust derer, die ich liebe, Angst vor Schmerz, Angst vor dem Tode.

V.: Du liebst also das Zusammenleben deiner Liebsten mit dir, deine Gesundheit und dein Leben selbst in diesem Körper? Denn sonst würdest du ihren Verlust nicht fürchten.

A.: Ich gestehe, so ist es.

V.: Im Augenblick muß dir also die Tatsache, daß nicht alle deine Freunde bei dir sind und daß deine Gesundheit nicht ganz ungestört ist, etwas Kummer bereiten. Denn auch dies scheint mir eine notwendige Folge zu sein.

A.: Mit Recht, ich kann's nicht leugnen.

V.: Wenn du nun aber plötzlich fühltest und anerkenntest, daß du einen gesunden Körper hättest, und wenn du alle, die du liebst, bei dir einträchtiglich in edler Muße leben sähest, müßtest du da nicht auch ein gutes Teil Glück und Freude empfinden?

A.: Zweifellos ein gutes Teil, vielmehr, zumal wenn ein solches Glück, wie du es schilderst, plötzlich käme – wie sollte ich mich da fassen, wie könnte es mir gelingen, eine derartige Freude auch nur kurz zu verbergen?

V.: Also wirst du immer noch von allen seelischen Krankheiten und Leidenschaften[38] beherrscht. Welche Vermessenheit ist es also, wenn solche Augen jene Sonne sehen wollen!

A.: Du hast da einen Schluß gezogen, als ob ich überhaupt nicht fühlte, wie sehr meine Gesundung bereits Fortschritte gemacht hat und was von dem, das mich bedrängt hat, gewichen und wieviel noch übriggeblieben ist. Erlaube mir diesen Vorbehalt.

V.: Du siehst doch, daß unsere körperlichen Augen, auch wenn sie gesund sind, von der Helligkeit der Sonne oft geblendet werden und sich abwenden und sich in die ihnen entsprechende Finsternis flüchten? Du aber denkst an den Fortschritt, den du gemacht hast; was du sehen willst, daran denkst du nicht. Und doch will ich gerade diese Frage mit

sum discutiam, quid profecisse nos putas. divitias nul-
las cupis?

2   *A.:* Hoc quidem non nunc primum. nam cum tri-
ginta tres annos agam, quattuordecim fere anni sunt,
ex quo ista cupere destiti. nec aliud quidquam in his, si   5
quo casu offerrentur, praeter necessarium victum libe-
ralemque usum cogitavi. prorsus mihi unus Ciceronis
liber facillime persuasit nullo modo appetendas esse
divitias, sed si provenerint, sapientissime atque cautis-
sime administrandas.   10

3   *R.:* Quid honores?

      A.: Fateor, eos modo, ac paene his diebus, cupere
destiti.

4   *R.:* Quid uxor? nonne te delectat interdum pulchra,
pudica, morigera, litterata, vel quae abs te facile possit 15
erudiri, afferens etiam dotis tantum, quoniam contem-
nis divitias, quantum eam prorsus nihilo faciat onero-
sam otio tuo, praesertim si speres certusque sis nihil ex
ea te molestiae esse passurum?

5   *A.:* Quantumlibet velis eam pingere atque cumulare 20
bonis omnibus, nihil mihi tam fugiendum quam con-
cubitum esse decrevi. nihil esse sentio quod magis ex
arce deiciat animum virilem quam blandimenta femi-
nea corporumque ille contactus, sine quo uxor haberi
non potest. itaque, si ad officium pertinet sapientis   25
(quod nondum comperi) dare operam liberis, quisquis
huius tantum rei gratia concumbit, mirandus mihi videri potest, at vero imitandus nullo modo. nam tentare
7 hoc periculosius est quam posse felicius. quamobrem

---

1 putas *pro* putes *tolerandum; cf. ex. gr.* 1, 25, 2; 2, 18, 1. – *27 sq.* rei
huius tantum: *corr. Fuchs.*

dir besprechen, wie weit wir, nach deiner Meinung, wohl
fortgeschritten sind. Verlangst du gar nicht nach Reichtum?

A.: Nein, und zwar nicht erst seit heute. Denn da ich jetzt
dreiunddreißig Jahre alt bin, sind es etwa vierzehn Jahre,
seitdem ich das Verlangen nach diesen Dingen überwunden
habe. Wenn sie sich aber zufällig boten, habe ich bei ihnen
an nichts anderes gedacht als an den nötigen Lebensunter-
halt und eine meinem Stande angemessene Verwendung. Ja,
ein einziges Werk Ciceros[39] hat mich sehr leicht zu überzeugen vermocht, daß man keineswegs nach Reichtum[40] trachten, wenn er einem aber in den Schoß fällt, ihn mit Weisheit
und Vorsicht verwalten soll.

V.: Und dein Ehrgeiz?[41]

A.: Ich habe ihn, wenn auch erst kürzlich, wie ich gestehen muß, ja sozusagen in diesen Tagen, überwunden.

V.: Und eine Frau? Freut dich nicht zuweilen eine schöne, züchtige, gefällige und belesene Frau (oder auch eine, die
sich von dir leicht bilden ließe), die dir außerdem soviel
Mitgift brächte, daß es ihr möglich wäre, dir in deiner Muße – da du ja doch Reichtum an sich verachtest – nicht im
geringsten zur Last zu sein, ganz besonders, wenn du hoffen
dürftest oder gar sicher wärest, von ihr nichts Unangeneh-
mes erleiden zu müssen?

A.: Du kannst sie mir mit den lockendsten Farben malen
und mit allen Vorzügen überhäufen – ich habe mich entschlossen[42], nichts so sehr zu fliehen wie die Bettgemein-
schaft mit einer Frau. Ich fühle, es gibt nichts, das den Geist
des Mannes so sehr von seiner sicheren Höhe stürzt wie die
Schmeicheleien einer Frau und jene körperliche Berührung,
ohne die man eine Frau nicht haben kann. Daher kann mir,
wenn ein Weiser die Pflicht hat (was ich nicht sicher weiß),
sich um Kinder zu bemühen[43], jeder, der nur zu diesem
Zwecke zu einer Frau geht, der Verwunderung wert erscheinen, aber keineswegs nachahmungswürdig. Denn die
Gefahr ist bei dem Versuche, so zu handeln, größer als bei
der Fähigkeit, so zu handeln, das Glück. Darum habe ich

satis, credo, iuste atque utiliter pro libertate animae
meae mihi imperavi non cupere, non quaerere, non
ducere uxorem.

8   R.: Non ego nunc quaero, quid decreveris, sed
utrum adhuc lucteris an vero iam ipsam libidinem vice-   5
ris. agitur enim de sanitate oculorum tuorum.

9   A.: Prorsus nihil huiusmodi quaero, nihil desidero,
etiam cum horrore atque aspernatione talia recordor.
quid vis amplius? et hoc mihi bonum in dies crescit:
nam quanto augetur spes videndae illius qua vehemen-   10
ter aestuo pulchritudinis, tanto ad illam totus amor
voluptasque convertitur.

10   R.: Quid ciborum iucunditas? quantae tibi curae est?
     A.: Ea quae statui non edere, nihil me commovent.
iis autem quae non amputavi, delectari me praesentibus   15
fateor, ita tamen ut sine ulla permotione animi vel visa
vel gustata subtrahantur. cum autem non adsunt prorsus, non audet haec appetitio se inserere ad impedi-
mentum cogitationibus meis. sed omnino sive de cibo
et potu sive de balneis ceteraque corporis voluptate   20
nihil interroges: tantum habere appeto, quantum in valetudinis opem conferri potest.

18 1   R.: Multum profecisti. ea tamen, quae restant, ad
videndam illam lucem plurimum impediunt. sed mo-
lior aliquid quod mihi videtur facile ostendi: aut nihil   25
edomandum nobis remanere aut nihil nos omnino pro-

mir, wie ich meine, mit genügend Grund und Nutzen im Blick auf die Freiheit meiner Seele das Verbot auferlegt, eine Frau zu begehren, zu suchen und zu heiraten[44].

V.: Ich frage jetzt nicht, was du dir auferlegt hast, sondern ob du noch heute Anfechtungen ausgesetzt bist oder aber schon die Leidenschaft selbst überwunden hast. Es handelt sich nämlich immer noch um die Frage, ob deine ›Augen‹ gesund sind.

A.: Nein, gar nichts dergleichen suche ich, nichts wünsche ich, ja, mit Schauder und Verachtung erinnere ich mich an solche Dinge. Was willst du noch mehr? Und diese gute Eigenschaft wächst von Tag zu Tag: je mehr nämlich die Hoffnung wächst, jene Schönheit zu sehen, die ich mit brennender Leidenschaft ersehne, um so mehr wendet sich ihr meine ganze Liebe und Begehrlichkeit zu.

V.: Wie steht es mit dem Wohlgeschmack der Speisen?[45] Wieviel Wert legst du darauf?

A.: Was ich mir vorgenommen habe nicht zu essen, läßt mich kalt. Diejenigen Speisen aber, die ich mir nicht verboten habe, freuen mich, ich muß es gestehen, wenn sie mir vorgesetzt sind, immerhin so, daß sie mir, ohne mein seelisches Gleichgewicht zu stören, wieder entzogen werden können, auch wenn ich sie gesehen oder gar bereits versucht habe. Sobald sie aber überhaupt nicht da sind, wagt dieses Gelüste nicht, sich störend in meine Überlegungen einzudrängen. Doch überhaupt: über Speise und Trank, über das Baden und die übrigen körperlichen Genüsse brauchst du keine Frage mehr zu verlieren – ich wünsche nur soviel zu haben, wie für die Pflege der Gesundheit aufgewendet werden kann.

V.: Du hast große Fortschritte gemacht. Doch wird durch das, was noch übrig ist, die Schau jenes Lichtes sehr stark behindert. Aber es geht mir etwas im Kopf herum, was, wie mir scheint, leicht aufgezeigt werden kann: daß uns nämlich entweder gar nichts mehr zum Bezähmen übrig ist oder daß wir überhaupt keinen Fortschritt gemacht ha-

fecisse omniumque illorum quae resecta credimus ta-
bem manere. nam quaero abs te, si tibi persuadeatur
aliter cum multis carissimis tuis te in studio sapientiae
non posse vivere, nisi ampla res aliqua familiaris neces-
sitates vestras sustinere possit, nonne desiderabis divi- 5
tias et optabis?

A.: Assentior.

2   R.: Quid? si etiam illud appareat, et multis te persua-
surum esse sapientiam, si tibi de honore auctoritas cre-
verit, eosque ipsos familiares tuos non posse cupiditati- 10
bus suis modum imponere seque totos convertere ad
quaerendum Deum, nisi et ipsi fuerint honorati, idque
nisi per tuos honores dignitatemque fieri non posse:
nonne ista etiam desideranda erunt et ut proveniant
magnopere instandum?   15

A.: Ita est ut dicis.

3   R.: Iam de uxore nihil disputo; fortasse enim non
potest, ut ducatur, existere talis necessitas. quamquam,
si eius amplo patrimonio certum sit sustentari posse
omnes quos tecum in uno loco vivere otiose cupis, ipsa 20
etiam concorditer id sinente, praesertim si generis no-
bilitate tanta polleat, ut honores illos, quos esse neces-
sarios iam dedisti, per eam facile adipisci possis, nescio,
utrum pertineat ad officium tuum ista contemnere.

A.: Quando ego istud sperare audeam?   25

19 1   R.: Ita istud dicis, quasi ego nunc requiram, quid
speres. non quaero, quid negatum non delectet, sed

---

3 *rectius* ⟨et⟩ carissimis.

ben und daß vielmehr all jenes, was wir herausgeschnitten zu haben meinen, mit seiner Fäulnis noch in uns ist. Denn ich frage dich: wenn dir klargemacht würde, daß du mit deinen vielen teuren Freunden das Leben, das von der Liebe zur Weisheit bestimmt ist, nur dann fortsetzen könntest, wenn ein recht ansehnliches Vermögen eure täglichen Bedürfnisse zu bestreiten vermöchte, wirst du nicht in diesem Falle Reichtum verlangen und wünschen?

A.: Doch, gewiß.

V.: Und wenn zudem deutlich wäre, daß du viele Menschen für die Weisheit gewinnen könntest, wenn durch Ehre dein persönliches Ansehen gewachsen wäre, und daß deine Freunde selber nur dann vermöchten, ihren Begierden ein Maß aufzuerlegen und sich ganz dem Gottsuchen zuzuwenden, wenn sie ebenfalls ihre Ehre erhalten hätten, und daß dieses ihnen nur durch deine eigenen Ehren und durch deine Würde zukommen könnte, wäre es dann nicht geradezu notwendig, daß du nach Ehren strebtest, und müßtest du nicht sogar tatkräftig darauf bedacht sein, daß sie dir zuteil würden?

A.: Es ist so, wie du sagst.

V.: Über die Frau will ich jetzt überhaupt kein Wort verlieren; denn vielleicht kann sich gar keine solche Notwendigkeit ergeben, daß man eine Frau nehmen muß. Freilich, wenn es sicher wäre, daß durch ihr ansehnliches Vermögen alle deine Freunde, mit denen du in Muße an einem Ort zusammenleben willst, erhalten werden könnten, und zwar so, daß sie es auch selbst mit liebevollem Verständnis duldete, zumal wenn sie durch die Vornehmheit ihres Geschlechtes so einflußreich wäre, daß du die Ehren, deren Notwendigkeit du schon vorher zugestanden hast, durch ihre Vermittlung leicht erlangen könntest, dann weiß ich nicht, ob es wirklich deine Pflicht wäre, dies auszuschlagen.

A.: Wie sollte ich das zu hoffen wagen?

V.: Du antwortest mir, als ob ich jetzt fragte, worauf du hoffest. Nicht das steht in Frage, was dich nicht reizt, wenn

quid delectet oblatum. aliud est enim exhausta pestis,
aliud consopita. ad hoc enim valet quod a quibusdam
doctis viris dictum est, ita omnes stultos insanos esse,
ut male olere omne caenum, quod non semper, sed
dum commoves, sentias. multum interest, utrum ani-   5
mi desperatione obruatur cupiditas an sanitate pellatur.

2   *A.:* Quamquam tibi respondere non possum, numquam tamen mihi persuadebis, ut hac affectione mentis, qua nunc me esse sentio, nihil me profecisse arbitrer.   10

3   *R.:* Credo propterea tibi hoc videri, quia, quamvis
ista optare posses, non tamen propter seipsa, sed propter aliud expetenda viderentur.

4   *A.:* Hoc est quod dicere cupiebam. nam quando desideravi divitias, ideo desideravi, ut dives essem, hono-   15
resque ipsos, quorum cupiditatem modo me perdomu-
isse respondi, eorum nescio quo nitore delectatus volebam, nihilque aliud in uxore semper attendi, cum attendi, nisi quam mihi efficeret cum bona fama volupta-
tem. tunc erat istorum in me vera cupiditas; nunc ea   20
omnia prorsus aspernor. sed si ad illa quae cupio non
nisi per haec mihi transitus datur, non amplectenda
appeto, sed subeo toleranda.

5   *R.:* Optime omnino; nam nec ego ullarum rerum
vocandam puto cupiditatem, quae propter aliud requi-   25
20 1 runtur. sed quaero abs te, cur eos homines, quos diligis, vel vivere vel tecum vivere cupias.

    A.: Ut animas nostras et Deum simul concorditer

es dir vorenthalten bleibt, sondern was dich reizt, wenn es dir geboten wird. Eine wirklich ausgemerzte Krankheit ist etwas anderes als eine bloß beruhigte. Hier gilt, was weise Männer[46] gesagt haben, daß nämlich alle Dummen ebenso verrückt seien, wie aller Mist stinke – das merke man nämlich auch nicht immer, sondern nur wenn man ihn umrühre. Es ist ein großer Unterschied, ob eine Begierde, weil man die Hoffnung aufgegeben hat, begraben wird oder ob sie, weil man gesund geworden ist, vertrieben wird.

A.: Obschon ich dir nichts erwidern kann, wirst du mir doch niemals einreden, daß die geistige Verfassung, in der ich mich, wie ich spüre, jetzt befinde, keinen Fortschritt bedeutet.

V.: Ich glaube, dies scheint dir darum so zu sein, weil dir diese Dinge, so sehr du sie dir wünschen könntest, nicht um ihrer selbst willen, sondern zu einem andern Zweck erstrebenswert scheinen.

A.: Das ist's, was ich sagen wollte! Denn als ich Reichtum begehrte, begehrte ich ihn, um reich zu sein, und die Ehren, die zu erstreben ich, wie ich bekannt habe, erst seit kurzem überwunden habe, verlangte ich aus Freude an ihrem eigentümlichen Glanze, und bei einer Frau habe ich stets auf nichts anderes gesehen, so lange ich auf sie sah, als daß sie mir, ohne schlechten Ruf, viel Lust bereitete. Damals hatte ich eine echte Begierde nach diesen Dingen. Heute aber verachte ich sie alle von Grund auf. Aber wenn ich zum Ziel meiner Wünsche nur auf dem Umweg über sie gelangen kann, dann begehre ich sie nicht, um sie zu genießen, sondern nehme sie auf mich, um sie zu ertragen.

V.: Ganz ausgezeichnet! Denn auch ich meine, man dürfe nicht mehr von Begierde nach etwas sprechen, wenn es nur im Hinblick auf etwas anderes gesucht wird. Aber ich frage dich, wozu du wünschest, daß die Menschen, die du liebst[47], leben oder bei dir leben.

A.: Um unsere Seelen und Gott in herzlicher Gemeinschaft zu erforschen. So wird nämlich derjenige, dem ra-

inquiramus. ita enim facile, cui priori contingit inven-
tio, ceteros eo sine labore perducit.

    R.: Quid, si nolunt haec illi quaerere?

    A.: Persuadebo ut velint.

2   *R.:* Quid, si non possis, vel quod se invenisse iam   5
vel quod ista non posse inveniri arbitrantur vel quod
aliarum rerum curis et desiderio praepediuntur?

    A.: Docebo eos, et ipsi me, sicut possumus.

    R.: Quid, si te ab inquirendo etiam impediat eorum
praesentia: nonne laborabis atque optabis, si aliter esse   10
non possunt, non tecum esse potius quam sic esse?

    A.: Fateor, ita est ut dicis.

3   *R.:* Non igitur eorum vel vitam vel praesentiam
propter seipsam, sed propter inveniendam sapientiam
cupis.   15

    A.: Prorsus assentior.

4   *R.:* Quid? ipsam vitam tuam si tibi certum esset
impedimento esse ad comprehendendam sapientiam,
velles eam manere?

    A.: Omnino eam fugerem.   20

5   *R.:* Quid, si docereris tam te relicto isto corpore
quam in ipso constitutum posse ad sapientiam pervenire: curares, utrum hic an in alia vita eo quod diligis
fruereris?

    A.: Si nihil me peius excepturum intelligerem, quod   25
retroageret ab eo quo progressus sum, non curarem.

6   *R.:* Nunc ergo propterea mori times, ne aliquo peiore
malo involvaris, quo tibi auferatur divina cognitio?

---

8 habebo: *corr. Fuchs.*

scher eine Entdeckung gelingt, die andern mühelos dorthin führen.

V.: Wie aber, wenn sie dies nicht erforschen wollen?

A.: Ich werde sie überreden, es zu wollen.

V.: Wenn du es aber nicht kannst? Vielleicht glauben sie es schon gefunden zu haben, vielleicht, man könne es überhaupt nie finden, vielleicht werden sie durch die Beschäftigung mit andern Dingen und durch ein entsprechendes Verlangen abgehalten.

A.: Ich werde sie und sie werden mich belehren, so gut wir es vermögen.

V.: Und wenn ihre Anwesenheit dich sogar vom Forschen abhält, wirst du nicht darunter leiden und wünschen, sie möchten, wenn sie nicht anders sein können, eher nicht bei dir sein als so sein?

A.: Ich muß gestehen, es ist, wie du sagst.

V.: Also wünschest du ihr Leben oder ihre Gegenwart nicht um ihrer selbst willen, sondern nur im Hinblick auf die Weisheit, die es zu finden gilt?

A.: Ich stimme dir vollkommen zu.

V.: Und wie steht es mit deinem eigenen Leben? Wenn du die Gewißheit hättest, daß es dir beim Erfassen der Weisheit hinderlich wäre, wünschtest du, daß es dir erhalten bliebe?

A.: Ich würde es auf jeden Fall fliehen.

V.: Und wenn du darüber belehrt würdest, daß du ebensogut ohne diesen Leib wie in ihm zur Weisheit gelangen könntest, kümmertest du dich dann darum, ob du auf Erden oder in einem anderen Leben das, was du liebst, genössest?

A.: Wenn ich einsähe, ich würde nichts Schlimmeres empfangen, das mich etwa um den Fortschritt brächte, den ich schon erreicht habe, kümmerte es mich nicht weiter.

V.: Jetzt hast du also deswegen Angst vor dem Tod, weil du fürchtest, du möchtest in einen schlimmeren Zustand geraten, der dir die Erkenntnis Gottes rauben könnte?

A.: Non solum ne auferatur timeo, si quid forte
percepi, sed etiam ne intercludatur mihi aditus eorum
quibus percipiendis inhio; quamvis quod iam teneo,
mecum mansurum putem.

R.: Non igitur et vitam istam propter seipsam, sed   5
propter sapientiam vis manere.

A.: Sic est.

21 1 *R.:* Dolor corporis restat, qui te fortasse vi sua com-
movet.

A.: Et ipsum non ob aliud vehementer formido, nisi   10
quia me impedit a quaerendo. quamquam enim, ⟨cum⟩
acerrimo his diebus dentium dolore torquerer, non
quidem sinebar animo volvere nisi ea quae iam forte
didiceram, a discendo autem penitus impediebar, ad
quod mihi tota intentione animi opus erat, tamen mihi   15
videbatur, si se ille mentibus meis veritatis fulgor ape-
riret, aut me non sensurum fuisse illum dolorem aut
2 certe pro nihilo toleraturum. sed [quia] etsi nihil maius
aliquando pertuli, tamen saepe cogitans quanto gravio-
res possint accidere, cogor interdum Cornelio Celso   20
assentiri, qui ait summum bonum esse sapientiam,
3 summum autem malum dolorem corporis. nec eius
ratio mihi videtur absurda. «nam quoniam ⟨ex⟩ duabus,
inquit, partibus compositi sumus, ex animo scilicet et
corpore, quarum prior pars est [animus] melior, dete-   25
rius corpus est, summum bonum est melioris partis
optimum, summum autem malum pessimum deterio-
ris. est autem optimum in animo sapientia, est in corpore pessimum dolor.» summum igitur bonum homi-

A.: Nicht nur daß er mir sie raubt, fürchte ich (wenn ich überhaupt eine Erkenntnis gewonnen habe), sondern daß er mir auch noch die Möglichkeit unterbindet, zu dem Ziel zu gelangen, das ich so sehnlichst begehre. Freilich glaube ich, daß die Erkenntnis, die ich schon habe, mir nicht verlorengehen wird.

V.: Auch das Leben willst du also nicht um seinetwillen dir erhalten wissen, sondern um der Weisheit willen?

A.: So ist es.

V.: Bleibt der körperliche Schmerz, der dir vielleicht mit seiner Pein zu schaffen macht.

A.: Auch vor diesem habe ich nur deshalb heftig Angst, weil er mich vom Forschen zurückhält. Denn gerade in diesen Tagen wurde ich von einem heftigen Zahnschmerz[48] gemartert, der mir nur noch gestattete, mich mit den Gedanken zu beschäftigen, die ich mir gerade schon zu eigen gemacht hatte; völlig hinderte er mich hingegen, Neues zu erlernen, wofür ich die ganze Aufmerksamkeit meines Geistes nötig gehabt hätte. Und doch schien es mir, ich hätte, wenn sich meinem Geiste jener strahlende Glanz der Wahrheit offenbart hätte, entweder jenen Schmerz nicht gespürt oder mindestens als etwas Bedeutungsloses leicht ertragen. Aber obgleich ich noch niemals etwas Schlimmeres erduldet habe, muß ich dennoch, sooft ich daran denke, wieviel schwerere Leiden mich noch heimsuchen könnten, bisweilen dem Cornelius Celsus[49] recht geben, wenn er als höchstes Gut die Weisheit, als höchstes Übel aber den körperlichen Schmerz bezeichnet. Und auch seine Erklärung dazu scheint mir recht vernünftig. Er sagt: »Denn da wir Menschen ja aus zwei Teilen bestehen[50], nämlich aus Seele und Leib, und von diesen beiden Teilen der erste [die Seele] besser, schlechter aber der Leib ist, so besteht das höchste Gut in dem Besten des besseren Teiles, das höchste Übel aber in dem Schlechtesten des schlechteren Teiles. Es ist aber das Beste in der Seele die Weisheit, und es ist im Leibe das Schlechteste der Schmerz.« Daß also das höchste Gut

nis sapere, summum malum dolere sine ulla, ut opinor, falsitate concluditur.

4   *R.:* Posterius ista videbimus. aliud enim fortasse nobis ipsa ad quam pervenire nitimur sapientia persuade-
bit. si autem hoc esse verum ostenderit, hanc de sum-   5
mo bono et summo malo sententiam sine dubitatione
22 1 tenebimus. nunc illud quaerimus, qualis sis amator sapientiae, quam castissimo conspectu atque amplexu,
nullo interposito velamento, quasi nudam videre ac tenere desideras, qualem se illa non sinit nisi paucissimis 10
et electissimis amatoribus suis. an vero, si alicuius pul-
chrae feminae amore flagrares, iure se tibi non daret, si
aliud abs te quidquam praeter se amari comperisset,
sapientiae se tibi castissima pulchritudo, nisi solam ar-
seris, demonstrabit?   15

2   *A.:* Quid ergo adhuc suspendor infelix et cruciatu
miserabili differor? iam certe ostendi nihil aliud me
amare, siquidem, quod non propter se amatur, non
amatur. ego autem solam propter se amo sapientiam,
cetera vero vel adesse mihi volo vel deesse timeo prop-   20
3   ter ipsam [vitam, quietem, amicos]. quem modum autem potest habere illius pulchritudinis amor, in qua
non solum non invideo ceteris, sed etiam plurimos
quaero qui mecum appetant, mecum inhient, mecum
teneant mecumque perfruantur, tanto mihi amiciores   25
futuri, quanto erit nobis amata communior?

23 1 *R.:* Prorsus tales esse amatores sapientiae decet. tales
quaerit illa, cuius vere casta est et sine ulla contamina-
tione coniunctio. sed non ad eam una via pervenitur.

---

1 fortasse malum ⟨esse⟩. – *3 promissa illa disputatio non exhibebitur.* –
21 [vitam, quietem, amicos] *del. Fuchs.*

des Menschen in seiner Weisheit besteht, das höchste Übel im Schmerz, ist, so scheint mir, eine völlig richtige Folgerung.

V.: Das werden wir später sehen. Vielleicht vermag uns nämlich eben die Weisheit, zu der zu gelangen wir uns bemühen, zu einer andern Ansicht zu bekehren. Wenn sie hingegen dies als richtig erweist, so wollen wir diese Ansicht vom höchsten Gut und Übel ohne Bedenken festhalten. Jetzt wollen wir uns der Frage zuwenden, wie du als Liebhaber der Weisheit beschaffen bist, die du mit keuschen Blicken und keuscher Umarmung ohne Verschleierung und, wenn man so sagen darf, nackt vor dir zu sehen und festzuhalten wünschest, wie sie sich nur wenigen und nur den bevorzugten ihrer Liebhaber schenkt. Oder würde etwa eine schöne Frau, nach der du in Liebe entbrannt wärest, sich dir nicht mit Recht versagen, wenn sie erführe, daß nicht sie allein von dir geliebt würde, aber der Weisheit keuscheste Schönheit sollte sich dir enthüllen, wenn du nicht nur nach ihr allein brennst?

A.: Wie werde ich Unglücklicher also noch immer hingehalten und mit erbärmlicher Folterung auf später vertröstet! Ich habe ja schon nachgewiesen, daß ich nichts anderes liebe, insofern das, was nicht um seiner selbst willen geliebt wird, überhaupt nicht geliebt wird. Um ihrer selbst willen aber liebe ich allein die Weisheit, während ich alles andere nur um ihretwillen entweder zu besitzen wünsche oder zu entbehren fürchte [Leben, Ruhe und Freunde]. Welches Maß aber könnte die Liebe zu jener Schönheit haben, da ich nicht nur auf andere nicht neidisch bin, sondern sogar recht viele suche, die mit mir nach ihr verlangen, mit mir sich nach ihr sehnen, mit mir sie festhalten und mit mir sie genießen möchten, als desto innigere Freunde mit mir verbunden, je inniger die Geliebte uns allen gemein ist?

V.: Genau so sollen die Liebhaber der Weisheit sein. Solche Freunde verlangt die Weisheit, die sich nur wahrhaft keusch und ohne Befleckung verbindet. Doch führt nicht

quippe pro sua quisque sanitate ac firmitate compre-
2 hendit illud singulare ac verissimum bonum. lux est
quaedam ineffabilis et incomprehensibilis mentium.
lux ista vulgaris nos doceat, quantum potest, quomodo
3 se illud habeat. nam sunt nonnulli oculi tam sani et   5
vegeti, qui se, mox ut aperti fuerint, in ipsum solem
sine ulla trepidatione convertant. his quodammodo ipsa lux sanitas est, nec doctore indigent, sed sola fortasse
4 admonitione. his credere, sperare, amare satis est. alii
vero ipso, quem videre vehementer desiderant, fulgore   10
feriuntur, et eo non viso saepe in tenebras cum delec-
tatione redeunt. quibus periculosum est, quamvis iam
talibus ut sani recte dici possint, velle ostendere quod
adhuc videre non valent. ergo isti exercendi sunt prius,
et eorum amor utiliter differendus atque nutriendus   15
5 est. primo enim quaedam illis demonstranda sunt,
quae non per se lucent, sed per lucem videri possint, ut
vestis aut paries aut aliquid horum, deinde quod non
per se quidem, sed tamen per illam lucem pulchrius
effulgeat, ut aurum, argentum et similia, nec tamen ita 20
radiatum ut oculos laedat; tunc fortasse terrenus iste
ignis modeste demonstrandus est, deinde sidera, deinde luna, deinde aurorae fulgor et albescentis caeli nitor.
in quibus, seu citius seu tardius, sive per totum ordinem sive quibusdam contemptis, pro sua quisque vale-   25
tudine assuescens sine trepidatione et cum magna vo-
6 luptate solem videbit. tale aliquid sapientiae studiosis-
simis, nec acute, iam tamen videntibus, magistri opti-

nur ein einziger Weg zu ihr hin[51]. Denn gemäß seiner eigenen Gesundheit und Stärke begreift ein jeder dieses einzigartige und wahrste Gut. Ein Licht der Seelen ist sie sozusagen,
unaussprechlich und unbegreiflich. Unser alltägliches Licht
möge uns, soweit es geschehen kann, erläutern, wie es sich
damit verhält. Es gibt nämlich manche Augen, die so gesund und kräftig sind, daß sie sich, kaum eben geöffnet,
ohne alles Zagen der Sonne selbst zuwenden. Für diese ist
gewissermaßen das Licht selber die Gesundheit, und sie
brauchen keinen Lehrmeister, höchstens vielleicht eine Ermahnung. Für sie bedeutet Glauben, Hoffen und Lieben
alles. Andere hingegen werden gerade durch den Glanz, den
sie inbrünstig zu sehen verlangen, geblendet, und ohne ihn
geschaut zu haben, kehren sie häufig mit Lust in die Finsternis zurück. Auch wenn sie schon so weit sind, daß man sie
mit Recht gesund nennen möchte, ist es nicht ungefährlich,
ihnen etwas zeigen zu wollen, dessen Anblick sie noch nicht
ertragen. Darum muß man derartige Menschen vorher
üben, und ihre Liebe muß zu ihrem eigenen Vorteil hingehalten und genährt werden[52]. Zuerst muß man ihnen nämlich Gegenstände zeigen, die nicht von sich aus leuchten,
sondern im Lichte zu sehen sind, wie ein Kleid oder eine
Wand oder etwas Ähnliches. Darauf Gegenstände, die zwar
auch nicht von sich aus, aber doch in jenem Lichte besonders schön strahlen, wie Gold, Silber und Ähnliches, aber
doch noch Dinge, deren Glanz die Augen nicht blendet.
Danach kann man ihnen vielleicht vorsichtig das gewöhnliche irdische Feuer zeigen, dann die Sterne, dann den Mond,
dann die strahlende Morgenröte und den Glanz des aufge-
henden Tages. Wenn der Einzelne sich an diese Dinge rascher oder langsamer, in der vollen Ordnung oder mit gewissen Auslassungen, der Stärke seiner Gesundheit entsprechend, gewöhnt hat, wird er ohne Zögern und mit großer
Lust die Sonne schauen. So etwa behandeln die besten Lehrer die Schüler, die am eifrigsten nach Weisheit streben und
die Augen zwar schon geöffnet haben, aber noch nicht klar

mi faciunt. nam ordine quodam ad eam pervenire bo-
nae disciplinae officium est, sine ordine autem vix cre-
dibilis felicitatis. sed hodie satis, ut puto, scripsimus;
parcendum est valetudini.

24   1   *A.:* Et alio die, Da quaeso, inquam, iam, si potes, 5
illum ordinem. duc, age, qua vis, per quae vis, quomo-
do vis. impera quaevis dura, quaelibet ardua, quae tamen in mea potestate sint, per quae me, quo desidero,
perventurum esse non dubitem.

  2   *R.:* Unum est quod tibi possum praecipere; nihil 10
plus novi: penitus esse ista sensibilia fugienda, caven-
dumque magnopere, dum hoc corpus agimus, ne quo
eorum visco pennae nostrae impediantur, quibus in-
tegris perfectisque opus est, ut ad illam lucem ab his
tenebris evolemus, quae se ne ostendere quidem digna- 15
tur in hac cavea inclusis, nisi tales fuerint ut ista vel

  3   effracta vel dissoluta possint in auras suas evadere. itaque, quando fueris talis, ut nihil te prorsus terrenorum
delectet, mihi crede, eodem momento, eodem puncto
temporis videbis quod cupis. 20

  4   *A.:* Quando istud erit, oro te? non enim puto posse
mihi haec in summum venire contemptum, nisi videro
illud, in cuius comparatione ista sordescant.

zu sehen vermögen. Denn in geordnetem Lehrgang zu ihr zu gelangen, ist das Werk rechter Wissenschaft, ohne solchen Lehrgang hingegen ist der Erfolg ein kaum glaublicher Glücksfall. – Doch für heute haben wir, wie ich glaube, genug geschrieben; wir müssen deine Gesundheit schonen.

Das Gespräch des zweiten Tages

Augustinus: Und am folgenden Tag[53] sagte ich: Zeig mir bitte, wenn du es schon kannst, diesen Lehrgang. Führe mich, bitte, wohin du willst, wo hindurch du willst, wie du willst. Stelle mir Aufgaben, so hart, so schwer sie sein mögen, so jedoch, daß sie im Bereich meiner Möglichkeiten liegen, damit ich die Zuversicht haben darf, über sie zu meinem Ziel zu gelangen.

Vernunft: Ich kann dir nur eine Regel[54] vorschreiben, eine andere kenne ich nicht: von Grund auf muß man die Sinnenwelt fliehen[55], und man muß sich gut in acht nehmen, solange man den Menschenleib trägt, daß an den Leimruten dieser Welt die Flügel unserer Seele nicht kleben bleiben, denn wir brauchen sie unversehrt und vollständig, um uns aus unserer Finsternis bis zu jenem Lichte emporzuschwingen, das sich denjenigen Seelen, die noch in diesem Käfig eingesperrt sind, nicht einmal zu zeigen geruht, sofern sie nicht die Kraft besitzen, ihn aufzubrechen oder zu zertrümmern und in ihre eigenen Sphären zu entfliehen[56]. Darum glaube mir, wenn du so weit bist, daß dich nichts rein Irdisches mehr erfreuen kann, dann wirst du im gleichen Augenblick, ja in derselben Sekunde, schauen, was du sehen willst.

A.: Wann wird das sein, ich bitte dich! Denn ich glaube nicht, daß mir die Sinnenwelt so ganz verächtlich wird erscheinen können, wenn ich nicht jenes unvergleichlich andere gesehen habe, mit dem verglichen alles übrige häßlich wird.

25 1   R.: Hoc modo posset et iste oculus corporis dicere:
tum tenebras non amabo, cum solem videro. videtur
enim quasi et hoc ad ordinem pertinere, quod longe est
secus. amat enim tenebras, eo quod sanus non est; solem autem nisi sanus videre non potest. et in eo saepe   5
fallitur animus, ut sanum se putet et sese iactet; et quia
2 nondum videt, veluti iure conqueritur. novit autem illa
pulchritudo, quando se ostendat. ipsa enim medici fun-
gitur munere meliusque intelligit, qui sint sani, quam
iidem ipsi qui sanantur. nos autem, quantum emerseri-   10
mus, videmur nobis videre; quantum autem mersi era-
mus et quo progressi fueramus, nec cogitare nec sentire
permittimur et in comparatione gravioris morbi sanos
3 esse nos credimus. nonne vides, quam veluti securi
hesterno die pronuntiaveramus nulla iam nos peste de-   15
tineri nihilque amare nisi sapientiam, cetera vero non
nisi propter istam quaerere aut velle? quam tibi sordidus, quam foedus, quam exsecrabilis, quam horribilis
complexus femineus videbatur, quando inter nos de
4 uxoris cupiditate quaesitum est! certe ista nocte vigi-   20
lantes, cum rursus eadem nobiscum ageremus, sensisti,
quam te aliter quam praesumpseras imaginatae illae
blanditiae et amara suavitas titillaverit, longe quidem,
longe minus quam solet, sed item longe aliter quam
putaveras; ut sic tibi secretissimus ille medicus utrum-   25
que demonstraret, et unde cura eius evaseris et quid
curandum remaneat.

26 1   A.: Tace, obsecro, tace. quid crucias? quid tantum
fodis alteque descendis? iam flere non duro, iamiam

V.: Dementsprechend könnte auch unser körperliches Auge sagen: Erst dann werde ich die Finsternis nicht mehr lieben, wenn ich die Sonne geschaut habe. Es scheint nämlich gewissermaßen auch dies zur Ordnung zu gehören; es ist aber völlig anders. Denn das Auge liebt die Finsternis, insofern es nicht gesund ist, die Sonne kann aber nur das gesunde Auge schauen. Gerade dies ist oft eine gefährliche Täuschung, daß der Mensch sein inneres Wesen für gesund hält und sich darob brüstet; und weil er noch nicht schauen kann, glaubt er, das Recht zu haben, sich zu beklagen. Doch jene Schönheit weiß, wann sie sich zeigen soll. Denn sie versieht die Aufgabe des Arztes[57] und erkennt besser, wer gesund ist, als die Patienten selbst. Wir unsererseits glauben zwar zu sehen, wie hoch wir haben auftauchen können, wie tief wir aber untergetaucht waren und wohin wir gelangt waren, können wir weder durch das Denken noch durch das Fühlen erfassen, und im Vergleich mit einer noch schlimmeren Krankheit meinen wir, wir seien gesund. Oder siehst du etwa nicht, wie unbekümmert wir es gestern ausgesprochen haben, daß keine Krankheit uns mehr behindere und daß unsere Liebe nur noch der Weisheit gelte, daß wir das andere aber nur ihretwegen suchten und wünschten? Wie schmutzig, wie häßlich, wie verdammungswürdig, wie scheußlich schien dir die Umarmung einer Frau zu sein, als wir miteinander über das Verlangen nach einer Gattin sprachen. Gewiß hast du diese Nacht, als wir wach lagen und noch einmal alles überdachten, gefühlt, wie ganz anders, als du erwartet hattest, jene Vorstellungen von zarten Schmeicheleien und jene herbe Süße dich kitzelten, weit, weit harmloser, gewiß, als sonst, aber doch auch weitaus anders, als du gedacht hattest. So wollte jener verborgenste Arzt dir beides zeigen: welchem Übel du durch seine Heilung entronnen bist und welches noch zu heilen bleibt.

A.: Oh, schweig, ich bitte dich, schweig stille! Wozu marterst du mich, wozu stichst du mich ins Herz und dringst so tief hinein? Die Tränen ertrage ich schon nicht

nihil promitto, nihil praesumo, ne me de istis rebus
interroges. certe dicis, quod ille ipse, quem videre ar-
deo, noverit, quando sim sanus. faciat quod placet:
quando placet, sese ostendat. iam me totum eius cle-
mentiae curaeque committo. semel de illo credidi, 5
quod sic erga se affectos sublevare non cesset. ego nihil
de mea sanitate, nisi cum illam pulchritudinem videro,
pronuntiabo.

2   R.: Prorsus nihil aliud facias. sed iam cohibe te a
lacrimis et stringe animum. multum omnino flevisti, et 10
hoc omnino morbus iste pectoris tui graviter accipit.

3   A.: Modum vis habere lacrimas meas, cum miseriae
meae modum non videam? aut valetudinem corporis
considerare me iubes, cum ego ipse tabe confectus sim?
sed quaeso te, si quid in me vales, ut me tentes per 15
aliqua compendia ducere, ut vel vicinitate nonnulla lucis illius, quam, si quid profeci, tolerare iam possum,
pigeat oculos referre ad illas tenebras, quas reliqui, si
tamen relictae dicendae sunt, quae caecitati meae adhuc
blandiri audent.   20

27 1 R.: Concludamus, si placet, hoc primum volumen,
ut iam in secundo aliquam, quae commoda occurrerit,
aggrediamur viam. non enim huic affectioni tuae a mo-
derata exercitatione cessandum est.

2   A.: Non sinam omnino concludi hunc libellum, nisi 25
mihi modicum, quo intentus sim, de vicinia lucis ape-
rueris.

3   R.: Gerit tibi ille medicus morem. nam nescio quis
me quo te ducam fulgor invitat et tangit. itaque accipe
intentus.   30

mehr. Nichts mehr will ich versprechen, nichts mehr erwarten. Nur frag mich nicht mehr darüber. Sicher sagst du,
daß derjenige, den zu schauen ich brenne, selbst weiß, wann
ich gesund bin. Er tue, was ihm gut scheint; wenn es ihm
gut scheint, offenbare er sich. Ich vertraue mich ganz seiner
Milde und Fürsorge an. Einmal ist mir der Glaube aufgegangen, daß er diejenigen, die ihm dieses Vertrauen entge-
genbringen, nicht müde wird zu erheben. Ich will über meine Gesundheit kein Wort mehr verlieren, bevor ich die göttliche Schönheit gesehen habe.

V.: Ja, tu nichts als das. Doch halt ein mit deinen Tränen
und nimm dich zusammen! Du hast schon sehr heftig ge-
weint, und das tut deinem Brustleiden gar nicht etwa gut.

A.: Maßhalten soll ich beim Weinen, obschon ich das
Maß meines Elends nicht überblicke? Um die körperliche
Gesundheit soll ich mich sorgen, obschon ich selbst verseucht bin? Doch ich bitte dich, wenn du irgendwelche
Macht über mich hast, versuch es, mich auf Abkürzungen
dem Ziel entgegenzuführen, daß ich vielleicht schon wegen
einer gewissen Nähe jenes Lichts (wenn ich einigermaßen
fortgeschritten bin, kann ich es bereits aushalten) Scham
empfinde, die Augen auf jene Finsternis zurückzurichten,
die ich eben überwunden habe – oder darf ich nicht sagen,
sie sei überwunden, wenn sie mir in meiner Blindheit noch
zu schmeicheln wagt?

V.: Beenden wir nun, wenn es dir recht ist, unser erstes
Buch[58], um sodann im zweiten einen bequemen Weg, der
sich uns darbieten könnte, einzuschlagen. Denn da du dich
so leidenschaftlich mit diesen Fragen beschäftigst, darfst du
auf ein maßvolles Üben nicht verzichten.

A.: Nein, keineswegs will ich dieses Büchlein beendigt
sehen, bevor du mir ein wenig von dem verrätst, das mich
beschäftigt, wie nahe ich dem Lichte schon bin.

V.: Jener Seelenarzt ist dir gewogen. Denn ein unerklärli-
cher Glanz trifft mich und zeigt mir, wohin ich dich führen
soll. So merk auf mit offenen Ohren.

A.: Duc, oro te, ac rape quo vis.

4   *R.:* Animam te certe dicis et Deum velle cognoscere.

A.: Hoc est totum negotium meum.

R.: Nihilne amplius?

A.: Nihil prorsus.   5

5   *R.:* Quid? veritatem non vis comprehendere?

A.: Quasi vero possim haec nisi per illam cognoscere.

R.: Ergo prius ipsa cognoscenda est, per quam pos-
sunt illa cognosci.   10

A.: Nihil abnuo.

6   *R.:* Primo itaque illud videamus, cum duo verba sint
veritas et verum, utrum tibi etiam res duae istis verbis
significari an una videatur.

A.: Duae res videntur. nam, ut aliud est castitas,   15
aliud castum, et multa in hunc modum, ita credo aliud
esse veritatem et aliud quod verum dicitur.

7   *R.:* Quod horum duorum putas esse praestantius?

A.: Veritatem opinor. non enim casto castitas, sed
castitate fit castum; ita etiam,. si quid verum est, verita- 20
te utique verum est.

28 1 *R.:* Quid? cum castus aliquis moritur, censes mori
etiam castitatem?

A.: Nullo modo.

2   *R.:* Ergo, cum interit aliquid quod verum est, non 25
interit veritas.

A.: Quomodo autem interit aliquid verum? non
enim video.

3   *R.:* Miror te istud quaerere. nonne ante oculos nostros milia rerum videmus interire? nisi forte putas 30

A.: Führe mich, ich bitte dich, und zieh mich mit dir, wohin du willst.

V.: Die Seele willst du doch, wie du sagst, und Gott erkennen?

A.: Das ist mein ganzes Anliegen.

V.: Nichts weiter?

A.: Gewiß nicht!

V.: Wie, die Wahrheit willst du nicht erfassen?

A.: Als ob ich jenes anders als durch diese erkennen könnte.

V.: Also muß man zuerst sie selbst erkennen, da sie das Mittel zu jener Erkenntnis ist.

A.: Ich widerspreche nicht.

V.: Gut, so wollen wir zunächst dies betrachten[59]: Wahrheit und das Wahre sind doch zwei Worte. Scheint es dir, daß mit diesen Wörtern auch zwei Dinge bezeichnet werden oder nur eines?

A.: Zwei Dinge scheint mir. Denn wie die Keuschheit[60] und das Keusche und vieles andere dieser Art sich unterscheiden, so, glaube ich, ist auch Wahrheit verschieden von dem, was man das Wahre nennt.

V.: Welches von diesen beiden hältst du für das vorzüglichere?

A.: Wohl die Wahrheit. Denn nicht durch das Keusche entsteht Keuschheit, sondern durch die Keuschheit das Keusche. So ist auch etwas, das wahr ist, durch seine Wahrheit wahr.

V.: Und was geschieht, wenn ein Keuscher stirbt? Meinst du, daß dann auch die Keuschheit stirbt?

A.: Keineswegs.

V.: So folgt, daß, wenn etwas Wahres zugrunde geht, die Wahrheit nicht zugrunde geht[61].

A.: Aber wie kann denn etwas Wahres zugrunde gehen? Ich vermag das nicht zu erkennen.

V.: Deine Frage wundert mich. Sehen wir denn nicht vor unsern Augen tausend Dinge zugrunde gehen? Du wirst

hanc arborem aut esse arborem, sed veram non esse,
aut certe interire non posse. quamvis enim non credas
sensibus possisque respondere, ignorare te prorsus
utrum arbor sit, tamen illud non negabis, ut opinor,
veram esse arborem, si arbor est; non enim hoc sensu,   5
sed intelligentia iudicatur. si enim falsa arbor est, non
est arbor; si autem arbor est, vera sit necesse est.

    A.: Concedo istud.

4   *R.:* Quid illud alterum? nonne concedis hoc genus
rerum esse arborem, quod nascatur et intereat?   10

    A.: Negare non possum.

    R.: Concluditur ergo, aliquid quod verum sit, inter-
ire.

    A.: Non contravenio.

5   *R.:* Quid illud? nonne tibi videtur intereuntibus re- 15
bus veris veritatem non interire, ut non mori casto
mortuo castitatem?

    A.: Iam et hoc concedo et magnopere, quid molia-
ris, exspecto.

    R.: Ergo attende.   20

    A.: Istic sum.

29 1   *R.:* Verane tibi videtur ista sententia: quidquid est,
alicubi esse cogitur?

    A.: Nihil me sic ducit ad consentiendum.

    R.: Fateris autem esse veritatem?   25

    A.: Fateor.

2   *R.:* Ergo, ubi sit, necesse est quaeramus. non est
enim in loco, nisi forte aut esse in loco aliquid aliud
praeter corpus aut veritatem corpus esse arbitraris.

    A.: Nihil horum puto.   30

doch vermutlich weder glauben, daß dieser Baum da zwar ein Baum, aber kein wahrer sei, noch daß er auf keinen Fall zugrunde gehen könne? Obschon du deinen Sinnen nicht traust und also antworten könntest, du seist gar nicht im klaren, ob das ein Baum sei, so wirst du doch, wie ich meine, nicht bestreiten, daß es, wenn es ein Baum ist, ein wahrer Baum ist[62]; denn nicht die sinnliche, sondern die geistige Erkenntnis fällt dieses Urteil. Denn wenn es ein falscher Baum ist, ist es gar kein Baum; wenn es aber ein Baum ist, muß er notgedrungen ein wahrer sein.

A.: Das gebe ich zu.

V.: Doch nun weiter: gibst du nicht auch dies zu, daß ein Baum zu derjenigen Gattung Dinge gehört, die entstehen und zugrunde gehen?

A.: Ich kann es nicht bestreiten.

V.: Also ist zu schließen, daß etwas Wahres zugrunde geht.

A.: Ich kann dem nicht widersprechen.

V.: Und nun: scheint dir nicht, daß die Wahrheit auch dann nicht zugrunde geht, wenn wahre Dinge zugrunde gehen – wie die Keuschheit nicht stirbt, wenn ein Keuscher stirbt?

A.: Auch dies gebe ich zu und erwarte mit Spannung, was du im Sinne hast.

V.: So merk auf.

A.: Ich bin bereit.

V.: Scheint dir dieser Satz richtig: was ist, muß irgendwo sein.

A.: Kein Schluß lockt mich eher, dir zuzustimmen.

V.: Du gestehst aber zu, daß es Wahrheit gibt?[63]

A.: Ja.

V.: Folglich sind wir gezwungen, zu suchen, wo sie sei. Sie ist nämlich nicht im Raume; du müßtest denn glauben, auch etwas anderes als ein Körper habe räumliche Existenz oder die Wahrheit sei selbst ein Körper.

A.: Nichts von beidem glaube ich.

R.: Ubinam igitur illam esse credis? non enim nusquam est quam esse concedimus.

A.: Si scirem ubi esset, nihil fortasse amplius quaererem.

R.: Saltem ubi non sit potes cognoscere?   5

A.: Si commemores, fortasse potero.

3   *R.*: Non est certe in rebus mortalibus. quidquid enim est in aliquo, non potest manere, si non maneat illud, in quo est; manere autem, etiam rebus veris intereuntibus, veritatem paulo ante concessum est. non 10 igitur est veritas in rebus mortalibus. est autem veritas,

4 et non est nusquam. sunt igitur res immortales. nihil autem verum, in quo veritas non est. conficitur itaque

5 non esse vera nisi quae sunt immortalia. et omnis falsa arbor non est arbor, et falsum lignum non est lignum, 15 et falsum argentum non est argentum, et omnino quidquid falsum est, non est. omne autem quod verum non est, falsum est. nulla igitur recte dicuntur esse nisi im-

6 mortalia. hanc tu tecum ratiunculam diligenter considera, ne quid tibi concedendum non esse videatur. si 20 enim rata est, totum negotium paene confecimus; quod in alio fortasse libro melius apparebit.

30 1   *A.*: Habeo gratiam et ista mecum atque adeo tecum, quando in silentio sumus, diligenter cauteque tractabo, si nullae se tenebrae immittant suique etiam, quod ve- 25 hementer formido, mihi faciant delectationem.

2   *R.*: Constanter Deo crede eique te totum committe, quantum potes. noli esse velle quasi proprius et in tua potestate, sed huius clementissimi et mitissimi domini te servum esse profitere. ita enim te ad se sublevare non 30

29 huius] eius: *corr. Fuchs.* – mitissimi] utilissimi: *corr. Fuchs.*

V.: Wo denn, meinst du, ist sie? Denn sie kann doch nicht nirgendwo sein, wenn wir ihre Existenz anerkennen.

A.: Wenn ich wüßte, wo sie ist, würde ich vielleicht nichts mehr erforschen wollen.

V.: Doch kannst du wenigstens erkennen, wo sie nicht ist?

A.: Wenn du meiner Erinnerung nachhilfst[64], werde ich es vielleicht können.

V.: Bestimmt ist sie nicht in den sterblichen Dingen. Denn was in etwas ist, kann nicht bestehen bleiben, wenn das nicht bleibt, worin es ist: aber bestehen bleibt die Wahrheit, wie du eben vorhin zugegeben hast, auch wenn die wahren Dinge zugrunde gehen. Die Wahrheit ist also nicht in den sterblichen Dingen. Doch sie existiert, und sie ist nicht nirgends. Es gibt also Unsterbliches. Nichts ist aber wahr, in dem nicht auch die Wahrheit ist. So muß man denn schließen: wahr ist nur, was unsterblich ist. Und jeder falsche Baum ist kein Baum, falsches Holz kein Holz, falsches Silber kein Silber, und überhaupt: was falsch ist, existiert gar nicht. Alles aber, was nicht wahr ist, ist falsch. Nichts anderes kann also richtigerweise Existenz haben als Unsterbliches. – Überdenke du meine kleine Beweisführung sorgfältig, ob es dir etwa vorkommt, du könntest irgendwo nicht zustimmen. Denn wenn sie richtig ist, haben wir beinahe die ganze Arbeit geleistet. Doch das wird wahrscheinlich im folgenden Buch deutlich werden.

A.: Ich danke dir. Und dies alles will ich mit mir oder vielmehr mit dir, wenn wir in Stille zusammen sind, sorgfältig und vorsichtig behandeln, wofern nicht Finsternis sich über uns senkt und mir gar, was ich sehr fürchte, Vergnügen bereitet.

V.: Bleib standhaft im Glauben an Gott und vertraue dich ihm ganz, so weit du kannst. Gib deinen Willen auf, gewissermaßen nur dir anzugehören und in deiner eigenen Gewalt zu sein; nein, bekenne, daß du der Knecht dieses allergnädigsten und mildesten Herrn[65] bist. Dann wird er nicht ab-

desinet nihilque tibi evenire permittet nisi quod tibi prosit, etiam si nescias.

3   *A.:* Audio, credo et, quantum possum, obtempero plurimumque ipsum deprecor, ut plurimum possim, nisi quid forte amplius a me desideras.   5

R.: Bene habet interim. facies postea, quidquid iam visus ipse praeceperit.

lassen, dich zu sich zu erheben, und er wird dir nichts widerfahren lassen, als was dir nützt, auch ohne daß du es merkst.

A.: Ich höre, glaube und gehorche, soviel ich kann, und gar sehr flehe ich ihn an, ich möchte gar sehr viel können. Oder verlangst du noch etwas anderes von mir?

V.: Das genügt vorläufig. Du wirst später, wenn du ihn geschaut hast, tun, was er selber dir vorschreibt.

1 1 *Augustinus:* Satis intermissum est opus nostrum et im-
patiens est amor nec lacrimis modus fit, nisi amori
detur quod amatur. quare aggrediamur librum
secundum.

    Ratio: Aggrediamur.   5

    A.: Credamus Deum adfuturum.

    R.: Credamus sane, si vel hoc in potestate nostra est.

    A.: Potestas nostra ipse est.

    R.: Itaque ora, brevissime ac perfectissime quantum
potes.   10

    A.: Deus semper idem, noverim me, noverim te.
oratum est.

2   *R.:* Tu qui vis te nosse, scis esse te?

    A.: Scio.

    R.: Unde scis?   15

    A.: Nescio.

    R.: Simplicem te sentis anne multiplicem?

    A.: Nescio.

    R.: Moveri te scis?

    A.: Nescio.   20

    R.: Cogitare te scis?

    A.: Scio.

    R.: Ergo verum est cogitare te.

    A.: Verum.

Augustinus: Lange genug ist unsere Arbeit unterbrochen worden; ungeduldig ist die Liebe, und die Tränen fließen ohne Maß, wenn die Liebe nicht empfängt, was sie liebt. Darum wollen wir das zweite Buch beginnen.

Vernunft: Wir wollen beginnen.

A.: Wir wollen glauben, Gott werde uns helfen.

V.: Ja, wir wollen es glauben, wenn auch dies in unserer Macht steht.

A.: Unsere Macht ist er selbst.

V.: Dann bete, so kurz und innig, als du es nur vermagst.

A.: Du immer gleicher Gott, mich möchte ich, dich möchte ich erkennen[66]. – Das Gebet ist zu Ende.

V.: Du, der du dich erkennen willst, weißt du, daß du bist?

A.: Ja.

V.: Woher weißt du es?

A.: Ich weiß es nicht.

V.: Fühlst du dich als Einheit oder als Vielheit?

A.: Ich weiß es nicht.

V.: Weißt du, daß du dich bewegst?

A.: Nein.

V.: Weißt du, daß du denkst?

A.: Ja.

V.: Also ist es wahr, daß du denkst.

A.: Ja.

R.: Immortalem te esse scis?

A.: Nescio.

3   *R.:* Horum omnium, quae te nescire dixisti, quid scire prius mavis?

A.: Utrum immortalis sim.

R.: Vivere igitur amas?

A.: Fateor.

4   *R.:* Quid? cum te immortalem esse didiceris, satisne erit?

A.: Erit id quidem magnum, sed mihi id parum.

R.: Hoc tamen, quod parum est, quantum gaudebis?

A.: Plurimum.

R.: Nihil iam flebis?

A.: Nihil omnino.

5   *R.:* Quid? si ipsa vita talis esse inveniatur, ut in ea tibi nihil amplius quam nosti nosse liceat, temperabis a lacrimis?

A.: Immo tantum flebo, ut vita nulla sit.

R.: Non igitur vivere propter ipsum vivere amas, sed propter scire.

A.: Cedo conclusioni.

6   *R.:* Quid, si eadem ipsa rerum scientia miserum faciat?

A.: Nullo id quidem pacto fieri posse credo. sed si ita est, nemo esse beatus potest; non enim nunc aliunde sum miser nisi rerum ignorantia. quod si et rerum scientia miserum facit, sempiterna miseria est.

7   *R.:* Iam video totum quod cupis. nam quoniam neminem scientia miserum esse credis, ex quo probabile est ut intelligentia efficiat beatum, beatus autem nemo nisi vivens, et nemo vivit qui non est: esse vis, vivere et

---

10 id mihi: *corr. Fuchs.*

V.: Weißt du, daß du unsterblich bist?

A.: Nein.

V.: Was von all dem, das du nicht zu wissen erklärt hast, willst du zuerst wissen?

A.: Ob ich unsterblich bin.

V.: Du liebst also das Leben?

A.: Ich gestehe, ja.

V.: Wie? Wenn du gelernt hast, daß du unsterblich bist, wird dir das genügen?

A.: Etwas Großes wird es sein, gewiß, aber für mich noch zu wenig.

V.: Wie groß aber wird deine Freude über dieses Wenige sein?

A.: Sehr groß.

V.: Und du wirst nicht mehr weinen?

A.: Nein, nicht mehr.

V.: Wenn sich nun als Eigentümlichkeit des Lebens finden sollte, daß du nicht mehr wissen darfst, als du bereits weißt, wirst du da deine Tränen bemeistern?

A.: Ach nein, ich werde so sehr weinen, daß das Leben selbst dahin ist.

V.: Du liebst also das Leben nicht, um zu leben, sondern um zu wissen?

A.: Ich anerkenne diese Folgerung.

V.: Was dann, wenn eben gerade das Wissen dich elend machte?

A.: Auf keine Weise, glaube ich, kann das geschehen. Wenn es aber so ist, kann niemand glücklich sein; denn mein jetziges Unglück rührt nirgends sonst her als aus meiner Unwissenheit. Wenn aber auch das Wissen unglücklich macht, ist unser Unglück ewig.

V.: Jetzt erkenne ich dein ganzes Anliegen. Denn da du glaubst, daß das Wissen niemanden unglücklich macht (woraus sich ergibt, daß die Erkenntnis glücklich macht), da man aber glücklich nur als Lebender sein kann und niemand lebt, der nicht existiert, verlangst du Existenz, Leben und

intelligere; sed esse ut vivas, vivere ut intelligas. ergo
esse te scis, vivere te scis, intelligere te scis. sed utrum
ista semper futura sint, an nihil horum futurum sit, an
maneat aliquid semper et aliquid intercidat, an minui et
augeri haec possint, cum omnia mansura sint, nosse ₅
vis.

A.: Ita est.

8   *R.:* Si igitur probaverimus semper nos esse victuros,
sequetur etiam semper futuros.

A.: Sequetur.   10

R.: Restabit quaerere de intelligendo.

A.: Manifestissimum ordinem video atque brevis-
simum.

2 1   *R.:* Hic ergo esto nunc, ut interroganti caute firme-
que respondeas.   15

A.: Istic sum.

2   *R.:* Si manebit semper mundus iste, verum est
mundum semper mansurum esse?

A.: Quis hoc dubitet?

R.: Quid? si non manebit, nonne ita verum est 20
mundum non esse mansurum?

A.: Nihil resisto.

3   *R.:* Quid? cum interierit, si interiturus est, nonne
tunc id erit verum mundum interisse? nam quamdiu
verum non est mundum occidisse, non occidit. repu- 25
gnat igitur, ut mundus occiderit et verum non sit
mundum occidisse.

A.: Et hoc concedo.

4   *R.:* Quid illud? videturne tibi verum aliquid esse
posse, ut veritas non sit?   30

A.: Nullo modo.

Erkenntnis, jedoch die Existenz, um zu leben, das Leben aber, um zu erkennen. Du weißt also, daß du existierst, du weißt, daß du lebst, du weißt, daß du erkennst. Doch ob diese drei Eigenschaften auch in Zukunft immer bleiben werden oder ob keine von ihnen bleiben wird oder etwas immer bleiben, etwas verschwinden wird oder ob sie vermindert oder vermehrt werden können, wofern sie alle bleiben, das willst du wissen.

A.: So ist es.

V.: Wenn wir also bewiesen haben, daß wir immer leben werden, so wird auch folgen, daß wir immer existieren.

A.: Ja.

V.: Dann bleibt noch die Frage nach der Erkenntnis.

A.: Ich sehe einen ganz klaren und kurzen Weg vor mir.

V.: Darum merk auf, damit du auf meine Fragen bedächtig und bestimmt antworten kannst.

A.: Ich stehe zur Verfügung.

V.: Wenn unsere Welt immer bestehen bleibt, ist es dann wahr, daß die Welt immer bestehen bleibt?

A.: Zweifellos.

V.: Wenn sie aber nicht bestehen bleibt, dann ist es doch wohl wahr, daß die Welt nicht bestehen bleibt?

A.: Ich habe nichts einzuwenden.

V.: Nun aber: zu der Zeit, da die Welt untergegangen ist, sofern sie untergehen wird[68], wird es dann nicht wahr sein, daß sie untergegangen ist? Denn solange es nicht wahr ist, daß die Welt zugrunde gegangen ist, solange ist sie nicht zugrunde gegangen. Es widersprechen sich also die Aussagen ›Die Welt ist zugrunde gegangen‹ und ›Es ist nicht wahr, daß die Welt zugrunde gegangen ist‹.

A.: Auch dies gebe ich zu.

V.: Nun die folgende Überlegung: scheint es dir möglich zu sein, daß etwas Wahres existieren kann, ohne daß es Wahrheit gibt?

A.: Keineswegs.

R.: Erit igitur veritas, etiamsi mundus intereat.

A.: Negare non possum.

R.: Quid? si ipsa veritas occidat, nonne verum erit veritatem occidisse?

A.: Et istud quis negat?

R.: Verum autem non potest esse, si veritas non sit.

A.: Iam hoc paulo ante concessi.

R.: Nullo modo igitur occidet veritas.

A.: Perge ut coepisti; nam ista collectione nihil est verius.

R.: Nunc respondeas mihi velim, utrum tibi sentire anima videatur an corpus?

A.: Anima videtur.

R.: Quid? intellectus videtur tibi ad animam pertinere?

A.: Prorsus videtur.

R.: Ad solam animam an ⟨etiam⟩ ad aliquid aliud?

A.: Nihil aliud video praeter animam nisi Deum, ubi intellectum esse credam.

R.: Iam illud videamus: si tibi quispiam istum parietem non esse parietem, sed arborem diceret, quid putares?

A.: Aut eius sensum aut meum falli aut hoc nomine ab eo parietem vocari.

R.: Quid? si et illi species arboris in eo appareat et tibi parietis, nonne poterit utrumque verum esse?

A.: Nullo modo; quia una eademque res et arbor et paries esse non potest. quamvis enim singulis nobis singula esse videantur, necesse est unum nostrum imaginationem falsam pati.

---

17 ⟨etiam⟩ *add. Fuchs.*

V.: Also wird es Wahrheit geben, auch wenn die Welt untergeht.

A.: Ich kann es nicht bestreiten.

V.: Wenn jedoch die Wahrheit selber zugrunde geht, ist es dann nicht wahr, daß die Wahrheit zugrunde gegangen ist?

A.: Auch das kann kein Mensch bestreiten.

V.: Wahres kann es aber nicht geben, wenn es keine Wahrheit gibt[69].

A.: Das habe ich schon vorhin zugestanden.

V.: Die Wahrheit wird also auf keinen Fall zugrunde gehen.

A.: Fahre weiter, wie du begonnen hast; denn es gibt nichts Wahreres als deinen Schluß.

V.: Jetzt antworte mir bitte, ob dir die Seele oder der Leib Empfindung zu haben scheint.

A.: Mir scheint, die Seele.

V.: Scheint dir die Einsicht zur Seele zu gehören?

A.: Ja gewiß.

A.: Allein zur Seele oder noch zu etwas anderem?

A.: Ich sehe außer der Seele nur noch Gott, wo ich Einsicht vermute.

V.: Untersuchen wir weiter. Wenn jemand dir sagte, diese Wand da sei keine Wand, sondern ein Baum, was hieltest du davon?

A.: Ich würde glauben, entweder sein oder mein Sinn täusche sich oder mit dieser Bezeichnung werde von ihm eine Wand bezeichnet.

V.: Wenn ihm jedoch dabei das Bild eines Baumes und dir das Bild einer Wand erschiene, könnte dann nicht einfach beides wahr sein?

A.: Auf keinen Fall, weil ja ein und derselbe Gegenstand nicht zugleich Baum und Wand sein kann. Obschon nämlich jeder von uns seine bestimmte Anschauung hätte, muß man doch anerkennen, daß der eine von uns beiden sich von einer falschen Vorstellung täuschen ließe.

4   *R.:* Quid? si nec paries nec arbor est et ambo fallimini?

A.: Potest id quidem.

R.: Hoc ergo unum superius praetermiseras.

A.: Fateor.   5

5   *R.:* Quid? si agnoscatis aliud vobis videri quam est,
numquidnam fallimini?

A.: Non.

R.: Potest igitur et falsum esse, quod videtur, et non
falli, cui videtur.   10

A.: Potest.

R.: Confitendum est igitur non eum falli qui falsa
videt, sed eum qui assentitur falsis.

A.: Plane confitendum.

R.: Quid? ipsum falsum quare falsum est?   15

6   *A.:* Quod aliter sese habet quam videtur.

R.: Si ergo non sint quibus videatur, nihil est
falsum?

A.: Sequitur.

R.: Non igitur est in rebus falsitas, sed in sensu; non   20
autem fallitur, qui falsis non assentitur: conficitur, ut
aliud simus nos, aliud sensus, siquidem, cum ipse fallitur, possumus nos non falli.

A.: Nihil habeo quod contradicam.

R.: Sed numquid, cum anima fallitur, audes te dicere   25

7   non esse falsum?

A.: Quo pacto istud audeam?

R.: At nullus sensus sine anima, nulla falsitas sine
sensu: aut operatur igitur anima aut cooperatur falsi-
tati.   30

V.: Und wenn der Gegenstand weder Wand noch Baum ist und ihr euch beide täuscht?

A.: Auch das kann geschehen.

V.: Diesen einen Fall also hattest du vorhin ausgelassen.

A.: Du hast recht.

V.: Wenn ihr jedoch bemerktet, daß der Gegenstand euch anders erscheint, als er ist, täuscht ihr euch dann noch irgendwie?

A.: Nein.

V.: Es kann also der Schein etwas Täuschendes sein, ohne daß sich der Beobachter täuschen läßt?

A.: Das ist möglich.

V.: Man muß also zugeben, daß nicht derjenige sich täuscht, der etwas Täuschendes sieht, sondern derjenige, der die Täuschung für wahr hinnimmt?

A.: Das muß man durchaus zugeben.

V.: Warum ist denn aber das Täuschende etwas Täuschendes?

A.: Weil es sich anders verhält, als es scheint.

V.: Wenn es also keine Beobachter gäbe, die einen Schein aufnehmen, gäbe es dann nichts Falsches?

A.: Das ist logisch.

V.: Die Täuschung liegt also nicht an den Dingen, sondern an der sinnlichen Wahrnehmung[70]. Niemand täuscht sich aber, der die Täuschung nicht als wahr annimmt. Der Schluß lautet also: Das Ich ist vom Wahrnehmungsvermögen unterschieden, wofern es in der Tat möglich ist, daß bei einer Täuschung des Wahrnehmungsvermögens wir selbst von Täuschung frei bleiben.

A.: Ich habe nichts einzuwenden.

V.: Wenn aber die Seele sich täuscht, wagst du dann zu behaupten, daß du selbst nicht getäuscht seist?

A.: Wie könnte ich diese Behauptung wagen?

V.: Aber keine Wahrnehmung ohne Seele, keine Täuschung ohne Wahrnehmung. Es folgt also, daß die Seele die Täuschung entweder schafft oder an ihr mitschafft.

A.: Trahunt praecedentia consensionem.

4 1   *R.:* Illud nunc responde, utrum tibi videatur posse fieri ut aliquando falsitas non sit.

A.: Quomodo mihi hoc videri potest, cum tanta sit difficultas inveniendae veritatis, ut absurdius dicatur 5 falsitatem quam veritatem esse non posse?

2 *R.:* Numquidnam arbitraris eum, qui non vivit, posse sentire?

A.: Non potest fieri.

R.: Confectum est animam semper vivere.   10

3 *A.:* Nimis cito urges me in gaudia. pedetemptim, quaeso.

R.: Atqui, si recte illa concessa sunt, nihil de hac re dubitandum video.

A.: Nimis cito est, inquam. itaque facilius adducor, 15 ut me temere aliquid concessisse arbitrer quam ut iam securus de immortalitate animae fiam. tamen evolve istam conclusionem et, quomodo id effectum sit, ostende.

4 *R.:* Falsitatem dixisti sine sensu esse non posse et 20 eam non esse non posse: semper igitur est sensus. at nullus sensus sine anima: anima igitur sempiterna est. nec valet sentire, nisi vivat: semper igitur anima vivit.

5 1   *A.:* 'O plumbeum pugionem!' posses enim concludere hominem esse immortalem, si tibi concessissem 25 numquam istum mundum esse posse sine homine eumque mundum esse sempiternum.

2 *R.:* Bene quidem vigilas. sed tamen non parum est, quod confecimus rerum naturam sine anima esse non posse, nisi forte in rerum natura falsitas aliquando non 30 erit.

A.: Was zuvor gesagt worden ist, zwingt zur Zustimmung.

V.: Nun antworte mir darauf, ob es dir möglich scheint, daß es einmal keine Täuschung gibt?

A.: Wie könnte mir das so vorkommen, wo doch die Wahrheit zu finden so große Schwierigkeiten bietet, daß es viel abwegiger ist, von der Täuschung als von der Wahrheit zu sagen, es könne sie nicht geben.

V.: Glaubst du, ein Mensch, der nicht lebt, könne etwas empfinden?

A.: Nein, daß ist unmöglich.

V.: Dann gilt der Schluß, daß die Seele ewig lebt.

A.: Allzu rasch willst du mich in Freude versetzen. Schritt für Schritt, bitte.

V.: Warum denn? Wenn die Annahmen von vorhin richtig waren, sehe ich keine Notwendigkeit, hier etwas zweifelhaft zu finden.

A.: Es ist allzu rasch gegangen, sage ich. Darum fühle ich mich eher geneigt, zu glauben, ich hätte vorhin unüberlegt etwas zugestanden, als daß ich schon beruhigt würde über die Unsterblichkeit der Seele. Doch entwickle mir deinen Schluß und laß mich sehen, wie du zu diesem Entscheid gekommen bist.

V.: Täuschung, sagtest du, sei ohne Wahrnehmung nicht möglich, existieren aber müsse sie: folglich gibt es immer Wahrnehmung. Doch keine Wahrnehmung ohne Seele: die Seele ist also ewig. Auch vermag sie nicht wahrzunehmen, wenn sie nicht lebt: also lebt die Seele ewig.

A.: »O stumpfer Dolch des Scharfsinns!«[71] Auf diese Weise könntest du ja schließen, der Mensch sei unsterblich, wenn ich dir zugestanden hätte, unsere Welt könne niemals ohne Menschen sein und diese Welt sei ewig.

V.: Du bist wirklich aufmerksam. Und doch ist es nicht wenig, was wir erschlossen haben, wenn wir sagten, die Natur könne nicht ohne Seele sein, es sei denn, daß es eines Tages in der Natur keine Täuschung mehr gibt.

3   A.: Istud quidem consequens esse confiteor. sed iam
amplius deliberandum censeo, utrum superius concessa non nutent. non enim parvum gradum ad animae
immortalitatem factum esse video.

R.: Satisne considerasti, ne quid temere dederis?   5

A.: Satis quidem; sed nihil video quo me arguam
temeritatis.

4   R.: Ergo confectum est rerum naturam sine anima
viva esse non posse?

A.: Confectum hactenus, ut possint vicissim aliae   10
nasci, aliae mori.

5   R.: Quid? si de natura rerum falsitas auferatur, nonne fiet, ut vera sint omnia?

A.: Consequi video.

R.: Responde, unde tibi videatur paries iste verus   15
esse.

A.: Quia eius non fallor aspectu.

R.: Ergo quia ita est ut videtur.

A.: Etiam.

6   R.: Si igitur aliquid inde falsum est, quod aliter vide-   20
tur atque est, inde verum, quod ita, ut est, videtur,
ablato eo, cui videtur, nec falsum quidquam nec verum
est. at si falsitas in rerum natura non sit, vera sunt
omnia, nec videri quidquam nisi viventi animae potest:
manet igitur anima in rerum natura, si auferri falsitas   25
non potest, manet, si potest.

7   A.: Video robustius quidem esse factum, quod iam
conclusum erat; sed nihil hac adiectione promovimus.
nihilominus enim manet illud, quod plurimum me
movet, nasci animas et interire atque, ut non desint   30
mundo, non earum immortalitate, sed successione
provenire.

A.: Das ist, wie ich gestehe, eine richtige Folgerung. Doch wir müssen nun, wie ich meine, weiter überlegen, ob das, was wir früher zugestanden haben, nicht wankt. Denn ich sehe, daß wir keinen kleinen Schritt zur Unsterblichkeit der Seele getan haben.

V.: Hast du genau geprüft, ob du nicht leichthin etwas zugestanden hast?

A.: Ja, gewiß; doch ich sehe keinen Grund, weswegen ich mir Leichtfertigkeit vorwerfen sollte.

V.: Also gilt der Schluß, die Natur könne nicht ohne lebende Seele sein?

A.: Nur insofern gilt er, als auch abwechselnd Seelen entstehen und sterben können.

V.: Wenn die Täuschung aber aus der Natur entfernt würde, wird es dann nicht dahin kommen, daß alles wahr ist?

A.: Das folgt, wie ich sehe.

V.: Sag mir: warum scheint dir diese Wand wahr zu sein?

A.: Weil mich ihr Anblick nicht täuscht.

V.: Also weil sie so ist, wie sie zu sein scheint?

A.: Ja.

V.: Wenn also ein Gegenstand darum täuscht, weil er nicht so zu sein scheint, wie er ist, und darum wahr ist, weil er so, wie er ist, zu sein scheint, so ist ohne den Beobachter, der den Schein aufnimmt, etwas weder falsch noch wahr. Wenn aber die Täuschung nicht in der Natur liegt, dann ist alles wahr, Schein kann aber nur in einer lebenden Seele erweckt werden: die Seele bleibt also in der Natur bestehen, wenn die Täuschung nicht beseitigt werden kann, sie bleibt aber auch, wenn sie es kann.

A.: Ich sehe, du hast unsere Schlüsse von vorhin erhärtet. Doch diese Ergänzung bedeutet keinen Fortschritt. Denn ungeklärt bleibt, was mich vor allem beschäftigt, daß die Seelen entstehen und untergehen, und falls sie in der Welt immer vorhanden sein sollten, daß dies nicht von ihrer Unsterblichkeit herkommt, sondern weil sie sich nachfolgen.

6   1   *R.:* Videnturne tibi quaeque corporea, id est sensibilia, intellectu posse comprehendi?

A.: Non videntur.

R.: Quid illud? videtur tibi sensibus uti Deus ad res
cognoscendas?   5

A.: Nihil audeo de hac re temere affirmare; sed
quantum conicere datur, nullo modo Deus utitur sensibus.

R.: Ergo concludimus non sentire posse nisi
animam.   10

A.: Conclude interim, quantum probabiliter licet.

2   *R.:* Quid illud? dasne istum parietem, si verus paries
non sit, non esse parietem?

A.: Nihil hoc facilius dederim.

R.: Neque quidquam, si verum corpus non sit, cor-   15
pus esse?

A.: Tale etiam hoc est.

R.: Ergo, si nihil verum est, nisi ita sit, ut videtur,
nec quidquam corporeum videri nisi sensibus potest
nec sentire nisi anima nec, si verum corpus non sit,   20
corpus esse: restat, ut corpus esse non possit, nisi anima fuerit.

A.: Nimis urges, et quid resistam non habeo.

7   1   *R.:* Attende in ista diligentius.

A.: En adsum.   25

R.: Certe hic lapis est; et ita verus est, si non se habet
aliter ac videtur; et lapis non est, si verus non est; et
non nisi sensibus videri potest.

A.: Etiam.

2   *R.:* Non sunt igitur lapides in abditissimo terrae gre-   30
mio, nec omnino ubi non sunt qui sentiant; nec iste

V.: Meinst du, es könnten alle körperlichen, das heißt sinnlich wahrnehmbaren Gegenstände mit Einsicht erfaßt werden?

A.: Nein.

V.: Weiter: meinst du, Gott bediene sich der Sinne, um die Dinge zu erkennen?

A.: Darüber wage ich nichts leichthin zu behaupten; doch soweit es sich vermuten läßt, bedient sich Gott keineswegs der Sinne.

V.: Also ziehen wir den Schluß, nur die Seele könne wahrnehmen?

A.: Zieh nur einstweilen die Schlüsse, die sich mit Wahrscheinlichkeit ziehen lassen.

V.: Etwas anderes: gibst du zu, daß diese Wand, wenn sie nicht eine wahre Wand ist, keine Wand ist?

A.: Nichts möchte ich leichter zugeben.

V.: Und daß etwas, das nicht ein wahrer Körper ist, kein Körper ist?

A.: Auch dies.

V.: Wenn also wahr nur ist, was so ist, wie es scheint, und wenn ein Körper nur den Sinnen Schein erwecken kann, und wenn nur die Seele wahrnehmen kann, und wenn, was kein wahrer Körper ist, überhaupt kein Körper ist: dann folgt, daß es Körper nur geben kann, wenn Seele schon da ist

A.: Du drängst allzu sehr, und ich habe keine Möglichkeit, dir zu widerstehen.

V.: Achte recht sorgfältig auf das Folgende.

A.: Ich bin bereit.

V.: Zweifellos ist dies ein Stein, und es ist ein wahrer Stein, wenn er nicht anders ist, als er scheint; und er ist kein Stein, wenn er nicht ein wahrer Stein ist; und nur den Sinnen kann er als Stein erscheinen.

A.: Ja.

V.: Also gibt es keine Steine tief unten im Schoß der Erde, und überhaupt nirgends, wo niemand ist, der sie

lapis esset, nisi eum videremus, nec lapis erit, cum
discesserimus nemoque alius eum praesens videbit.
nec, si loculos bene claudas, quamvis multa in eis in-
cluseris, aliquid habebunt, nec prorsus ipsum lignum
3 intrinsecus lignum est. fugit enim omnes sensus, quid-   5
quid in altitudine est corporis minime perlucentis;
quod non esse omnino cogitur: etenim si esset, verum
esset, nec verum quidquam est, nisi quod ita est ut
videtur; illud autem non videtur: non est igitur verum
– nisi quid habes ad haec quod respondeas.   10

4   A.: De iis quidem, quae concessi, hoc natum esse
video; sed absurdum ita est, ut quidquid vis illorum
facilius negem quam hoc verum esse concedam.

5   R.: Nihil repugno. vide ergo, quid dicere velis: corporea nisi sensibus videri posse, an sentire nisi ani-   15
mam, an esse lapidem vel quid aliud, sed verum non
esse, an ipsum verum aliter esse definiendum.

     A.: Istuc ipsum, oro te, ultimum videamus.

8 1 R.: Defini ergo verum.

     A.: Verum est, quod ita se habet, ut cognitori vide-   20
tur, si velit possitque cognoscere.

2   R.: Non erit igitur verum, quod nemo potest cognoscere. deinde, si falsum est, quod aliter quam est
videtur: quid, si alteri videatur hic lapis lapis, alteri
lignum, eadem res et falsa et vera erit?   25

3   A.: Illud superius me magis movet, quomodo, si
quid cognosci non potest, eo fiat, ut verum non sit.
nam quod simul una res et vera et falsa est, non nimis

---

26 me magis superius: *corr. Fuchs.*

wahrnimmt[72]. Auch der Stein hier wäre kein Stein, wenn
wir ihn nicht betrachteten; und er wird kein Stein mehr sein,
wenn wir fortgegangen sind oder wenn sonst niemand da
ist, der ihn sieht. Und wenn du deine Kästchen gut ver-
schließest, dann werden sie, wenn du noch so viel hineinge-
schlossen hast, nicht das geringste enthalten. Ja, nicht einmal das Holz ist in seinem Innern Holz. Denn aller Sinneswahrnehmung entzieht sich, was in der Tiefe eines völlig
undurchsichtigen Körpers ist, und man muß folgern, daß es
überhaupt nicht existiert. Wenn es nämlich existierte, so
wäre es wahr, und wahr ist nur, was so ist, wie es zu sein
scheint; jenes aber scheint nicht, folglich ist es nicht wahr.
Oder kannst du darauf eine Antwort finden?

A.: Nun, ich sehe ja ein, daß dieses sich aus den Sätzen,
die ich zugestanden habe, ergeben hat; doch ist es derart
widersinnig, daß ich leichter jeden beliebigen dieser Sätze
zurücknehme, als daß ich es als wahr anerkenne.

V.: Ganz recht. Sieh also zu, was du festhalten willst: daß
Körper nur mit den Sinnen wahrgenommen werden können, oder daß nur die Seele wahrnehmen kann, oder daß ein
Stein oder etwas derart existieren kann, ohne wahr zu sein,
oder daß wir gar den Begriff der Wahrheit anders definieren
müssen?

A.: Laß uns bitte diesen letzten Punkt untersuchen.

V.: Definiere also ›Wahrheit‹.

A.: Wahr ist etwas, das sich so verhält, wie es einem
Betrachter erscheint, der erkennen will und kann.

V.: Also wird nicht wahr sein, was niemand erkennen
kann. Ferner: wenn falsch ist, was anders scheint, als es ist,
wird dann, wenn dem einen dieser Stein hier ein Stein, einem andern Holz[73] zu sein scheint, der gleiche Gegenstand
falsch und wahr zugleich sein?

A.: Der erste Punkt beschäftigt mich mehr: wie kann es
geschehen, daß ein Gegenstand, sobald man ihn nicht erkennen kann, nicht wahr ist? Denn der zweite Einwand, daß
ein einziger Gegenstand zugleich wahr und falsch sein kann,

curo. etenim video unam rem diversis comparatam simul et maiorem et minorem esse. sed ex eo istud contingit, quod nihil per se maius aut minus est; compara-
tionis enim sunt ista nomina.

4   *R.:* At si dicis nihil esse verum per se, non times ne
sequatur ut nihil sit per se? unde enim lignum est hoc,
inde etiam verum lignum est, nec fieri potest, ut per
seipsum, id est sine cognitore, lignum sit et verum
lignum non sit.

5   *A.:* Ergo illud dico et sic definio. nec vereor ne de-
finitio mea ob hoc improbetur, quod nimis brevis est:
nam verum mihi videtur esse id quod est.

R.: Nihil ergo erit falsum, quia, quidquid est, verum
est.

6   *A.:* In magnas angustias me coniecisti nec invenio
prorsus quid respondeam. ita fit, ut, cum aliter doceri
nolim quam istis interrogationibus, verear iam tamen
interrogari.

9 1   *R.:* Deus, cui nos commisimus, sine dubitatione fert
opem et de his angustiis liberat nos, modo credamus et
eum rogemus devotissime.

2   *A.:* Nihil plane libentius hoc loco fecerim; nam nusquam tantam caliginem pertuli. – Deus, pater noster,
qui, ut oremus, hortaris, qui et hoc, quod rogaris, prae-
stas, siquidem, cum te rogamus, melius vivimus me-
lioresque sumus: exaudi me palpitantem in his tenebris
et mihi dexteram porrige, praetende mihi lumen tuum,
revoca me ab erroribus; te duce in me redeam et in te.
amen.

3   *R.:* Hic esto, quantum potes, et vigilantissime attende.

kümmert mich nicht sehr, sehe ich doch, daß ein Gegenstand, mit verschiedenen anderen verglichen, zugleich größer und kleiner⁷⁴ sein kann. Doch das kommt daher, daß nichts an sich größer oder kleiner ist; denn diese Bezeichnungen dienen jeweils einem Vergleich.

V.: Wenn du aber sagst, nichts sei wahr an sich, fürchtest du dann nicht, daß folglich nichts an sich ist? Weswegen nämlich dieses hier *Holz* ist, deswegen ist es *wahres* Holz, und es ist unmöglich, daß etwas an sich, das heißt: ohne erkennenden Beobachter, Holz und nicht zugleich wahres Holz ist.

A.: Schön, dann sage ich das folgende und lasse meine Definition so lauten, ohne zu befürchten, sie werde ihrer allzu großen Kürze wegen verworfen: denn Wahrheit scheint mir zu sein, was ist.

V.: Folglich gibt es nichts Falsches, weil alles, was ist, wahr ist.

A.: Du bringst mich in große Verlegenheit, und ich finde überhaupt nichts mehr, was ich antworten sollte. So kommt es, daß ich, obschon ich mich nicht anders unterrichten lassen will als durch deine Fragen⁷⁵, deine Fragen bereits fürchte.

V.: Gott, dem wir uns anvertraut haben, bringt uns ohne Zweifel Hilfe und befreit uns aus dieser Verlegenheit, wofern wir nur glauben und ihn demütigst anflehen.

A.: Wahrhaftig, nichts möchte ich lieber tun als das; denn noch nirgends mußte ich so sehr im Finstern gehen. – Lieber Gott, unser Vater, der du uns zum Gebet ermahnst, der du uns unsere Bitten auch erfüllst – denn sooft wir dich bitten, führen wir ein besseres Leben und sind besser – erhöre mich, da ich hier im Finsteren taumle, und reiche du mir deine Rechte, halte mir dein Licht vor Augen, ruf mich zurück vom Irrtum; unter deiner Führung laß mich zu mir kommen und zu dir. Amen.

V.: Sei bereit, so gut du kannst, und achte mit aller Wachsamkeit auf das Folgende.

A.: Dic, quaeso, si quid tibi suggestum est, ne per-
eamus.

R.: Hic esto.

A.: Ecce habes me nihil aliud agentem.

10 1 *R.:* Prius, quid sit falsum, etiam atque etiam venti- 5
lemus.

A.: Miror, si quidquam aliud erit quam quod non ita
est ut videtur.

2 *R.:* Attende potius, et ipsos sensus prius interroge-
mus. nam certe, quod oculi vident, non dicitur falsum, 10
nisi habeat aliquam similitudinem veri. ut verbi causa
homo, quem videmus in somnis, non est utique verus
homo, sed falsus, eo ipso quod habet veri similitudinem. quis enim canem videat et recte se dicat hominem
somniasse? ergo et ille falsus canis est ex eo, quod simi- 15
lis vero est.

A.: Ita est ut dicis.

3 *R.:* Quid? vigilans quisque si viso equo putet se hominem videre, nonne eo fallitur, quod ei appareat aliqua hominis similitudo? nam si nihil ei appareat nisi 20
equi species, non potest arbitrari sese hominem videre.

A.: Prorsus cedo.

4 *R.:* Dicimus item falsam arborem, quam pictam videmus, et falsam faciem, quae de speculo redditur, et
falsum turrium motum navigantibus falsamque infrac- 25
tionem remi ob aliud nihil, nisi quod veri similia sunt.

A.: Fateor.

5 *R.:* Ita et in geminis fallimur, ita in ovis, ita in singu-

A.: Sag es bitte, wenn dir ein Gedanke aufgegangen ist, damit wir nicht ins Verderben sinken.

V.: Sei bereit.

A.: Da hast du mich ganz, ohne einen fremden Gedanken.

V.: Vorerst müssen wir die Frage, was Täuschung ist, immer und immer wieder vornehmen.

A.: Ich wäre erstaunt, wenn Täuschung etwas anderes wäre, als was nicht so ist, wie es zu sein scheint.

V.: Sei aber vorsichtig! Wir wollen zuerst unsere Sinne befragen. Denn sicherlich wird etwas, das die Augen sehen, nicht als falsch bezeichnet, wenn es nicht einige Ähnlichkeit mit etwas Wahrem hat. Ein Beispiel: ein Mensch, den wir im Traume[76] sehen, ist keineswegs ein wahrer Mensch, sondern eine Täuschung, und zwar gerade darum, weil er mit einem wahren Ähnlichkeit hat. Oder: wer könnte mit Recht, wenn er von einem Hunde träumte, sagen, er habe von einem Menschen geträumt? Also ist auch dieser Hund dadurch eine Täuschung, daß er einem wahren ähnlich sieht.

A.: So ist es.

V.: Doch wenn jemand nun im Wachzustand ein Pferd sieht und vermeint, einen Menschen zu sehen, beruht dann die Täuschung nicht darauf, daß ihm eine gewisse Menschenähnlichkeit erschienen ist? Denn wenn ihm nur ein Pferdebild begegnete, könnte er nicht meinen, er sähe einen Menschen.

A.: Ich gebe es zu.

V.: Ebenso nennen wir Täuschung das Gemälde eines Baumes, Täuschung ein Bild, das uns ein Spiegel wiedergibt, Täuschung, wenn vom Schiff aus die Türme an Land sich zu bewegen scheinen, Täuschung auch, daß ein im Wasser stehendes Ruder gebrochen scheint, und alles nur darum, weil diese Erscheinungen wahren ähnlich sind.

A.: Ich anerkenne das.

V.: So täuschen wir uns auch bei Zwillingen, so bei Ei-

lis sigillis uno anulo impressis et in ceteris talibus.

    A.: Sequor omnino atque concedo.

6   *R.*: Similitudo igitur rerum, quae ad oculos pertinet, mater est falsitatis.

    A.: Negare non possum.   5

11 1   *R.*: Sed haec omnis silva, nisi me fallit, in duo genera dividi potest: nam partim aequalibus in rebus, partim 2 vero in deterioribus est. aequalia sunt, quando tam hoc illi quam illud huic simile esse dicimus, ut de geminis 3 dictum est vel de impressionibus anuli. in deterioribus 10 autem, quando illud, quod deterius est, simile esse dicimus meliori. quis enim in speculum attendat et recte dicat se esse illi imagini similem ac non potius illam 4 sibi? hoc autem genus partim est in eo, quod anima 5 patitur, partim vero in iis rebus, quae videntur. sed 15 ipsum, quod anima patitur, aut in sensu patitur, ut turris motum, qui nullus est, aut apud seipsam ex eo, quod accepit a sensibus, qualia sunt visa somniantium 6 et fortassis etiam furentium. porro illa quae in ipsis rebus, quas videmus, apparent, alia a natura, cetera ab 20 7 animantibus exprimuntur atque finguntur. natura gignendo vel resultando similitudines deteriores facit: gignendo, cum parentibus similes nascuntur, resultando, ut de speculis cuiuscemodi (quamvis enim pleraque specula homines faciant, non tamen ipsi effingunt eas, 25 8 quae redduntur, imagines). iam vero animantium ope-

ern, so bei verschiedenen Abdrücken eines Siegelrings und
so weiter.

A.: Ich folge dir ganz und gar und gebe dir recht.

V.: Die Ähnlichkeit der Gegenstände also, eine Angele-
genheit der Augen, ist die Mutter der Täuschung.

A.: Ich kann es nicht bestreiten.

V.: Diese ganze Masse (von Täuschungen) läßt sich aber,
wenn ich mich nicht irre, in zwei Gruppen scheiden; denn
zum Teil handelt es sich um gleichwertige Dinge, zum Teil
um solche, die im Wert unterschieden sind. Gleichwertig
sind die Dinge, wenn wir geradesogut sagen können, jenes
sei diesem oder dieses sei jenem ähnlich, wie es von den
Zwillingen gesagt wurde oder von den Ringabdrücken.
Um Dinge aber, die im Wert verschieden sind, handelt es
sich, wenn wir sagen, das Geringere sehe dem Höhern ähnlich; denn wer möchte wohl, wenn er in den Spiegel schaut,
mit Recht behaupten, er sehe jenem Bilde ähnlich, und nicht
vielmehr: jenes Bild sehe ihm ähnlich? Diese zweite Gruppe
aber umfaßt zum Teil das, was der wahrnehmenden Seele
widerfährt, zum Teil jedoch die Gegenstände selbst, die
wahrgenommen werden. Doch was der wahrnehmenden
Seele widerfährt, widerfährt ihr teils bei der Sinneswahrnehmung, wie die Bewegung eines Turmes, die gar nicht
stattfindet; teils geht es in ihrem Innern vor sich auf Grund
dessen, was sie von den Sinnen empfangen hat, wie es etwa
bei den Erlebnissen im Traume und vielleicht im Wahnsinn[77] der Fall ist. Was jedoch an den Dingen selbst, die wir
wahrnehmen, sichtbar ist, verdankt sein Aussehen und seine
Bildung zum Teil der Natur, zum Teil einem belebten Wesen. Die Natur bringt durch Neuschöpfung oder Zurückwerfen Ähnlichkeiten hervor, die dem Wert nach geringer
sind: durch Neuschöpfung, wenn die Kinder, die geboren
werden, den Eltern ähnlich sind, durch Zurückwerfen, wie
von Spiegeln jeder Art (denn wenn auch die Menschen sehr
viele Spiegel selbst verfertigen, bringen sie doch nicht selbst
Spiegelbilder hervor). Werke belebter Wesen liegen bei den

ra sunt in picturis et huiuscemodi quibusque figmentis:
in quo genere includi etiam illa possunt, si tamen fiunt,
9 quae daemones faciunt. umbrae autem corporum quia
non nimis ab re abest ut corporibus similes et quasi
falsa corpora dicantur nec ad oculorum iudicium perti-   5
nere negandae sunt, in illo eas genere poni placet, quod
resultando a natura fit; resultat enim omne corpus lu-
mini obiectum et in contrariam partem umbram red-
10 dit. – an tibi aliquid contradicendum videtur?

   A.: Mihi vero nihil. sed quonam ista tendant, vehe-   10
menter exspecto.

12 1 *R.:* Atqui oportet patienter feramus, donec nobis
ceteri sensus renuntient in veri similitudine habitare
falsitatem. nam et in ipso auditu totidem fere genera
veniunt similitudinum: veluti cum loquentis vocem,   15
quem non videmus, audientes putamus alium quem-
piam 〈loqui,〉 cui voce similis est; atque in deterioribus
vel echo testis est vel tinnitus ille ipsarum aurium vel in
horologiis merulae aut corvi quaedam imitatio vel quae
sibi somniantes aut furentes videntur audire. falsae au-   20
tem voculae, quae dicuntur a musicis, incredibile est
quantum attestantur veritati,quod post apparebit; tamen etiam ipsae, quod sat est nunc, non absunt ab
earum similitudine, quas veras vocant. sequeris haec?

   A.: Et libentissime. nam nihil laboro, ut intelligam.   25
2 *R.:* Ergo, ne moremur, videturne tibi aut lilium a
lilio posse odore aut mel thyminum a melle thymino

---

17 〈loqui〉 *add. Fuchs.*

Bildern und all den Schöpfungen dieser Art vor, zu dieser
Gruppe mag man auch das zählen, was die Dämonen tun –
wenn es solche wirklich gibt[78]. Die Schattenbilder von Körpern aber, die man, ohne sich von der Wirklichkeit zu weit
zu entfernen, als den Körpern ähnlich und sozusagen als
falsche Körper bezeichnen darf und die unbestreitbar der
Beurteilung durch die Augen unterworfen sind, muß man
doch wohl auch zu der Gruppe von Erscheinungen rechnen,
die von der Natur durch Zurückwerfen hervorgebracht
werden. Denn jeder Körper, der dem Licht ausgesetzt ist,
wird zurückgeworfen und läßt auf die entgegengesetzte Seite seinen Schatten fallen. Oder möchtest du irgendwo widersprechen?

A.: Ich nicht, nein! Doch worauf du aus willst, das erwarte ich mit größter Spannung.

V.: Und doch müssen wir es mit Geduld tragen, bis auch
die andern Sinne uns bestätigen, daß in der Ähnlichkeit mit
der Wahrheit die Täuschung ihren Sitz habe. Denn auch
beim Hören kommen beinahe ebensoviele Gruppen von
Ähnlichkeiten vor: zum Beispiel meinen wir, wenn wir die
Stimme eines Sprechers hören, ohne ihn zu sehen, es sei ein
anderer, dem er in der Stimme gleicht; und in der Gruppe
von Erscheinungen, die dem Werte nach geringer sind, ist
das Echo ein Zeuge oder das Läuten in den Ohren selbst
oder bei den Uhren[79] die Nachahmung des Amsel- und Ra-
benrufes oder was die Menschen im Traum oder im Wahnsinn zu hören vermeinen. Wie sehr gar die ›falschen Töne‹,
wie die Musiker sagen, für die Wahrheit zeugen, ist beinahe
nicht zu glauben; das wird später deutlich werden[80]; vorläufig nur so viel, daß auch sie eine gewisse Ähnlichkeit aufweisen mit den sogenannten ›richtigen Tönen‹. Folgst du
mir dabei?

A.: O ja, mit viel Vergnügen. Denn das Verständnis
macht mir gar keine Mühe.

V.: Schön, rasch also weiter. Scheint es dir einfach, eine
Lilie von einer andern nur mit dem Geruchssinn, oder Thy-

de diversis alveariis sapore aut mollitudo plumarum
cycni ab anseris tactu facile diiudicari?

A.: Non videtur.

3   R.: Quid? cum talia nos vel olfacere vel gustare vel
tangere somniamus, nonne similitudine imaginum eo   5
deteriore quo inaniore decipimur?

A.: Verum dicis.

4   R.: Ergo apparet nos in omnibus sensibus, sive
aequalibus sive in deterioribus rebus, aut similitudine
lenocinante falli aut, etiamsi non fallimur suspendentes   10
consensionem seu differentiam dignoscentes, tamen
eas res falsas nominare, quas veri similes deprehen-
dimus.

A.: Dubitare non possum.

13 1   R.: Nunc attende, dum eadem rursum recurrimus,   15
quo fiat apertius, quod conamur ostendere.

A.: Eccum, loquere, quod vis. nam ego circumitum
istum semel statui tolerare, neque in eo defatiscar spe
tanta perveniendi, quo nos tendere sentio.

2   R.: Bene facis. sed attende, utrum tibi videatur, cum   20
ova similia videmus, aliquod eorum falsum esse recte
nos posse dicere.

A.: Nullo modo videtur. omnia enim, si ova sunt,
vera ova sunt.

3   R.: Quid? cum de speculo resultare imaginem vide-   25
mus, quibus signis falsam esse comprehendimus?

A.: Scilicet quod non tenetur, non sonat, non per se

mianhonig von Thymianhonig aus verschiedenen Bienen-
stöcken nur mit dem Geschmacksinn, oder Schwanendau-
nen von Gänsedaunen nur mit dem Tastsinn zu unterscheiden?[81]

A.: Nein, ich glaube nicht!

V.: Wenn wir aber diesen Duft oder diesen Geschmack
oder diese Berührung im Traume erleben, ist dann nicht die
Ähnlichkeit der Bilder, von der wir getäuscht werden, um
so geringer, je nichtiger sie ist?

A.: Das ist wahr.

V.: Also ist klar, daß wir im Bereich aller Sinne, sei's bei
einander gleichwertigen oder dem Wert nach geringeren Erscheinungen, entweder unter der verführerischen Wirkung
der Ähnlichkeit uns tatsächlich täuschen oder aber, wenn
wir uns auch nicht täuschen, indem wir die Entscheidung
aufschieben oder den Unterschied erkennen, doch von Täuschungen sprechen, da wir sehen, daß nur eine Ähnlichkeit
besteht.

A.: Ich kann nicht zweifeln.

V.: Nun merk auf, während wir dieselben Dinge noch
einmal durchlaufen, damit deutlicher werde, was wir darzulegen versuchen.

A.: Ich bin hier; sag, was du willst. Denn ich habe mich
einmal entschlossen, diesen Umweg zu erdulden, und ich
fürchte dabei keine Ermüdung; so groß ist meine Hoffnung,
zum Ziel zu gelangen, dem wir, wie ich spüre, zustreben.

V.: Da tust du recht. Prüfe aber aufmerksam, ob es dir
scheint, wir könnten ein einzelnes Ei, wenn wir einige ähnliche sehen, zu Recht als Täuschung bezeichnen.

A.: Auf keinen Fall. Denn alle sind, wenn sie Eier sind,
wahre Eier.

V.: Und wenn wir sehen, daß von einem Spiegel ein Bild
zurückgeworfen wird, an welchen Merkmalen stellen wir
dann fest, daß es nicht der wahre Gegenstand ist?

A.: Doch wohl daran, daß es sich nicht halten läßt, keine
Laute von sich gibt, sich nicht selbständig bewegt, nicht

movetur, non vivit et ceteris innumerabilibus, quae
prosequi longum est.

4   *R.*: Video te nolle immorari, et properationi tuae
mos gerendus est. itaque, ne singula repetam, si et illi
homines, quos videmus in somnis, vivere, loqui, teneri   5
a vigilantibus possent nihilque inter ipsos differret et
eos quos expergefacti ac sani alloquimur et videmus,
numquidnam eos falsos diceremus?

A.: Quo pacto istud recte diceretur?

5   *R.*: Ergo si eo veri essent, quo veri simillimi appare-   10
rent nihilque inter eos et veros omnino distaret, eoque
falsi, quo per illas vel alias differentias dissimiles con-
vincerentur, nonne similitudinem veritatis matrem et
dissimilitudinem falsitatis esse fatendum est?

A.: Non habeo, quid dicam, et pudet me tam teme-   15
rariae consensionis meae superioris.

14 1   *R.*: Ridiculum est, si te pudet, quasi non ob id ipsum
elegerimus huiusmodi sermocinationes, quae, quo-
niam cum solis nobis loquimur, Soliloquia vocari et
inscribi volo, novo quidem et fortasse duro nomine,   20
2 sed ad rem demonstrandam satis idoneo. cum enim
neque melius quaeri veritas possit quam interrogando
et respondendo et vix quisquam inveniatur, quem non
pudeat convinci disputantem, eoque paene semper eveniat, ut rem bene inductam ad discutiendum inconditus   25
pervicaciae clamor explodat, etiam cum laceratione

lebt, und an unzähligen andern Merkmalen, die zu verfolgen zu weit führen würde.

V.: Ich sehe, daß du keine Zeit verlieren willst, und ich will deinem Vorwärtsdrängen entgegenkommen. Drum will ich nicht alle Einzelheiten wiederholen. Doch wenn auch jene Menschen, die wir im Traume schauen, zu leben, zu sprechen, von den Wachenden gehalten zu werden vermöchten und wenn sie sich gar nicht unterschieden von denjenigen, die wir im Wachzustand und in geistiger Gesundheit anreden und sehen, dürften wir sie dann noch Täuschungen nennen?

A.: Mit welchem Recht könnte man das tun?

V.: Wenn sie also wahr wären durch die größtmögliche Ähnlichkeit mit der Wahrheit und weil keinerlei Unterschied bestünde zwischen ihnen und wahren Menschen, und wenn sie nur dadurch als Täuschungen zu erkennen wären, daß sie sich durch die eine oder andere Unähnlichkeit verrieten, müßte man dann nicht die Ähnlichkeit Mutter der Wahrheit und umgekehrt die Unähnlichkeit Mutter der Täuschung nennen?

A.: Ich weiß nicht, was ich sagen soll, und ich schäme mich meiner unüberlegten Zustimmung von vorhin.

V.: Es wäre zum Lachen, wenn du dich schämst! Gerade deswegen haben wir doch diese zwanglose Art des Gespräches gewählt, das ich, da wir allein mit uns selber sprechen, ›Selbstgespräche‹ nennen und betiteln will. Dieses Wort ist zwar eine Neubildung und vielleicht etwas gewagt, doch ist es für den Gegenstand, der bezeichnet werden soll, einigermaßen zutreffend. Denn da man einerseits nie besser nach der Wahrheit forschen kann als in der Form von Frage und Antwort[82], andererseits sich aber kaum jemand findet, der nicht Scham verspürt, wenn er im Gespräch unterliegt, und das fast immer zur Folge hat, daß eine Sache, die einwandfrei zur Erörterung gestellt worden ist, zuschanden wird am ungezügelten Widerspruch des Starrsinns, wobei auch Verwundungen des Innern nicht ausbleiben, die meistens zwar

animorum, plerumque dissimulata, interdum et aperta:
pacatissime, ut opinor, et commodissime placuit a
meipso interrogatum mihique respondentem Deo
adiuvante verum quaerere. quare nihil est, quod verea-
re, sicubi te temere illigasti, redire atque resolvere; ali-   5
ter hinc enim evadi non potest.

15 1   *A.:* Recte dicis. sed quid male concesserim, non plane video – nisi forte id recte dici falsum, quod habeat
aliquam veri similitudinem, cum prorsus mihi nihil
aliud dignum falsi nomine occurrat. et rursus tamen   10
cogor fateri eo falsa vocari, quae vocantur, quo a veris
differunt; ex quo conficitur eam ipsam dissimilitudinem causam esse falsitatis. itaque conturbor: non enim
mihi facile quidquam venit in mentem, quod contrariis
causis gignatur.   15

2   *R.:* Quid, si hoc unum est in rerum natura genus et
solum, quod ita sit (an ignoras, cum per animalium
innumerabilia genera cucurreris, solum crocodilum inveniri, qui superiorem in mandendo partem moveat?),
praesertim cum paene reperiri nihil queat ita cuique rei   20
simile, ut non in aliquo etiam dissimile sit?

3   *A.:* Video quidem ista; sed cum considero illud,
quod falsum vocamus, et simile aliquid habere veri et
dissimile, ex qua potius parte meruerit falsi nomen,

4 non valeo discernere. si enim ex eo, quod dissimile est,   25
dixero, nihil erit, quod non falsum dici possit; nihil

versteckt werden, bisweilen aber auch offen zutage liegen: habe ich, wie ich glaube, im Sinne des Friedens und der Zweckmäßigkeit mich entschlossen, indem ich selbst an mich Fragen stelle und mir selber die Antwort gebe, mit Gottes Hilfe nach der Wahrheit zu forschen. Darum brauchst du nicht zu zögern, wenn du dich unbedacht irgendwo festgelegt hast, zurückzugehen und dich zu befreien. Denn anders läßt sich hier überhaupt kein Ausweg mehr finden.

A.: Du hast recht. Doch inwiefern ich etwas fälschlich zugestanden habe, sehe ich nicht ein; höchstens könnte es dies sein, daß man mit Recht als Täuschung bezeichne, was irgendeine Ähnlichkeit mit dem Wahren aufweise; und doch fällt mir nichts anderes ein, was als Täuschung zu bezeichnen wäre. Anderseits sehe ich mich jedoch zu dem Zugeständnis gezwungen, dasjenige, was als Täuschung bezeichnet wird, führe diese Bezeichnung insofern, als es vom Wahren unterschieden ist – woraus sich der Schluß ergibt, daß gerade diese Unähnlichkeit der Grund der Täuschung ist. Darum bin ich verwirrt; denn es kommt mir nicht leicht etwas in den Sinn, was aus widersprechenden Gründen entsteht.

V.: Wie aber, wenn das etwas Einzigartiges in der Natur wäre und ein Sonderfall? Du weißt doch, daß du die unzähligen Gattungen von Lebewesen durchgehen kannst und doch nur das Krokodil[83] sich findet, das beim Kauen den Oberkiefer bewegt. Zudem finden sich nicht leicht zwei Gegenstände, die einander so völlig ähnlich sind, daß sie nicht auch in einem Punkt unähnlich wären.

A.: Das sehe ich ein. Doch wenn ich denke, daß, was man Täuschung nennt, Ähnlichkeit mit der Wahrheit und Unähnlichkeit zugleich aufweist, dann vermag ich nicht zu entscheiden, auf Grund welcher von diesen beiden Eigenschaften sie den Namen der Täuschung verdient. Denn wenn ich sage, auf Grund der Unähnlichkeit, dann wird es keine Erscheinung geben, die nicht als Täuschung bezeich-

enim est, quod non alicui rei dissimile sit, quam veram
5 esse concedimus. item, si dixero ⟨ex⟩ eo, quod simile
est, falsum appellandum, non solum ova illa reclama-
bunt, quae vera eo ipso sunt quo simillima, sed etiam
sic non effugiam eum qui me coegerit falsa esse omnia 5
confiteri, quod omnia sibi ex aliqua parte similia esse
6 negare non possum. sed fac me non metuere illud respondere, similitudinem ac dissimilitudinem simul ef-
ficere, ut aliquid falsum recte nominetur: quam mihi
evadendi viam dabis? instabitur enim nihilominus, ut 10
omnia falsa esse renuntiem; quippe omnia sibimet, ut
supra dictum est, et similia quadam ex parte et dissimi-
7 lia reperiuntur. restaret, ut nihil aliud falsum esse dicerem nisi quod aliter se haberet atque videretur, ni vere-
rer illa tot monstra, quae me dudum enavigasse arbi- 15
8 trabar; nam eo rursum repellor vertigine inopinata, ut
verum id esse dicam, quod ita se habet ut videtur, ex
quo confit sine cognitore nihil verum esse posse: ubi
mihi naufragium in scopulis occultissimis formidan-
9 dum est, qui veri sunt, etiamsi nesciantur; aut, si verum 20
esse id quod est dixero, falsum non esse uspiam con-
cludetur, quovis repugnante. itaque redeunt illi aestus
nec quidquam tanta patientia morarum tuarum proces-
sisse me video.
16 1   *R.:* Attende potius; nam nullo modo in animum in- 25
ducam frustra nos auxilium divinum implorasse. video
enim, tentatis quantum potuimus omnibus rebus, non
remansisse, quod falsum iure dicatur, nisi quod aut se

---

2 ⟨ex⟩ *add. Fuchs.*

net werden könnte. Hat doch jeder Gegenstand eine gewisse
Unähnlichkeit mit einem andern, dem wir Wahrheit zuerkennen. Ebenso, wenn ich sage, auf Grund der Ähnlichkeit
müsse etwas als Täuschung bezeichnet werden, dann werden nicht nur jene Eier[84] Widerspruch erheben, die gerade
nach Maßgabe ihrer Ähnlichkeit wahr sind, sondern auf
diese Weise werde ich auch dem nicht entrinnen können,
der mich zu dem Zugeständnis zwingen will, alles sei Täuschung, weil alles, wie ich nicht bestreiten kann, sich in
irgendeinem Punkt ähnlich ist. Aber nimm einmal an, ich
scheute mich nicht zu antworten, Ähnlichkeit und Unähnlichkeit bewirkten erst miteinander, daß etwas mit Recht
Täuschung genannt wird: welchen Ausweg wirst du mir
offen lassen? Denn man wird mich nichtsdestoweniger pres-
sen, zu erklären, alles sei Täuschung; denn alles erweist sich,
wie schon gesagt, in mancher Hinsicht als ähnlich und als
unähnlich. Es bliebe noch übrig, nur das Täuschung zu nennen, was sich anders verhält, als es scheint[85] – doch scheue
ich all die Ungeheuer, denen ich auf meinem Schiffe[86] schon
längst entkommen zu sein vermeinte; denn dahin zurück
zieht mich unverhofft wieder ein Wirbel, daß ich als wahr
definiere, was sich so verhält, wie es zu sein scheint – woraus sich ja der Schluß ergibt, daß ohne Beobachter nichts
wahr sein kann. So muß ich denn hier Schiffbruch befürchten, an diesen verborgenen Klippen, die doch wahr sind,
auch wenn man sie nicht kennt. Wenn ich aber sage, wahr
sei, was ist, muß man schließen, Täuschung gebe es nirgends, was jedermann bestreiten wird. So stürmen die Wo-
gen neu auf mich ein, und ich sehe, daß ich, trotz meiner
Geduld mit deinen Verzögerungen, keineswegs vorwärts-
gekommen bin.

V.: O doch, paß auf! Es will mir keineswegs in den Kopf,
daß wir vergebens die Hilfe Gottes erfleht haben. Mindestens kann ich als Ergebnis der Prüfung, der wir, soweit wie
möglich, alle Fälle unterzogen haben, feststellen, daß nur
zwei Möglichkeiten bleiben, etwas mit Recht als Täuschung

fingit esse quod non est, aut omnino esse tendit et non
2 est. sed illud superius falsi genus vel fallax etiam vel
3 mendax est. nam fallax id recte dicitur quod habet
quendam fallendi appetitum; qui sine anima intelligi
non potest: sed partim ratione fit, partim natura; ratio-   5
ne in animalibus rationalibus, ut in homine; natura in
4 bestiis, tamquam in vulpecula. illud autem, quod mendax voco, a mentientibus fit. qui hoc differunt a fallaci-
bus, quod omnis fallax appetit fallere, non autem omnis vult fallere qui mentitur: nam et mimi et comoediae   10
et multa poemata mendaciorum plena sunt, delectandi
potius quam fallendi voluntate, et omnes fere, qui io-
5 cantur, mentiuntur. sed fallax vel fallens is recte dicitur, cuius negotium est, ut quisque fallatur. illi autem,
qui non id agunt, ut decipiant, sed tamen aliquid fin-   15
gunt, vel mendaces tantum vel, si ne hoc quidem,
mentientes tamen vocari nemo ambigit. nisi quid habes
adversus ista quod dicas.

17 1   *A.*: Perge, quaeso; nunc enim fortasse de falsis non
falsa docere coepisti. sed iam illud genus exspecto,   20
quale sit quod, ⟨ut⟩ dixisti, esse tendit et non est.

2   *R.*: Quidni exspectes? eadem illa sunt, quorum multa supra memoravimus. an non tibi videtur imago tua
de speculo quasi tu ipse velle esse, sed ideo esse falsa,
quod non est?   25

A.: Valde hoc videtur.

3   *R.*: Quid? omnis pictura vel cuiuscemodi simu-
lacrum et id genus omnia opificum nonne illud esse
contendunt, ad cuius quidque similitudinem factum est?

---

21 ⟨ut⟩ *add. Fuchs. – 28 possis* opificum ⟨opera⟩ *sec.* 18, 2; *at v.* 1, 12, 2.

zu bezeichnen, nämlich erstens, was sich für etwas ausgibt, das es nicht ist, zweitens, was überhaupt zu sein versucht und doch nicht ist. Aber die erste Art von Täuschung ist entweder geradezu Betrug oder Lüge. Denn von Betrug spricht man zu Recht, wo der Wille zum Betrügen vorhanden ist; dieser kann ohne Seele nicht gedacht werden. Doch zum Teil entsteht er durch die Vernunft, zum Teil durch die Natur; durch die Vernunft bei den vernüftigen Lebewesen, zum Beispiel beim Menschen, durch die Natur bei den Tieren, etwa beim Fuchs. Das aber, was ich als Lüge bezeichne, geht aus von den Menschen, die lügen. Diese unterscheiden sich von Betrügern dadurch, daß jeder Betrüger betrügen will, aber nicht jeder, der lügt, auch betrügen will. Zum Beispiel sind die Possen, Komödien und viele Dichtungen voll von Lügen[87], eher aus der Absicht zu unterhalten als aus der Absicht zu betrügen; auch lügen fast alle, die einen Witz machen. Doch Betrüger oder Täuscher heißt zu Recht einer, dessen Absicht es ist, jemanden zu betrügen. Wer hingegen nicht darauf ausgeht zu überlisten, aber doch etwas erfindet, heißt einfach ein Schwindler, oder, wenn dieser Ausdruck noch zu stark ist, so sagt man doch zweifellos, daß er nicht die Wahrheit spricht. Oder hast du gegen meine Darlegungen etwas einzuwenden?

A.: Fahre bitte weiter. Denn jetzt hast du wohl begonnen, über die Täuschungen keine Täuschungen zu sagen. Doch ich erwarte noch die zweite Art von Täuschung: wie das sei, was, wie du sagtest, zu sein versucht und doch nicht ist.

V.: Warum solltest du es nicht erwarten? Es sind dieselben Erscheinungen, von denen wir vor kurzem viele angeführt haben. Scheint dir nicht, daß dein Spiegelbild[88] gewissermaßen du selber sein will, aber aus dem Grund eine Täuschung ist, weil es das nicht ist?

A.: Gewiß, so scheint es zu sein.

V.: Und jedes Bild, jede Darstellung eines Körpers und alle derartigen Kunstwerke[89] streben doch bewußt danach, das zu sein, dem sie nachgebildet worden sind, nicht wahr?

A.: Prorsus adducor.

R.: Iam ea, quibus vel dormientes vel furentes fal-
luntur, concedis, ut opinor, in eo esse genere.

A.: Et nulla magis; nam nulla magis tendunt talia
esse, qualia vel vigilantes vel sani cernunt; et eo tamen   5
falsa sunt, quo id quod tendunt esse non possunt.

R.: Quid iam de turrium motu vel de merso remo
vel de umbris corporum plura dicam? planum est, ut
arbitror, ex hac regula esse metienda.

A.: Planissimum.   10

6   *R.:* Taceo de ceteris sensibus; nam nemo considerans
non hoc inveniet, falsum appellari in rebus ipsis, quas
sentimus, quod esse aliquid tendit et non est.

18 1   *A.:* Recte dicis. sed miror, cur ab hoc genere tibi
secernenda illa poemata et ioca visa sunt ceteraeque   15
fallaciae.

2   *R.:* Quia scilicet aliud est falsum esse velle, aliud
verum esse non posse. itaque ipsa opera hominum,
velut comoedias aut tragoedias aut mimos et id genus
alia, ⟨non⟩ possumus operibus pictorum fictorumque   20
coniungere. tam enim verus esse pictus homo non potest, quamvis in speciem hominis tendat, quam illa
quae scripta sunt in libris comicorum. neque enim falsa
esse volunt aut ullo appetitu suo falsa sunt, sed quadam
necessitate, quantum fingentis arbitrium sequi potu-   25
3   erunt. at vero in scena Roscius voluntate falsa Hecuba

20 ⟨non⟩ *add. Fuchs sec. distinctionem supra* 16, 1; 17, 1 *propositam; cf.* 16,
4; 17, 3; 18, 1.

A.: Das überzeugt mich durchaus.

V.: Dann wirst du, glaube ich, auch zugeben, daß die Trugbilder, von denen die Menschen im Schlaf und im Wahnsinn getäuscht werden[90], zu dieser Gruppe gehören.

A.: Und zwar keine so wie diese. Denn keine versuchen so wie sie, von derselben Art zu sein, wie das ist, was die wachen und gesunden Menschen wahrnehmen; gerade dadurch aber sind sie Täuschungen, daß sie das, was sie zu sein versuchen, nicht sein können.

V.: Was soll ich nun über die Bewegung der Türme[91], das eingetauchte Ruder und die Schatten der Körper ausführlicher sprechen? Es ist klar, glaube ich, daß sie mit diesem Maßstab zu messen sind.

A.: Völlig klar.

V.: Von den andern Sinnesorganen schweige ich; denn jeder, der nachdenkt, wird zu dem Ergebnis gelangen, daß als Täuschung in den Dingen selbst, die wir wahrnehmen, das bezeichnet wird, was etwas zu sein versucht und nicht ist.

A.: Du hast recht. Aber es wundert mich, daß du es für nötig erachtet hast, von dieser Gruppe die Dichtungen, Witze und ähnliche Täuschungen zu unterscheiden.

V.: Weil doch wohl ein Unterschied besteht zwischen der Absicht zu täuschen und der Unfähigkeit wahr zu sein. Darum können wir die eigenen Werke der Menschen, wie Komödien, Tragödien, Possen und anderes dieser Art, ⟨nicht⟩ mit den Werken der Maler und Bildhauer zusammenfassen. Denn ein gemalter Mensch kann, wie sehr er menschlich auszusehen versucht, doch nicht ebenso ein wahrer Mensch sein wie das, was in den Büchern der Komödiendichter geschrieben steht. Denn dieses will nicht Täuschung sein und ist es nicht aus irgendeinem eigenen Antrieb heraus, sondern nach einer gewissen Notwendigkeit, soweit es dem Willen des Dichters hat entsprechen können. Auf der Bühne jedoch war Roscius[92] zwar seinem Willen nach eine vorgetäuschte Hekuba, in Wirklichkeit dagegen ein wahrer

erat, natura verus homo; sed illa voluntate etiam verus
tragoedus, eo videlicet quo implebat institutum, falsus
autem Priamus, eo quod Priamum assimilabat, sed ipse
non erat. ex quo iam nascitur quiddam mirabile, quod
tamem ita se habere nemo ambigit.   5

    A.: Quidnam id est?

4   *R.:* Quid putas, nisi haec omnia inde esse in quibusdam vera, unde in quibusdam falsa sunt, et ad suum
verum hoc solum eis prodesse, quod ad aliud falsa
sunt? unde ad id, quod esse aut volunt aut debent, 10
5 nullo modo perveniunt, si falsa esse fugiunt. quo pacto
enim iste, quem commemoravi, verus tragoedus esset,
si nollet esse falsus Hector, falsa Andromache, falsus
Hercules et alia innumera? aut unde vera pictura esset,
si falsus equus non esset? unde in speculo vera hominis 15
6 imago, si non falsus homo? quare, si quibusdam, ut
verum aliquid sint, prodest ut sint aliquid falsum, cur
tantopere falsitates formidamus et pro magno bono ap-
petimus veritatem?

7   *A.:* Nescio et multum miror, nisi quia in exemplis 20
istis nihil imitatione dignum video. non enim, tamquam histriones aut de speculis quaeque relucentia aut
tamquam Myronis buculae ex aere, ita etiam nos, ut in
nostro quodam habitu veri simus, ad alienum habitum
adumbrati atque assimilati et ob hoc falsi esse debe- 25
mus, sed illud verum quaerere, quod non quasi bifron-
te ratione sibique adversante, ut ex aliqua parte verum
sit, ex aliqua falsum est.

8   *R.:* Magna et divina quaedam requiris. quae tamen si
invenerimus, nonne fatebimur his ipsam confici et qua- 30

---

27 adversanti: *corr. Fuchs.* – 28 sit: est *Erasmus.*

Mann. Aber seinem Willen nach war er auch ein wahrer
Schauspieler, dadurch nämlich, daß er seine Rolle richtig
erfüllte; anderseits war er ein bloß vorgetäuschter Priamus,
weil er den Priamus spielte, dieser selbst aber nicht war.
Daraus ergibt sich eine seltsame Tatsache, deren Richtigkeit
doch von niemandem bestritten werden kann.

A.: Das wäre?

V.: Doch Folgendes: diese Dinge sind alle aus dem gleichen Grund einerseits wahr, wie sie anderseits Täuschung
sind. Und dazu, daß sie wahr sind, verhilft allein, daß sie in
anderer Hinsicht Täuschungen sind. Daher kommt es, daß
sie das, was sie sein wollen oder sollen, keineswegs erreichen, wenn sie der Täuschung zu entfliehen suchen. Denn
wie könnte der Künstler, den ich vorhin erwähnte, ein wahrer Schauspieler sein, wenn er nicht ein falscher Hektor, eine
falsche Andromache, ein falscher Herkules und unzählig
viel anderes sein wollte? Oder wie wäre ein Bild wahr,
wenn das Pferd nicht Täuschung wäre? Wie zeigte sich im
Spiegel ein wahres Bild des Menschen, wenn der Mensch
nicht Täuschung wäre? Wenn also einigen Erscheinungen
dazu, daß sie in einer Hinsicht wahr sind, dies hilft, daß sie
in anderer Hinsicht Täuschung sind, woher kommt dann
unsere große Furcht vor den Täuschungen und wozu streben wir nach Wahrheit als einem großen Gut?

A.: Ich weiß es nicht, und ich wundere mich sehr, nur
daß ich bei den letzten Beispielen nichts Nachahmungswür-
diges finde. Denn wir müssen ja nicht wie die Schauspieler,
wie die Bilder eines Spiegels oder wie Myrons eherne Kü-
he[93] ebenfalls, um in unserer Eigenart wahr zu sein, uns
einer fremden Eigenart anähneln und angleichen und deshalb falsch sein, sondern wir müssen jene Wahrheit suchen,
die nicht zwei Gesichter trägt, die sich widersprechen, so
daß sie, um auf der einen Seite wahr sein zu können, auf der
andern Seite Täuschung sein muß.

A.: Groß und göttlich ist, was du suchst. Haben wir es
jedoch gefunden, dann werden wir gewiß zugestehen, daß

si conflari veritatem, a qua denominatur omne quod
verum quoquo modo nominatur?

A.: Non invitus assentior.

19 1 *R.:* Quid tibi ergo videtur? disciplina disputandi ve-
rane an falsa est?   5

A.: Quis dubitet veram? sed vera est etiam grammatica.

R.: Itane ut illa?

A.: Non video, quid sit vero verius.

R.: Illud profecto quod nihil falsi habet: quod intu-   10
ens paulo ante offendebare ex iis rebus, quae nescio
quomodo, nisi falsae essent, verae esse non possent. an
ignoras omnia illa fabulosa et aperte falsa ad grammaticam pertinere?

2 *A.:* Non ignoro istud quidem; sed, ut opinor, non   15
per grammaticam falsa sunt, sed per eam, qualiacum-
que sunt, demonstrantur; siquidem est fabula composi-
tum ad utilitatem delectationemve mendacium. est autem grammatica vocis articulatae custos et moderatrix
disciplina, cuius professionis necessitate cogitur huma-   20
nae linguae omnia etiam figmenta colligere, quae memoriae litterisque mandata sunt, non ea falsa faciens,
sed de his veram quamdam docens asserensque rationem.

3 *R.:* Recte sane. nihil nunc curo, utrum abs te ista   25
bene definita atque distincta sint, sed illud quaero,
utrum hoc ita esse ipsa grammatica an vero illa disciplina disputationis ostendat.

A.: Non nego vim peritiamque definiendi, qua nunc
ego ista separare conatus sum, disputatoriae arti tribui.   30

aus ihm die Wahrheit selbst hervorgeht und gewissermaßen entspringt, von welcher alles seinen Namen trägt, was irgendwie wahr genannt wird.

A.: Nicht ungern stimme ich dir zu.

V.: Was meinst du nun also: ist die Dialektik wahr oder falsch?

A.: Wer sollte an ihrer Wahrheit zweifeln! Doch auch die Sprachlehre[94] ist Wahrheit.

V.: Ebenso wie die Dialektik?

A.: Ich weiß nicht, was wahrer sein könnte als das Wahre.

V.: Doch sicher das, was überhaupt nichts Falsches hat. Im Hinblick darauf nahmst du vorhin Anstoß an den Erscheinungen, die irgendwie Täuschungen sein mußten, um wahr sein zu können. Du weißt doch wohl, daß alle jene Fabeleien und offenkundigen Täuschungen zur Sprachlehre gerechnet werden müssen.

A.: Das ist mir schon klar; doch ich glaube, sie sind nicht infolge der Sprachlehre Täuschungen, sondern durch die Sprachlehre wird offenbar, was sie sind. Ein Dichtwerk ist ja ein Trugbild, das zu Nutzen und Genuß geschaffen ist[95]. Die Sprachlehre aber ist die Wissenschaft, die über das gesprochene Wort wacht und diesem Regeln gibt. Dieser Beruf macht ( ) notwendig, daß sie alle Zeugnisse menschlicher Sprache, also auch die Dichtungen, sammeln muß, die mündlich oder schriftlich überliefert sind, und dabei bewirkt sie nicht etwa selbst die Täuschungen, sondern lehrt und erweist an Hand dieser Zeugnisse, was richtig ist.

V.: Sehr wahr. Ich will jetzt nicht weiter prüfen, ob deine Begriffsbestimmungen und Unterscheidungen richtig sind. Nur eine Frage: erweist diese Tatsachen die Sprachlehre selber oder aber jene andere Wissenschaft, die Dialektik?

A.: Ich kann nicht bestreiten, daß man die Fähigkeit und Kenntnis der Begriffsbestimmung, mit der ich versucht habe meine Unterscheidungen zu machen, der Dialektik zuerkennen muß.

20 1   *R.*: Quid ipsa grammatica? nonne, si vera est, eo
vera est, quo disciplina est? disciplina enim a discendo
dicta est: nemo autem, quae didicit ac tenet, nescire dici
potest, et nemo scit falsa. omnis ergo vera est disci-
plina.   5

2   *A.*: Non video quidem, quid in ista ratiuncula temere concedatur. movet me tamen, ne per istam cuipiam
videatur etiam illas fabulas veras esse; nam et has discimus et tenemus.

3   *R.*: Numquidnam magister noster nolebat nos cre-   10
dere, quae docebat, et nosse?

    A.: Immo vehementer, ut nossemus, instabat.

4   *R.*: Numquid aliquando institit, ut Daedalum volasse crederemus?

    A.: Hoc quidem numquam. sed plane, nisi tenere-   15
mus fabulam, vix nos posse aliquid manibus tenere
faciebat.

5   *R.*: Tu ergo negas verum esse, quod ista fabula sit et
quod ita sit Daedalus diffamatus?

    A.: Hoc non nego verum esse.   20

6   *R.*: Non negas ergo te didicisse verum, cum ista
didiceris. nam si volasse Daedalum verum esset et hoc
pueri pro ficta fabula acciperent atque redderent, eo
ipso falsa retinerent, quo vera essent illa, quae redderent. hinc enim exstitit illud, quod superius miraba-   25
mur: de volatu Daedali veram fabulam esse non potuisse, nisi Daedalum volasse falsum esset.

7   *A.*: Iam teneo istud; sed quid ex eo proficiamus,
exspecto.

    R.: Quid, nisi non esse falsam illam rationem, qua   30
collegimus disciplinam, nisi vera doceat, disciplinam
esse non posse?

---

22 est: *corr. H. P. Müller.*

V.: Und die Sprachlehre selbst? Ist sie nicht, wenn sie wahr ist, dadurch wahr, daß sie eine Lehre[96] ist? Lehre hängt mit Lernen zusammen; was aber jemand gelernt und im Kopfe hat, das muß er notwendigerweise auch wissen; und Täuschungen *weiß* niemand. Also ist jede Lehre wahr.

A.: Ich sehe zwar nicht, wo etwas in dieser Überlegung unbesonnen zugestanden wäre. Doch beunruhigt mich, es möchte durch sie jemand zur Meinung kommen, auch jene Dichtungen seien Wahrheit; denn auch sie nehmen wir in uns auf und haben sie im Kopfe.

V.: Verlangte etwa unser Lehrer nicht, wir sollten glauben und wissen, was er lehrte?

A.: Gewiß, er drang heftig darauf, daß wir es wußten.

V.: Hat er etwa je von uns im Unterricht Glauben an den Flug des Daedalus[97] gefordert?

A.: Nein, das nie. Wenn wir jedoch die Geschichte nicht im Kopf behalten wollten, sorgte er dafür, daß wir mit den Händen nichts mehr halten konnten[98].

V.: Du behauptest also, es sei nicht wahr, daß dies eine Geschichte und daß Daedalus auf diese Art bekannt geworden ist?

A.: Nein, diese Wahrheit bestreite ich nicht!

V.: Also behauptest du, du hättest etwas Wahres gelernt, da du diese Geschichte lerntest. Denn wenn der Flug des Daedalus Wahrheit wäre und die Knaben diese Tatsache als bloß erfundene Geschichte lernten und wiedergäben, dann würden sie gerade dadurch etwas Falsches behalten, daß der Inhalt ihrer Erzählung wahr wäre. Daraus hat sich eine Merkwürdigkeit ergeben, über die wir uns schon vorhin gewundert haben: daß die Geschichte vom Fluge des Daedalus nur dann eine wahre Dichtung sein konnte, wenn der Flug des Daedalus selber eine Täuschung war.

A.: Das begreife ich jetzt. Doch warte ich darauf, was wir dadurch gewinnen.

V.: Die Erkenntnis, daß jener Beweis nicht falsch ist, der uns schließen ließ, eine Wissenschaft könne nur insofern Wissenschaft sein, als sie Wahrheit lehrt.

A.: Et hoc quid ad rem?

8   *R.:* Quia volo dicas mihi, unde sit disciplina grammatica. inde enim vera est, unde disciplina est.

A.: Nescio, quid tibi respondeam.

9   *R.:* Nonne tibi videtur, si nihil in ea definitum esset   5
et nihil in genera et partes distributum atque distinc-
tum, eam nullo modo disciplinam esse potuisse?

10   *A.:* Iam intelligo, quid dicas; nec ulla mihi occurrit
cuiusvis facies disciplinae, in qua non definitiones ac
divisiones et ratiocinationes, dum quid quidque sit de- 10
claratur, dum sine confusione partium sua cuique redduntur, dum nihil praetermittitur proprium, nihil an-
numeratur alienum, totum hoc ipsum, quo disciplina
dicitur, egerint.

R.: Ergo et totum ipsum, quo vera dicitur.   15

A.: Video consequi.

21 1 *R.:* Responde nunc, quae disciplina contineat defini-
tionum, divisionum partitionumque rationes.

A.: Iam superius dictum est haec disputandi regulis
contineri.   20

2   *R.:* Grammatica igitur eadem arte creata est, ut disciplina et ut vera esset, quae est abs te superius a falsitate defensa. quod non de una grammatica mihi licet
concludere, sed prorsus de omnibus disciplinis. nam
dixisti, vereque dixisti, nullam disciplinam tibi occur- 25
rere, in qua non definiendi ius atque distribuendi id
ipsum, ut disciplina sit, fecerit. at si eo verae sunt, quo

A.: Und was bedeutet das für uns?

V.: Ich hätte gern, du erklärtest mir, aus welchem Grund die Sprachlehre eine Wissenschaft ist; denn ihr Wahrheitsgehalt hängt davon ab, inwiefern sie Wissenschaft ist.

A.: Ich weiß dir keine Antwort.

V.: Scheint dir nicht, daß die Sprachlehre, wenn es in ihr nicht Begriffsbestimmungen, Unterscheidungen und Einteilungen nach Arten und Teilen gäbe, überhaupt keine Wissenschaft hätte sein können?

A.: Jetzt erkenne ich, was du sagen willst. Ja wirklich, es kommt mir kein Bild einer Wissenschaft in den Sinn, in der nicht Begriffsbestimmungen, Gliederungen und logische Schlüsse in dem Bemühen, das Wesen eines jeden Dinges zu erklären, einem jeden ohne Verwechslung der Einzelheiten das ihm Zukommende zu geben, nichts Zugehöriges auszulassen und nichts Fremdes hinzuzunehmen, die Gesamtheit dessen, wovon die Wissenschaft ihren Namen trägt, betrieben hätten.

V.: Also auch all das, wodurch sie als wahr bezeichnet wird?

A.: Gewiß, das folgt daraus.

V.: Antworte mir jetzt: welche Wissenschaft enthält die Grundlagen der Begriffsbestimmungen, Unterscheidungen und Einteilungen?

A.: Es ist schon vorhin gesagt worden, daß dies in den Sätzen der Dialektik enthalten sei.

V.: Die Sprachlehre hat also ihr Wesen als Wissenschaft und ihren Wahrheitsgehalt von derselben Kunst erhalten, die du vorhin vor allem Verdacht der Täuschung verteidigt hast. Dieser Schluß betrifft nicht nur die Sprachlehre, sondern überhaupt alle Wissenschaften. Denn du hast gesagt, und mit Recht gesagt, es komme dir keine Wissenschaft in den Sinn, bei der nicht das Recht, Begriffsbestimmungen zu machen und Unterschiede festzulegen, gerade das bewirke, daß sie eine Wissenschaft wird. Wenn aber die Wissenschaften dadurch wahr sind, wodurch sie Wissenschaften sind,

sunt disciplinae, negabitne quispiam veritatem ipsam esse, per quam omnes verae sunt disciplinae?

3   *A.:* Prope est omnino ut assentiar. sed illud me movet, quod etiam rationem disputandi inter easdem disciplinas numeramus. quare illam potius existimo esse   5 veritatem, qua et ista ipsa ratio vera est.

4   *R.:* Optime omnino ac vigilantissime. sed non negas, ut opinor, eo veram esse, quo disciplina est.

     A.: Immo id ipsum est, quod me movet. adverti enim etiam disciplinam esse et ob hoc veram dici.   10

5   *R.:* Quid ergo? istam putas aliter disciplinam esse potuisse, nisi omnia in ea definita essent et distributa?

     A.: Nihil aliud habeo quod dicam.

6   *R.:* At si ad eam pertinet hoc officium, per seipsam disciplina vera est. quisquamne igitur mirum putabit,   15 si ea, qua vera sunt omnia, per seipsam et in seipsa vera sit veritas?

     A.: Nihil mihi obstat, quominus recta pergam in istam sententiam.

22 1   *R.:* Ergo attende pauca, quae restant.   20

     A.: Profer, si quid habes, modo tale sit, quod intelligam libenterque concedam.

2   *R.:* Esse aliquid in aliquo, non nos fugit duobus modis dici: uno quo ita est, ut etiam seiungi atque alibi esse possit, ut hoc lignum in hoc loco, ut sol in oriente;   25 altero autem, quo ita est aliquid in subiecto, ut ab eo nequeat separari, ut in hoc ligno forma et species quam videmus, ut in sole lux, ut in igne calor, ut in animo disciplina, et si qua sunt alia similia. an tibi aliter videtur?   30

---

16 per se ipsa: *corr. Fuchs sec. v. 7.*

dann wird wohl niemand bestreiten, daß es die Wahrheit selber ist, die allen Wissenschaften ihren Wahrheitsgehalt gibt.

A.: Ich wäre beinahe bereit, ja zu sagen; doch finde ich es eigenartig, daß wir auch die Dialektik unter eben diese Wissenschaften rechnen. Daher glaube ich, das sei die Wahrheit, was bewirkt, daß auch die Dialektik selber wahr ist.

V.: Ausgezeichnet! Du hältst deine Augen offen. Doch du willst, glaube ich, kaum bestreiten, daß die Dialektik insofern wahr ist, als sie eine Wissenschaft ist?

A.: Ja, eben das finde ich so eigenartig; denn ich habe bemerkt, daß sie auch eine Wissenschaft ist und daß man sie aus dem Grunde wahr nennt.

V.: Was nun? Meinst du, sie hätte überhaupt eine Wissenschaft sein können, wenn sie nicht gänzlich auf Definitionen und Unterscheidungen beruhte?

A.: Ich könnte nichts anderes aussagen.

V.: Wenn jedoch diese Eigenschaft unlöslich mit ihr verknüpft ist, ist sie an sich schon eine Wissenschaft mit Wahrheitsgehalt. Wer wollte sich darüber auch wundern, daß die Wissenschaft, welche allem seinen Wahrheitsgehalt gibt, an sich und in sich selbst wahre Wahrheit ist?

A.: Es hindert mich nichts, geradewegs auf deine Seite zu treten.

V.: Achte nun also auf das wenige, was uns noch bleibt.

A.: Bring vor, was du etwa hast; nur soll es so sein, daß ich es verstehen kann und gerne zustimmen mag.

V.: Daß etwas in etwas anderem enthalten ist, kann man, wie uns nicht entgeht, auf zwei Arten verstehen: erstens so, daß der Inhalt auch getrennt und anderswo sein kann, beispielsweise das Stück Holz hier in diesem Zimmer, die Sonne im Osten; zweitens aber so, daß etwas untrennbar in einem Subjekte enthalten ist, beispielsweise in diesem Stück Holz die Form und das Aussehen, das wir wahrnehmen, oder in der Sonne das Licht, im Feuer die Wärme, im Geist die Wissenschaft[99] und andere Beispiele dieser Art. Oder bist du nicht einverstanden?

3   *A.:* Ista quidem vetustissima sunt nobis et ab ineunte adulescentia studiosissime percepta et cognita; quare non possum, de his interrogatus, quin ea sine ulla deliberatione concedam.

4   *R.:* Quid illud? nonne concedis, quod in subiecto est 5 inseparabiliter, si subiectum ipsum non maneat, manere non posse?

5   *A.:* Hoc quoque video necessarium. nam ⟨etiam⟩ manente subiecto posse id, quod in subiecto est, non manere, quisquis diligenter res advertit, intelligit. siqui- 10 dem huius corporis color potest vel valetudinis ratione vel aetate immutari, cum ipsum corpus necdum interierit. et hoc non peraeque in omnibus valet, sed in his, in quibus non, ut sint ipsa subiecta, ea, quae in subiec-
6 tis sunt, coexistunt. non enim, ut sit iste paries, paries 15 hoc colore fit, quem in eo videmus, cum etiam, si quo casu nigrescat aut albescat vel aliquem alium mutet colorem, nihilominus tamen maneat paries ac dicatur. at vero ignis si calore careat, ne ignis quidem erit, nec
23 1 nivem vocare nisi candidam possumus. illud vero, 20 quod interrogasti, quis ⟨non⟩ concesserit? aut cui posse fieri videatur, ut id, quod in subiecto est, maneat ipso intereunte subiecto? monstruosum enim et a veritate alienissimum est, ut id, quod non esset, nisi in ipso esset, etiam cum ipsum non fuerit, possit esse. 25

2   *R.:* Illud igitur, quod quaerebamus, inventum est.

     A.: Quid narras?

     R.: Id quod audis.

     A.: Iamne ergo liquido constat animum esse immortalem? 30

8 ⟨etiam⟩ *add. Fuchs.* – *14* in quibus non ut sint: *distinx. Fuchs.* – *21* ⟨non⟩ *add. Fuchs.*

A.: Das sind uns altvertraute Dinge, die wir in den ersten Jünglingsjahren mit großem Eifer erfaßt und erkannt haben. Darum kann ich, darüber befragt, ohne weitere Überlegung zustimmen.

V.: Weiter gibst du doch wohl zu, daß etwas, das untrennbar mit einem Subjekte verbunden ist, nicht Bestand haben kann, wenn das Subjekt selbst nicht Bestand hat?

A.: Auch das ist, wie ich sehe, ein notwendiger Schluß. Denn ⟨selbst⟩ wenn das Subjekt Bestand hat, kann das, was in ihm enthalten ist, wie man bei sorgfältiger Beobachtung erkennt, nicht Bestand haben. So kann sich etwa die Farbe unseres Körpers auf Grund einer Krankheit oder infolge des Alterns verändern, während der Körper selbst noch keineswegs zugrunde gegangen ist. Und dies ist nicht in gleicher Weise überall möglich, sondern nur dort, wo nicht für das Dasein der Subjekte das gleichzeitige Dasein ihrer Inhalte Bedingung ist. Denn nicht um eine Wand zu sein, trägt jene Wand die Farbe, die wir an ihr feststellen; auch wenn sie zufällig schwarz wird oder weiß oder sonstwie die Farbe wechselt, hat die Wand noch Bestand und führt ihren Namen mit Recht. Wenn hingegen das Feuer keine Wärme mehr hat, wird es auch kein Feuer mehr sein, und Schnee können wir nur dann Schnee nennen[100], wenn er weiß schimmert. Deine Frage aber wird doch wohl jeder mit ja beantworten – oder wer sollte es für möglich halten, daß etwas, was in einem Subjekt enthalten ist, Bestand hat, wenn das Subjekt selbst zugrunde geht? Widernatürlich und aller Wahrheit widersprechend ist nämlich der Gedanke, es könne das, was überhaupt nicht wäre, wenn es nicht in einem andern wäre, auch dann noch sein, wenn das andere nicht ist.

V.: So haben wir denn gefunden, was wir suchten.

A.: Was sagst du da!

V.: Was du hörst.

A.: Es steht also klar und deutlich fest, daß die Seele unsterblich ist?

R.: Si ea quae concessisti vera sint, liquidissime; nisi forte animum dicis, etiamsi moriatur, animum esse.

3   *A.:* Numquam equidem hoc dixerim; sed eo ipso, quo interit, fieri ut animus non sit, dico. nec me ab hac sententia revocat, quod a magnis philosophis dictum   5 est, eam rem, quae, quocumque venerit, vitam prae-

4   stat, mortem in se admittere non posse. quamvis enim lumen, quocumque intrare potuerit, faciat id lucere tenebrasque in se propter memorabilem illam vim contrariorum non possit admittere, tamen exstinguitur lo-   10 cusque ille exstincto lumine tenebratur. ita illud, quod tenebris resistebat, neque ullo modo in se tenebras admisit et sic eis intereundo locum fecit, ut poterat etiam

5   discedendo. itaque timeo, ne mors ita contingat corpori ut tenebrae loco, aliquando discedente animo ut lu-   15 mine, aliquando autem ibidem exstincto; ut iam non de omni morte corporis securitas sit, sed aliquod genus mortis sit optandum, quo anima ex corpore incolumis educatur perducaturque ad locum, si est ullus talis lo-

6   cus, ubi non possit exstingui. aut, si ne hoc quidem   20 potest atque in ipso corpore anima quasi lumen accenditur nec alibi potest durare omnisque mors est exstinctio quaedam animae in corpore vel vitae, aliquod genus eligendum est, quantum homo sinitur, quo id ipsum, quod vivitur, cum securitate ac tranquillitate   25 vivatur, quamquam nescio, quomodo istud possit fie-

7   ri, si anima moritur. o multum beatos, quibus, sive ab ipsis sive abs quolibet ⟨alio⟩, non esse metuendam mor-

28 ⟨alio⟩ *add. Fuchs.*

V.: Wenn die Sätze, die du zugestanden hast, wahr sind, mit größter Klarheit, wofern du nicht behauptest, eine Seele sei, auch wenn sie stirbt, noch Seele.

A.: Das möchte ich allerdings nie sagen; vielmehr behaupte ich, dadurch, daß die Seele untergeht, werde bewirkt, daß sie keine Seele mehr ist. Und in diesem Glauben werde ich nicht irre durch die Ansicht großer Philosophen[101], daß diejenige Macht, die überall, wo sie hinkommt, Leben gewährleistet, selbst dem Tod nicht ausgesetzt sein kann. Allerdings bewirkt zwar zum Beispiel das Licht überall, wo es einfallen kann, Helligkeit und kann die Dunkelheit nach dem bemerkenswerten Gesetz des Gegensatzes[101] nicht in sich aufnehmen, doch erlischt es, und nach dem Erlöschen wird jener Raum von Dunkelheit erfüllt. So hat diejenige Macht, welche der Dunkelheit widerstand, einerseits keineswegs Dunkelheit in sich aufgenommen und anderseits durch ihr Zugrundegehen der Dunkelheit Platz gemacht, genau so wie sie es auch mit bloßem Fortgehen hätte tun können. Aus dem Grunde fürchte ich, der Tod könne dem Körper so zuteil werden, wie die Dunkelheit den Raum erfüllt, bald in der Weise, daß die Seele fortgeht wie das Licht, bald so, daß sie am Ort selber ausgelöscht werde; und darum besteht noch keine Sicherheit über den Tod im allgemeinen, sondern wir müssen uns eine bestimmte Todesart wünschen, daß nämlich die Seele unversehrt aus dem Körper hinaus- und an einen Ort hinübergeführt werde, wofern es ihn gibt, wo sie nicht erlöschen kann. Wenn jedoch auch dies nicht möglich ist und wenn die Seele eben wie ein Licht im Körper angezündet wird und außerhalb keinen Bestand hat und demnach jeder Tod ein Erlöschen der Seele und des Lebens im Körper darstellt, dann muß man eine Lebensart wählen, die gestattet, soweit man es als Mensch überhaupt kann, die Lebenszeit mit Ruhe und Sicherheit hinzubringen. Wie das allerdings möglich ist, wenn die Seele stirbt, weiß ich nicht. Oh, hochbeglückt sind die, welche durch sich selbst oder durch sonst jeman-

tem, etiamsi anima intereat, persuasum est! at mihi misero nullae adhuc rationes, nulli libri persuadere potuerunt.

24 1   *R.:* Noli gemere: immortalis est animus humanus.

    A.: Unde hoc probas?   5

    R.: Ex iis quae cum magna cautione, ut arbitror, superius concessisti.

2   *A.:* Nihil quidem me minus vigilanter interroganti tibi memini dedisse. sed collige iam ipsam summam, oro te; videamus, quo tantis ambagibus pervenerimus. 10 nec me iam interroges volo. si enim ea breviter enumeraturus es, quae concessi, quonam rursus responsio mea desideratur? an ut moras gaudiorum mihi frustra inferas, si quid boni forte confecimus?

    R.: Faciam quod te velle video. sed attende diligen- 15 tissime.

    A.: Loquere iam, hic sum; quid enecas?

3   *R.:* Omne, quod in subiecto est, si semper manet, ipsum etiam subiectum maneat semper necesse est. et omnis in subiecto est animo disciplina. necesse est igi- 20 tur semper ut animus maneat, si semper manet disciplina. est autem disciplina veritas, et semper, ut in initio libri huius ratio persuasit, veritas manet. semper igitur animus manet. nec ⟨unquam⟩ animus mortuus dicitur. immortalem igitur animum solus non absurde negat, 25 qui superiorum aliquid non recte concessum esse convincit.

---

24 ⟨unquam⟩ *add. Fuchs; cf. imm. an.* 9, 1.

den haben die Überzeugung erhalten können, der Tod brau-
che nicht gefürchtet zu werden, auch wenn die Seele zugrunde geht! Mir hingegen haben zu meinem Unglück bisher keine Überlegungen, keine Bücher diese Überzeugung
geben können.

V.: Seufze nicht. Die menschliche Seele ist unsterblich.

A.: Wie willst du das beweisen?

V.: Mit den Sätzen, die du vorhin, wie ich glaube, mit
großer Vorsicht gebilligt hast.

A.: Ja, ich erinnere mich tatsächlich nicht, daß ich dir auf
deine Fragen ohne volle Aufmerksamkeit irgendein Zugeständnis gemacht hätte. Doch fasse nun bitte das Wesentliche zusammen. Wir wollen sehen, wohin wir auf diesem
weiten Umweg gekommen sind. Und stelle nun keine Fragen mehr. Denn wenn du selber kurz aufzählen wirst, was
ich zugebilligt habe, wozu sollte dann nochmals meine Antwort erforderlich sein? Etwa damit du mir nutzlos meine
Freude verzögerst, wenn wir vielleicht etwas Gutes erreicht
haben?

V.: Ich will tun, was du, wie ich sehe, wünschest; aber
merk sehr genau auf!

A.: Sprich nur, ich bin ganz bei der Sache. Was marterst
du mich?

V.: Wenn die Gesamtheit dessen, was in einem Subjekt
enthalten ist, dauernden Bestand hat, so ist es notwendig,
daß auch das Subjekt selbst dauernden Bestand hat. Und als
Ganzes ist die Wissenschaft in der Seele als in ihrem Subjekt.
Notwendig hat also die Seele dauernden Bestand, wenn die
Wissenschaft dauernden Bestand hat. Wissenschaft aber ist
Wahrheit, und die Wahrheit hat, wie zum Beginn dieses
zweiten Buches[103] die Vernunft uns überzeugt hat, dauernden Bestand. Also hat die Seele dauernd Bestand. Aber niemals kann man von einer toten Seele sprechen. Die Unsterblichkeit der Seele kann darum stichhaltig nur abstreiten, wer uns davon überzeugt, daß einer der eben genannten
Sätze unrichtig sei.

25 1   *A.:* Iam me volo in gaudia mittere, sed duabus aliquantum revocor causis. nam primum me movet,
quod circuitu tanto usi sumus, nescio quam ratiocina-
tionum catenam sequentes, cum tam breviter totum,
de quo agebatur, demonstrari potuerit, quam nunc de-   5
monstratum est. quare me sollicitum facit, quod tam
2 diu quasi ad insidiandum obambulavit oratio. deinde
non video, quomodo in animo semper sit disciplina,
praesertim disputandi, cum et tam pauci eius gnari sint
et, quisquis eam novit, tanto ab infantia tempore fuerit   10
indoctus. non enim possumus dicere aut imperitorum
animos non esse animos aut esse in animo eam quam
nesciant disciplinam. quod si vehementer absurdum
est, restat, ut aut non semper in animo sit veritas aut
disciplina illa veritas non sit.   15

26 1   *R.:* Vides, quam non frustra tantos circuitus egerit
nostra ratiocinatio. quaerebamus enim, quid sit veritas,
quod ne nunc quidem in hac quadam silva rerum, omnibus paene callibus oberratis, video nos investigare
2 potuisse. sed quid facimus? an incepta omittimus et   20
exspectamus, ecquid nobis librorum alienorum in ma-
3 nus incidat, quod huic quaestioni satisfaciat? nam et
multos ante nostram aetatem scriptos esse arbitror,
quos non legimus, et nunc, ut nihil, quod nescimus,
opinemur, manifestum habemus et carmine de hac re   25
scribi et soluta oratione, et ab iis viris, quorum nec
scripta latere nos possunt et [eorum] ingenia talia novi-
mus, ut nos in eorum litteris quod volumus inventuros
desperare non possimus, praesertim cum hic ante oculos nostros sit ille, in quo ipsam eloquentiam, quam   30

27 [eorum] *del. Fuchs ut praereptum ex v. 28.*

A.: Schon will ich mich der Freude hingeben, doch halten mich noch zwei Gründe etwas zurück. Erstens beunruhigt es mich, daß wir einen so großen Umweg machen mußten, da wir einer bestimmten Kette von Überlegungen folgten, während doch unsere ganze Frage in so kurzer Zeit erhellt werden konnte, wie sie jetzt erhellt ist. Darum bin ich ärgerlich, da unser Gespräch uns so lange gewissermaßen an der Nase herumgeführt hat. Zweitens sehe ich nicht ein, wie in der Seele ständig Wissenschaft sein kann, zumal die Dialektik, da einerseits so wenige ihrer kundig sind, anderseits auch einer, der sie kennt, eine so beträchtliche Zeit von Kindheit an ungebildet war. Denn wir können ja nicht sagen, die Seele der Unerfahrenen seien keine Seelen, oder gar, es sei in ihrer Seele eine Wissenschaft, die sie nicht kennen. Wenn diese Behauptung aber ganz widersinnig ist, folgt, daß entweder die Wahrheit nicht immer in der Seele ist oder jene Wissenschaft nicht Wahrheit ist.

V.: Du siehst, wie wenig vergeblich es war, daß unsere Überlegung so große Umwege gemacht hat. Denn wir suchten zu ermitteln, was die Wahrheit sei, und nun sehe ich, daß wir sie in diesem undurchdringlichen Wald der Dinge auch jetzt noch nicht haben aufspüren können, obschon wir fast durch alle Pfade hindurchgezogen sind. Doch was tun? Wollen wir unser Unternehmen bleiben lassen und warten, ob uns fremde Schriften in die Hände geraten, die unserer Frage Genüge tun? Denn es sind, glaube ich, viele Bücher vor unserer Zeit geschrieben worden, die wir nicht gelesen haben[104], und auch heute werden – um nicht nur Vermutungen ohne Wissen zu äußern – wie mir sehr gut bekannt ist, unsere Fragen in Poesie und Prosa behandelt, und zwar von Männern, deren Werke mir nicht verborgen bleiben können und die ich für so geistvoll halte, daß wir hoffen dürfen, in ihren Schriften die Lösung zu finden, die wir wünschen, zumal da der eine große Mann[105] hier vor unsern Augen ist, in dem, wie wir erkennen, die ganze Beredsamkeit, die wir trauernd totgeglaubt hatten, in neuer

mortuam dolebamus, perfectam revixisse cognovi-
mus. illene nos sinet, cum scriptis suis vivendi modum
docuerit, vivendi ignorare naturam?

4   *A.:* Non arbitror equidem et multum inde spero, sed
unum doleo, quod vel erga se vel erga sapientiam stu-   5
dium nostrum non ei, ut volumus, valemus aperire.
nam profecto ille misereretur sitim nostram et exun-
daret multo citius quam nunc. securus enim est, quod
sibi iam totum de animae immortalitate persuasit, nec
scit aliquos esse fortasse, qui huius ignorationis mise-   10
riam satis cognoverunt et quibus praesertim rogantibus
5 non subvenire crudele sit. ille autem alius novit quidem
pro familiaritate ardorem nostrum, sed ita longe abest
et ita nunc constituti sumus, ut vix ad eum vel epistulae
mittendae facultas sit. quem credo iam otio transalpino   15
perfecisse carmen, quo mortis metus excantatus effu-
giat et antiqua glacie duratus animae stupor frigusque
6 pellatur. sed interim, dum ista proveniunt, quae in nostra potestate non sunt, nonne turpissimum est perire
otium nostrum et totum ipsum animum ex incerto ar-   20
27 1 bitrio pendere deligatum? ubi est, quod Deum et roga-
vimus et rogamus, ut nobis non divitias, non corporis
voluptates, non populares suggestus atque honores,
sed animam nostram seque ipsum quaerentibus iter
aperiat? itane nos deseret aut a nobis deseretur?   25
2   *R.:* Alienissimum quidem ab ipso est, ut eos, qui
talia desiderant, deserat: unde a nobis quoque alienum
3 esse debet, ut tantum ducem deseramus. quare, si pla-

Vollendung auferstanden ist. Wird er, der uns mit seinen
Schriften die rechte Lebensweise gelehrt hat, zulassen, daß
wir die Grundlagen unseres Lebens nicht kennen?

A.: Ich glaube: nein, und ich erwarte viel von seiner Seite;
doch das eine macht mich traurig, daß ich ihm unsere Nei-
gung zu ihm und zur Weisheit nicht so, wie ich wollte, klar
machen kann. Denn gewiß würde er sich unseres Durstes
erbarmen und uns viel rascher als jetzt von seinem Überfluß
geben. Ist er doch frei von aller Besorgnis, da er völlig von
der Unsterblichkeit der Seele überzeugt ist, und er weiß
vielleicht nicht, daß es noch einige gibt, die das Elend dieser
Unwissenheit zur Genüge kennengelernt haben und denen
nicht zu helfen, besonders, wenn sie darum bitten, grausam
wäre. Aber der andere[106] kennt jedenfalls, da er uns so nahe
befreundet ist, unsere brennende Begier. Doch ist er so weit
weg und wir in einer solchen Lage, daß sich sogar kaum die
Möglichkeit bietet, ihm wenigstens einen Brief zu schicken.
Er hat, glaube ich, in seiner Muße jenseits der Alpen schon
sein Gedicht vollendet, womit er die Todesfurcht bezaubert
und vertreibt und die Erstarrung und Kälte, die so lange
schon wie eine Eisschicht auf dem Herzen liegt, verjagt.
Doch in der Zwischenzeit, bis jene Hilfe, die nicht in unserer Macht liegt, uns zukommt, wäre es gewiß überaus
schimpflich, wenn wir unsere Zeit nicht gebrauchen wollten und die Seele ganz abhängig wäre von einem Willen,
dessen wir nicht sicher sind. Wo ist die Erfüllung unserer
früheren und gegenwärtigen Bitten zu Gott, er möge uns
nicht Reichtum, nicht körperliche Vergnügen, nicht politi-
sche Erhöhung und Ehren geben, sondern er möge uns, da
wir unsere Seele und ihn selber zu erforschen wünschen,
einen Weg eröffnen? Will er uns wirklich im Stiche lassen,
oder wird er von uns im Stiche gelassen werden?

V.: Nichts liegt ihm ferner als diejenigen, die einen solchen Wunsch hegen, im Stiche zu lassen. Daher muß es
auch uns ferne liegen, einen derartigen Führer im Stiche zu
lassen. Und darum wollen wir, wenn es dir beliebt, kurz

cet, repetamus breviter, unde illa duo confecta sint, aut
semper manere veritatem aut veritatem esse disputandi
rationem. haec enim vacillare dixisti, quo minus nos
4 faciat totius rei summa securos. an potius illud quaere-
mus, quomodo esse possit in imperito animo discipli-   5
na, quem non possumus non animum dicere? hinc
enim commotus videbare, ut de illis, quae concesseras,
dubitare rursus necesse fuerit.

5   *A.:* Immo discutiamus prius illa; deinde hoc, quale
sit, videbimus. ita enim, ut opinor, nulla controversia 10
remanebit.

6   *R.:* Ita fiat, sed adesto totus atque cautissimus. scio
enim, quid tibi eveniat attendenti: dum nimis pendes in
conclusionem et, ut iam iamque inferatur, exspectas,
ea, quae interrogantur, non diligenter examinata con- 15
cedis.

7   *A.:* Verum fortasse dicis; sed enitar contra hoc genus
morbi quantum possum. modo iam tu incipe quaerere,
ne superfluis immoremur.

28 1   *R.:* Ex eo, quantum memini, veritatem non posse 20
interire conclusimus, quod, non solum si totus mundus intereat, sed etiam si ipsa veritas, verum erit et
mundum et veritatem interisse. nihil autem verum sine
veritate: nullo modo igitur interit veritas.

       A.: Agnosco ista, et multum miror, si falsa sunt.   25
       R.: Ergo illud alterum videamus.
2   *A.:* Sine me paululum considerare, oro te, ne huc

wiederholen, wie die beiden Sätze sich ergeben haben, daß
erstens die Wahrheit dauernden Bestand hat und zweitens
die Dialektik eine Wahrheit ist. Denn du sagtest, daß diese
beiden Sätze unsicher seien, weswegen das Ergebnis des
Ganzen uns nicht beruhigen könne. Oder wollen wir eher
jene andere Frage erörtern, wie Wissenschaft in einer unerfahrenen Seele sein kann, der wir doch die Bezeichnung
›Seele‹ nicht abstreiten können? Denn dies schien der Anstoß zu deiner Unsicherheit zu sein, so daß es notwendig
wurde, die Sätze, die du bereits anerkannt hattest, von neu-
em in Zweifel zu ziehen.

A.: Nein, wir wollen zunächst die erste Frage erörtern
und dann schauen, wie es sich mit dieser verhält. Denn so,
scheint mir, wird kein Widerspruch zurückbleiben.

V.: So soll es sein. Doch merk auf, ohne jede Ablenkung
und mit aller Vorsicht – weiß ich doch, was dir geschieht,
wenn du gespannt bist: während du allzusehr nach der
Schlußfolgerung hindrängst und ungeduldig wartest, bis sie
endlich, endlich entwickelt werde, gibst du deine Zustimmung auf die Fragen, ohne sie sorgfältig geprüft zu haben.

A.: Vielleicht hast du recht. Ich will mich aber gegen
diese Art Fehler mit aller Macht stemmen. Doch beginn du
bitte endlich zu fragen, damit wir uns nicht bei Nebensa-
chen aufhalten.

V.: Soviel ich mich erinnere, haben wir den Satz, die
Wahrheit könne nicht zugrunde gehen, daraus gewonnen,
daß nicht nur dann, wenn die ganze Welt, sondern auch
wenn die Wahrheit selber zugrunde geht, es wahr sein muß,
daß die Welt und die Wahrheit zugrundegegangen sind.
Nichts ist aber wahr ohne Wahrheit: folglich geht die Wahrheit keineswegs zugrunde.

A.: Das anerkenne ich, und ich müßte mich sehr wundern, wenn es eine Täuschung wäre.

V.: Also betrachten wir den zweiten Punkt.

A.: Laß mich noch einen Augenblick überlegen, bitte,

iterum turpiter redeam.

    R.: Ergone interisse veritatem verum non erit? si non erit verum, non ergo interit. si verum erit, unde post occasum veritatis verum erit, cum iam veritas nulla est?

3   *A.:* Nihil habeo, quid plus cogitem atque considerem; perge ad aliud. certe faciemus, quantum possumus, ut docti atque prudentes viri legant haec et nostram, si qua est, corrigant temeritatem; nam me nec modo nec aliquando arbitror, quid contra hoc dicatur, posse invenire.

29 1   *R.:* Numquidnam ergo dicitur veritas, nisi qua verum est, quidquid verum est?

    A.: Nullo modo.

    R.: Numquidnam recte dicitur verum, nisi quod non est falsum?

    A.: Hinc vero dubitare dementia est.

2   *R.:* Num falsum non est, quod ad similitudinem alicuius accomodatum est neque id tamen est, cuius simile apparet?

    A.: Nihil quidem aliud video, quod libentius falsum vocem. sed tamen solet falsum dici etiam quod a veri similitudine longe abest.

3   *R.:* Quis negat? sed tamen quod habeat ad verum nonnullam imitationem.

    A.: Quomodo? non enim, cum dicitur iunctis alitibus anguibus Medeam volasse, ulla ex parte res ista verum imitatur, quippe quae nulla sit nec imitari aliquid possit ea res, quae omnino non sit.

4   *R.:* Recte dicis; sed non attendis eam rem, quae omnino nulla sit, ne falsum quidem posse dici. si enim falsum est, est; si non est, non est falsum.

damit ich nicht zu meiner Schande noch einmal darauf zurückkommen muß.

V.: Also wird es nicht wahr sein, daß die Wahrheit zugrunde gegangen ist? Wenn es nicht wahr ist, geht sie ja nicht zugrunde. Wenn es aber wahr ist, woher sollte etwas nach dem Untergang der Wahrheit wahr sein, wenn es keine Wahrheit mehr gibt?

A.: Da braucht es keine weiteren Überlegungen und Betrachtungen mehr. Geh nur weiter zum nächsten Punkt. Sicherlich wollen wir uns alle Mühe geben, daß gelehrte und weise Männer dieses hier lesen und unsere allfällige Unüberlegtheit verbessern[107]. Denn ich selber werde, wie ich glaube, weder jetzt noch später etwas finden können, was gegen diese Sätze einzuwenden wäre.

V.: Wird nun nicht allein das Wahrheit genannt, wodurch alles, was wahr ist, wahr ist?

A.: O ja!

V.: Wird nicht auch mit Recht nur das wahr genannt, was keine Täuschung ist?

A.: Daran zu zweifeln wäre Wahnsinn.

V.: Ist nicht Täuschung das, was etwas anderem ähnlich sieht und doch das nicht ist, dem es ähnlich sieht?

A.: Ich sehe nichts anderes, das ich lieber Täuschung nennen möchte. Und doch pflegt auch das Täuschung zu heißen, was weit davon entfernt ist, der Wahrheit ähnlich zu sein.

V.: Wer will das leugnen? Doch muß es das Wahre in irgendeiner Weise nachahmen.

A.: Auf welche Weise? Wenn nämlich gesagt wird, auf einem fliegenden Drachengespann sei Medea durch die Luft gefahren, ahmt dies keineswegs etwas Wahres nach; denn es gibt das nicht, und etwas, das es überhaupt nicht gibt, kann nichts nachahmen.

V.: Du hast recht. Doch du merkst nicht, daß etwas, das es überhaupt nicht gibt, nicht einmal Täuschung genannt werden kann. Wenn es nämlich eine Täuschung ist, so gibt es dieses; wenn es dieses nicht gibt, ist es keine Täuschung.

A.: Non ergo dicemus illud de Medea nescio quod monstrum falsum esse?

R.: Non utique; nam si falsum est, quomodo monstrum est?

5   *A.:* Miram rem video. itane tandem, cum audio «angues ingentes alites iunctos iugo», non dico falsum?

R.: Dicis plane. est enim, quod falsum esse dicas.

A.: Quid, quaeso?

R.: Illam scilicet sententiam, quae ipso versu enuntiatur.

6   *A.:* Et quam tandem habet ista imitationem veri?

R.: Quia similiter enuntiaretur, etiamsi vere illud Medea fecisset. imitatur ergo ipsa enuntiatione veras sententias falsa sententia. quae si non creditur, eo solo imitatur veras, quod ita dicitur, estque tantum falsa, non etiam fallens; si autem fidem impetrat, imitatur etiam creditas veras.

7   *A.:* Iam intelligo multum interesse inter illa, quae dicimus, et illa, de quibus dicimus aliquid. quare iam assentior – nam hoc solo revocabar – quidquid falsum dicimus non recte dici, nisi habeat veri alicuius imitationem. quis enim lapidem falsum argentum esse dicens non iure rideatur? tamen, si quisquam lapidem argentum esse dicat, dicimus falsum eum dicere, id est falsam proferre sententiam, stannum autem vel plumbum non absurde, ut opinor, falsum argentum vocamus, quod id res ipsa velut imitatur; neque ex eo falsa est nostra sententia, sed illud ipsum de quo enuntiatur.

A.: Wir dürfen also nicht sagen, daß dieses Wunder der Medea eine Täuschung sei?

V.: Natürlich nicht. Denn wenn es Täuschung ist, wie könnte es da ein Wunder sein?

A.: Das ist recht seltsam. Wenn ich den Vers höre:
»Gewaltige Flügelschlangen
vor ein Gespann gespannt ...«[108] –
soll ich ihn nicht Täuschung nennen?

V.: Doch, denn es gibt etwas, das du Täuschung nennen kannst.

A.: Bitte, was?

V.: Den Inhalt meine ich, der in diesem Vers ausgesagt wird.

A.: Was für eine Nachahmung der Wahrheit weist er denn auf?

V.: Weil er auch ähnlich ausgesagt werden müßte, wenn die Medea das wirklich getan hätte. Also ahmt durch die Aussage selbst ein täuschender Inhalt wahre Inhalte nach. Glaubt man ihn nicht, so ahmt er nur dadurch wahre Inhalte nach, daß er auf diese Weise ausgesagt wird, und er ist nur unabsichtliche Täuschung, nicht auch Trug. Findet er aber Glauben, so ahmt er auch die geglaubten wahren Inhalte nach.

A.: Nun begreife ich, daß ein großer Unterschied besteht zwischen dem, was wir aussagen, und den Dingen, über die wir etwas aussagen. Darum stimme ich nun zu – denn dies allein hinderte mich – daß alles, was wir als Täuschung bezeichnen, nur dann so bezeichnet werden darf, wenn es etwas Wahres nachahmt. Wer würde denn nicht mit Recht ausgelacht, wenn er einen Stein falsches Silber nennt? Und doch, wenn einer einen Stein Silber nennt, sagen wir, er sage etwas Falsches, das heißt er bringe einen falschen Inhalt vor, Zinn aber und Blei nennen wir nicht ohne Recht falsches Silber, weil der Gegenstand selbst dieses Metall nachahmt, und deshalb ist hier nicht der Inhalt unseres Satzes eine Täuschung, sondern der Gegenstand selbst, dem unsere Aussage gilt.

30 1   *R.:* Bene intelligis. sed illud vide, utrum et argentum falsi plumbi nomine congruenter appellare possimus.

   A.: Non mihi placet.

   R.: Quid ita?   5

   A.: Nescio, nisi illud video vehementer contra voluntatem meam dici.

2   *R.:* Num forte propterea, quod argentum melius est
et quasi in contumeliam eius dicitur, plumbi autem
quidam velut honor est, si falsum argentum vocetur?   10

3   *A.:* Prorsus explicasti quod volebam. et ideo credo
iure infames intestabilesque haberi, qui muliebri habitu
se ostentant, quos nescio utrum falsas mulieres an falsos viros melius vocem, veros tamen histriones veros-
que infames sine dubitatione possumus vocare aut, si   15
latent nec infame quidquam nisi a turpi fama nominatur, veros nequam non sine veritate dicimus, ut
opinor.

4   *R.:* Alius locus nobis erit de istis rebus disserendi.
multa enim fiunt, quae quasi facie populari turpia vi-   20
dentur, aliquo tamen fine laudabili honesta monstran-

5   tur. et magna quaestio est, utrum ⟨quis⟩ patriae liberan-
dae causa muliebri tunica indutus debeat hostem deci-
pere, hoc ipso quo mulier falsa sit, fortasse verior vir
futurus, et utrum sapiens, qui aliquo modo certum ha-   25
beat necessariam fore vitam suam rebus humanis, malit
emori frigore quam femineis vestibus, si aliud non sit,
amiciri. sed de hoc, ut dictum est, alias videbimus.

6   profecto enim cernis, quantae inquisitionis indigeat,

---

19 locus ille non invenietur. – 22 ⟨quis⟩ *add. Fuchs.*

V.: Das siehst du gut ein. Doch schau zu, ob wir auch umgekehrt das Silber mit der Bezeichnung ›falsches Blei‹ angemessen benennen können?

A.: Ich glaube, nein.

V.: Weshalb nicht?

A.: Ich weiß nicht; nur sehe ich, daß es meinem Willen heftig widerspricht.

V.: Vielleicht deshalb, weil Silber das edlere Metall ist und jener Ausdruck es sozusagen verächtlich macht, während es für das Blei gewissermaßen eine Ehre bedeutet, wenn es falsches Silber genannt wird?

A.: Genau das, was ich wollte, hast du ausgeführt. Aus dem gleichen Grund, glaube ich, hält man diejenigen Männer mit Recht für ehrlos und verächtlich, die sich in weibischer Kleidung zeigen[109]; solche Männer können von uns ebensogut falsche Weiber wie falsche Männer genannt werden, als wahre Schauspieler aber und als wahrhaft ehrlos können wir sie zweifellos bezeichnen, oder, wenn sie nicht öffentlich hervortreten, das Wort ›ehrlos‹ aber nur gebraucht wird, wo die öffentliche Ehre gemindert ist, so nennen wir sie, wie ich glaube, nicht ohne Wahrheit wahre Nichtsnutze.

V.: An anderer Stelle können wir uns einmal über diese Fragen unterhalten; denn gar vieles geschieht, was sozusagen auf seiner der Öffentlichkeit zugewandten Seite schändlich erscheint, was sich aber durch irgendeinen löblichen Zweck als ehrenwert erweist. Und es ist eine große Frage, ob jemand, um das Vaterland zu befreien, in einem Frauenkleid den Feind täuschen solle, wobei er gerade dadurch, daß er eine falsche Frau ist, vielleicht ein wahrerer Mann sein wird, und ob ein Weiser, der auf irgendeine Art sicher weiß, daß sein Leben für die Menschheit notwendig sein wird, es vorziehen wird, vor Kälte zu sterben als sich, wenn nichts anderes zur Verfügung steht, in Frauenkleider zu hüllen. Doch diese Dinge wollen wir uns, wie gesagt, ein anderes Mal vornehmen. Denn gewiß siehst du ein, daß es dazu

quatenus ista progredi debeant, ne in quasdam inexcu-
sabiles turpitudines decidatur. nunc autem, quod praesenti quaestioni satis est, iam puto apparere, neque
dubitari non esse falsum quidquam nisi veri aliqua
imitatione.   5

31 1   *A.:* Proficiscere ad reliqua; nam hoc mihi bene persuasum est.

R.: Ergo illud quaero, utrum praeter disciplinas,
quibus erudimur et quibus etiam ipsum studium sapientiae annumerari decet, possimus quidquam ita ve- 10
rum invenire, quod non sicut theatricus Achilles ex aliqua parte falsum sit, ut ex alia verum esse possit.

2   *A.:* Mihi videntur multa inveniri. non enim disciplinae istum habent lapidem, nec tamen, ut verus sit lapis,
imitatur aliquid, secundum quod falsus dicatur. quo 15
uno commemorato vides iam innumerabilibus super-
sedendum esse, quae sponte occurrant cogitantibus.

3   *R.:* Video prorsus. sed nonne tibi videntur uno corporis nomine includi?

A.: Viderentur, si aut inane nihil esse certum habe- 20
rem aut ipsum animum inter corpora numerandum ar-
bitrarer aut etiam Deum corpus aliquod esse crederem.
quae omnia, si sunt, ad nullius imitationem falsa et
vera esse video.

4   *R.:* In longum nos mittis, sed utar quantum possum 25
compendio. certe enim aliud est, quod inane appellas,
aliud, quod veritatem.

A.: Longe aliud. quid enim me inanius, si veritatem
inane aliquid puto aut tantopere aliquid inane appeto?
quid enim aliud quam veritatem invenire desidero? 30

eine lange Untersuchung brauchte und daß man dabei weit ausgreifen müßte, um nicht in schimpfliche, unentschuldbare Irrtümer zu fallen. Doch jetzt ist, soviel für unsere vorliegende Frage genügt, wie ich glaube, bereits deutlich, und es ist nicht zu bezweifeln, daß Täuschung nur möglich ist bei irgendeiner Art Nachahmung der Wahrheit.

A.: Weiter, zum Rest! Vom Vorherigen bin ich jetzt ganz überzeugt.

V.: Also frage ich zunächst: können wir, abgesehen von den Wissenschaften, in denen wir geschult werden und zu denen man auch das Philosophiestudium selber rechnen darf, irgend etwas derart Wahres finden, das nicht, wie ein Theaterachilles, auf der einen Seite Täuschung ist, um auf der andern Seite wahr sein zu können?

A.: Mir scheint, da lasse sich vieles finden. Denn diesen Stein da umfassen unsere Wissenschaften nicht, und doch ahmt er, um ein wahrer Stein zu sein, nichts nach, womit verglichen er dann Täuschung wäre. Nach diesem einen Beispiel dürfen wir, wie du siehst, vieles übergehen, was sich unseren Überlegungen von selbst anbietet.

V.: Ja, gewiß. Doch scheinen dir diese Dinge nicht alle unter den einen Begriff ›Körper‹ zu fallen?

A.: Das würden sie, wenn ich sicher wäre, daß der leere Raum ein Nichts wäre, oder annähme, die Seele selbst sei zu den Körpern zu rechnen, oder glaubte, auch Gott sei ein Körper. Denn, wie ich sehe, sind diese alle, wenn sie sind, nicht durch die Nachahmung eines andern falsch oder wahr.

V.: Du schickst uns auf eine weite Reise; doch will ich nach Vermögen Abkürzungen benützen. Denn bestimmt machst du einen Unterschied zwischen dem, was du leeren Raum, und dem, was du Wahrheit nennst.

A.: Einen sehr großen! Denn was ist leerer als mein Hohlkopf, wenn ich die Wahrheit für einen leeren Begriff halte oder so mit aller Leidenschaft nach etwas Leerem strebe? Was wünsche ich denn anderes, als die Wahrheit zu finden?

R.: Ergo et illud fortasse concedis, nihil verum esse, quod non veritate fiat, ut verum sit.

A.: Iam hoc olim manifestum est.

5 *R.:* Num dubitas nihil esse inane praeter ipsum inane [aut certe corpus]?

A.: Prorsus non dubito.

R.: Opinor ergo, veritatem corpus esse aliquod credis.

A.: Nullo modo.

R.: Quid? in corpore?

A.: Nescio. ⟨sed⟩ nihil ad rem: arbitror enim vel illud te scire, si est inane, magis ibi esse, ubi nullum sit corpus.

R.: Hoc sane planum est.

A.: Quid igitur immoramur?

6 *R.:* An tibi aut veritas videtur fecisse inane aut aliquid verum esse ubi veritas non sit?

A.: Non videtur.

R.: Non est ergo inane verum, quia neque ab eo, quod inane non est, inane fieri potest et, quod veritate caret, verum non esse manifestum est, et omnino ipsum, quod inane dicitur, ex eo quod nihil sit dicitur. quomodo igitur potest verum esse, quod non est, aut quomodo potest esse, quod penitus nihil est?

A.: Age nunc, inane tanquam inane deseramus.

32 1 *R.:* Quid de ceteris dicis?

A.: Quid?

R.: Quod video mihi plurimum suffragari. restat enim animus et Deus. quae duo si propterea vera sunt, quod in his est veritas, de immortalitate Dei nemo dubitat. animus autem immortalis creditur, si veritas,

5 [aut certe corpus] *del. Fuchs.* – 11 ⟨sed⟩ *add. Fuchs.* – 12 [ibi] illud: *corr. Fuchs.* – 24 fortasse ⟨omnino⟩ esse – 28 vides: *corr. Fuchs.*

V.: Also gibst du wohl auch zu, daß nichts wahr sei, was nicht die Wahrheit wahr gemacht hätte?

A.: Das ist schon lange geklärt.

V.: Zweifelst du daran, daß nichts leer ist außer dem leeren Raum [oder jedenfalls ein Körper]?

A.: Ich zweifle nicht daran.

V.: Also meine ich, du glaubst, die Wahrheit sei ein Körper.

A.: Keineswegs.

V.: Oder etwa, sie sei in einem Körper?

A.: Ich weiß es nicht. Aber es tut nichts zur Sache; denn ich glaube, du weißt, daß der leere Raum, wenn er existiert, eher dort existiert, wo es keinen Körper gibt.

V.: Das ist eindeutig.

A.: Warum halten wir uns also noch länger dabei auf?

V.: Scheint dir etwa, daß die Wahrheit den leeren Raum hervorgebracht habe oder daß es etwas Wahres gebe, wo es keine Wahrheit gibt?

A.: Nein.

V.: Also ist der leere Raum nichts Wahres. Denn aus dem, was nicht leer ist, kann etwas Leeres nicht entstehen; und was die Wahrheit nicht hat, ist sicherlich nicht wahr; und überhaupt trägt der sogenannte leere Raum seinen Namen daher, daß er nichts ist. Wie kann also wahr sein, was nicht ist, oder wie könnte sein, was von Grund aus nichts ist?

A.: Nur weiter! Lassen wir den leeren Raum als einen leeren Begriff beiseite.

V.: Was hältst du von den anderen beiden Erscheinungen?

A.: Was meinst du?

V.: Etwas, was mir, wie ich sehe, sehr zustatten kommt. Denn es ist noch zweierlei übrig: die Seele und Gott. Wenn diese aus dem Grunde wahr sind, weil sie in sich Wahrheit haben, so ist zu sagen, daß an der Unsterblichkeit Gottes niemand zweifelt. Die Seele aber kann als unsterblich gelten, wenn bewiesen wird, daß die Wahrheit, welche nicht

quae interire non potest, etiam in illo esse probatur.

2 quare iam illud ultimum videamus, utrum corpus non sit vere verum, id est non in eo sit veritas, sed quasi

3 quaedam imago veritatis. nam si et in corpore, quod satis certum est recipere interitum, tale verum invenerimus, quale est in disciplinis, continuo non erit disputandi disciplina veritas, qua omnes verae sunt disciplinae. verum [est] enim et corpus ⟨erit⟩, quod non videtur

4 disputandi ratione esse formatum. si vero et corpus imitatione aliqua verum est et ob hoc non ad liquidum verum, nihil erit fortasse, quod impediat disputandi rationem, quominus ipsa veritas esse doceatur.

5   *A.:* Interim quaeramus de corpore; nam ne hoc quidem cum constiterit, video istam controversiam terminatam.

6   *R.:* Unde scis, quid velit Deus? itaque attende. nam ego puto corpus aliqua forma et specie contineri, quam si non haberet, corpus non esset, si veram haberet, animus esset. an aliter putandum est?

7   *A.:* Assentior in parte, de cetero dubito. nam nisi teneatur aliqua figura, corpus non esse concedo; quomodo autem, si eam veram haberet, animus esset, non satis intelligo.

8   *R.:* Nihilne tandem de primi libri exordio et de illa tua geometrica recordaris?

    A.: Bene commemorasti; recordor prorsus ac libentissime.

9   *R.:* Talesne in corporibus figurae inveniuntur, quales illa disciplina demonstrat?

    A.: Immo incredibile est, quanto deteriores esse convincuntur.

10 *R.:* Quas ergo istarum veras putas?

zugrunde gehen kann, auch in ihr lebt. Daher wollen wir
nun diese letzte Frage erörtern, ob ein Körper nicht wirklich
wahr ist, das heißt ob in ihm nicht Wahrheit, sondern nur
gewissermaßen ein Abbild der Wahrheit ist. Denn wenn wir
auch in einem Körper, dessen Vergänglichkeit hinreichend
sicher ist, etwas derart Wahres finden, wie es sich in den
Wissenschaften findet, so wird sogleich die Dialektik nicht
die Wahrheit sein, durch die alle anderen Wissenschaften
wahr sind. Denn wahr ist dann auch ein Körper, der doch
offensichtlich nicht durch die Dialektik gebildet ist. Wenn
aber auch der Körper dadurch wahr ist, daß er etwas nachahmt, und deshalb also nicht rein wahr ist, dann hindert
vielleicht nichts, zuzugestehen, daß die Dialektik selber
Wahrheit sei.

A.: Vorläufig wollen wir vom Körper sprechen; denn
nicht einmal dann, wenn dieser Streitpunkt bereinigt ist,
halte ich den Streit selber für beendet.

V.: Woher weißt du, was Gott will? Merk daher auf!
Denn ich glaube, ein Körper wird durch eine Form und
Gestalt gebildet. Hätte er sie nicht, wäre er kein Körper;
hätte er eine wahre Gestalt, so wäre er eine Seele[110]. Oder
muß man anders urteilen?

A.: Teilweise stimme ich dir zu, im übrigen zweifle ich.
Daß ein Körper nur, weil er eine gewisse Gestalt besitzt,
Körper ist, gestehe ich dir zu. Wie er aber Seele wäre, wenn
er eine wahre Gestalt besäße, sehe ich nicht recht ein.

V.: Erinnerst du dich denn gar nicht mehr an den Anfang
des ersten Buches und an deine Gedanken über die Geometrie?[111]

A.: Du hast recht, daß du mich daran erinnerst. Gewiß,
ich entsinne mich, und zwar mit größtem Vergnügen.

V.: Findet man in der Körperwelt solche Figuren, wie
diese Wissenschaft sie aufweist?

A.: Nein! Es ist gar unglaublich, als wieviel unvollkom-
mener sie sich erweisen.

V.: Welche von ihnen also hältst du für die wahren?

A.: Ne, quaeso, etiam istuc me interrogandum putes. quis enim mente tam caecus est, qui non videat istas, quae in geometrica docentur, habitare in ipsa veritate aut in his etiam veritatem; illas vero corporis figuras, siquidem quasi ad istas tendere videntur, habere nescio quam imitationem veritatis et ideo falsas esse? iam enim totum illud, quod ostendere moliebaris, intelligo.

33 1   *R.:* Quid ergo iam opus est, ut de disciplina disputationis requiramus? sive enim figurae geometricae in veritate sive in eis veritas sit, anima nostra, id est intelligentia nostra, contineri nemo ambigit ac per hoc in 2 nostro animo etiam veritas esse cogitur. quod si quaelibet disciplina ita est in animo ut in subiecto inseparabiliter nec interire veritas potest, quid, quaeso, de animi perpetua vita nescio qua mortis familiaritate dubitamus? an illa linea vel quadratura vel rotunditas habent alia, quae imitentur, ut vera sint?

3   *A.:* Nullo modo id possum credere, nisi forte aliud sit linea quam longitudo sine latitudine et aliud circulus quam linea circumducta undique ad medium aequaliter vergens.

4   *R.:* Quid ergo cunctamur? an ubi ista sunt, veritas non est?

A.: Avertat Deus amentiam.

R.: An disciplina non est in animo?

A.: Quis hoc dixerit?

R.: Sed forte potest intereunte subiecto id, quod in subiecto est, permanere?

A.: Quando mihi hoc persuadetur?

R.: Restat, ut occidat veritas.

A.: Unde fieri potest?

A.: Glaub bitte nicht, mich auch dies fragen zu müssen. Denn wer ist so blind in seinem Geist, daß er nicht sähe, daß die Formen, die uns in der Geometrie gezeigt werden, in der Wahrheit selber wohnen, oder auch in ihnen die Wahrheit, daß aber diese Figuren der Körperwelt, wenn sie doch sozusagen jene ersten zu erreichen suchen, einen Zug, die Wahrheit nachzuahmen, aufweisen, und daß sie deshalb Täuschungen sind? Denn nun begreife ich all das, was du mir zu erklären suchtest.

V.: Was also brauchen wir uns noch über die Dialektik Gedanken zu machen? Denn sei's, daß die geometrischen Figuren in der Wahrheit, sei's, daß in ihnen die Wahrheit sei: daß sie in unserer Seele, das heißt in unserem Erkenntnisvermögen enthalten sind, bezweifelt niemand, und so ergibt sich zwangsläufig, daß in unserer Seele auch die Wahrheit sein muß. Wenn aber jede Wissenschaft so in der Seele ist wie in einem Subjekte ohne die Möglichkeit der Trennung und wenn die Wahrheit nicht zugrunde gehen kann, was zweifeln wir, bitte, am ewigen Leben der Seele wegen irgendeiner Zugehörigkeit zum Tode? Oder haben die ideale Linie, das Quadrat oder der Kreis noch nötig, etwas anderes nachzuahmen, um wahr zu sein?

A.: Das kann ich keineswegs glauben, wofern nicht eine Linie etwas anderes ist als Länge ohne Breite und ein Kreis etwas anderes als eine gebogene Linie, die von einem Mittelpunkt überall denselben Abstand hat.

V.: Was also zögern wir? Oder ist etwa dort, wo dieses ist, nicht die Wahrheit?

A.: Behüt' uns Gott vor diesem Irrsinn!

V.: Oder ist die Wissenschaft nicht in der Seele?

A.: Wer könnte das behaupten wollen?

V.: Doch kann vielleicht etwas, das in einem Subjekt ist, Bestand haben, obwohl das Subjekt zugrunde geht?

A.: Wie könnte man mich davon überzeugen?

V.: Es bleibt noch übrig: Die Wahrheit geht zugrunde.

A.: Das kann nicht geschehen.

5   *R.:* Immortalis est igitur anima. iamiam crede rationibus tuis, crede veritati: clamat et in te sese habitare et
immortalem esse nec sibi suam sedem quacumque corporis morte posse subduci. avertere ab umbra tua, re-
vertere in te; nullus est interitus tuus nisi oblitum te   5
esse, quod interire non possis.

6   *A.:* Audio, resipisco, recolere incipio. sed, quaeso,
illa, quae restant, expedias, quomodo in animo imperito – non enim eum mortalem dicere possumus – disciplina et veritas esse intelligantur.   10

7   *R.:* Aliud ista quaestio volumen desiderat, si eam vis
tractari diligenter. simul et illa, quae, ut potuimus, in-
vestigata sunt, recensenda tibi esse video, quia, si nihil
eorum, quae concessa sunt, dubium est, multum nos
egisse arbitror nec cum parva securitate cetera quae-   15
rere.

34   1   *A.:* Ita est, ut dicis, et obtempero praeceptis tuis
libens. sed illud saltem impetrem, antequam terminum
volumini statuas, ut quid intersit inter veram figuram,
quae intelligentia continetur, et eam, quam sibi fingit   20
cogitatio, quae graece sive phantasia sive phantasma
dicitur, breviter exponas.

2   *R.:* Hoc quaeris, quod videre nisi mundissimus non
potest et ad cuius rei visionem parum es exercitatus;
neque nunc per istos circuitus aliud quam exercitatio-   25
nem tuam, ut illud videre sis idoneus, operamur. tamen interesse plurimum quomodo possit doceri, for-
3   tasse breviter planum facio. fac enim te aliquid esse
oblitum aliosque te velle quasi in memoriam revocare.
dicunt ergo illi: 'numquidnam hoc est aut illud?' diver-   30

V.: Also ist die Seele unsterblich. Vertraue nunmehr deinen vernünftigen Überlegungen, vertraue der Wahrheit; sie ruft, sie wohne in dir, sie sei unsterblich, ihr könne ihr Wohnsitz durch irgendeinen körperlichen Tod nicht entrissen werden. Kehre dich ab von deinem Schatten, kehre zurück zu dir selber: es gibt für dich kein Sterben, es sei denn im Vergessen, daß du nicht zugrunde gehen kannst.

A.: Ich höre, ich lebe auf, ich beginne mich zu erinnern. Doch bitte, entwickle mir, was noch übrig ist. Wie vermag man einzusehen, daß auch in einer ungebildeten Seele (denn auch sie kann man nicht für sterblich halten) Wissenschaft und Wahrheit ist?

V.: Diese Frage verlangt nach einem weiteren Buch, wenn du sie sorgfältig behandelt wissen willst. Zudem bin ich der Ansicht, du solltest diejenigen Ergebnisse, die wir nach bestem Vermögen erzielt haben, überprüfen. Denn wenn keiner der zugestandenen Sätze zweifelhaft ist, haben wir, wie ich glaube, viel gewonnen und können uns mit beträchtlicher Sicherheit den übrigen Fragen zuwenden.

A.: Es ist so, wie du sagst, und ich füge mich deinen Anweisungen mit Vergnügen. Doch laß mir wenigstens noch diese Bitte in Erfüllung gehen, bevor du das Werk zum Abschluß bringst: gib mir eine kurze Erklärung auf die Frage, was der Unterschied ist zwischen einer wahren Figur, wie sie sich in der Erkenntnis findet, und jener Erscheinung, die unser Bewußtsein sich erzeugt, die griechisch Phantasia oder Phantasma heißt.

V.: Du fragst etwas, was nur die Reinsten sehen können und zu dessen Schau du nicht genügend geübt bist. Mit unseren jetzigen Umwegen bezwecken wir ja nichts anderes, als dich zu üben, damit du zur Schau imstande seist. Immerhin kann ich dir vielleicht in Kürze deutlich machen, wie sich zeigen läßt, daß der Unterschied bedeutend ist. Nimm an, du habest etwas vergessen und du wünschest, daß andere es dir sozusagen ins Gedächtnis zurückrufen mögen[112]. Dann sagen jene: ›Ist es etwa dieses oder jenes?‹ und

sa velut similia proferentes. tu vero nec illud vides,
quod recordari cupis, et tamen vides non hoc esse,
quod dicitur. numquidnam tibi, cum hoc evenit, omni
modo videtur oblivio? nam ipsa discretio, qua non ad-
mittitur, quod falso admoneris, pars quaedam recorda-   5
tionis est.

    A.: Ita videtur.

4   *R.*: Tales ergo nondum verum vident, falli tamen
decipique non possunt et, quid quaerant, satis norunt.
at si tibi quispiam dicat te post paucos dies risisse quam   10
natus es, non audes dicere falsum esse et, si auctor sit
cui fides habenda est, non recordaturus, sed crediturus
es; totum enim tempus illud validissima oblivione tibi
sepultum est. an aliter putas?

    A.: Prorsus consentio.   15

5   *R.*: Haec igitur ab illa oblivione plurimum differt,
sed illa media est; nam est alia recordationi revisendae-
que veritati propior atque vicinior; cui simile est, quando videmus aliquid certoque recognoscimus id nos vi-
disse aliquando, atque nosse affirmamus, sed ubi aut   20
quando aut quomodo aut apud quem nobis in notitiam
6 venerit, satagimus repetere atque recolere. ut si de homine nobis contigerit, etiam quaerimus, ubi eum no-
verimus; quod cum ille commemoraverit, repente tota
res memoriae quasi lumen infunditur nihilque amplius,   25
ut reminiscamur, laboratur. an hoc genus ignotum tibi
est aut obscurum?

führen verschiedene Dinge an, die ihm ähnlich scheinen. Du
jedoch siehst das noch nicht, woran du dich erinnern willst,
und dennoch siehst du, daß es nicht das ist, was man dir
anführt. Scheint dir etwa, wenn dir dies geschieht, ein vollständiges Vergessen vorzuliegen? Denn gerade die Unterscheidung, die nichts anerkennt, was man dir fälschlich vor-
brachte, ist doch irgendwie schon ein Teil der Erinnerung.

A.: So scheint es.

V.: In diesem Zustand sieht man also das Wahre noch
nicht, kann sich aber dennoch nicht täuschen und irren, und
man weiß wirklich, was man sucht. Aber wenn dir jemand
sagt, du hättest wenige Tage nach deiner Geburt gelacht,
wagst du nicht zu sagen, es sei nicht wahr, und wenn der
Betreffende zuverlässig ist und Vertrauen verdient, wirst du
es, wenn auch ohne dich zu erinnern, glauben; denn jene
ganz frühe Jugendzeit ist für dich unter dem kräftigsten Vergessen begraben. Oder bist du anderer Ansicht?

A.: Ich bin völlig einverstanden.

V.: Zwischen der ersten und der zweiten Art des Vergessens besteht also ein sehr großer Unterschied. Es gibt aber
noch eine dritte, die zwischen den beiden liegt – eine Art des
Vergessens, die eher der Erinnerung und dem Wiedererken-
nen der Wahrheit benachbart ist. Dazu gehört etwa, wenn
wir etwas sehen und wenn wir ganz sicher erkennen, daß
wir es schon früher einmal gesehen haben, und sogar bestätigen, daß wir es kennen, wenn wir uns dabei aber alle
Mühe geben müssen, um in die Erinnerung zurückzurufen,
wo, wann, wie und bei wem es uns zur Kenntnis gekommen ist. Handelt es sich beispielsweise um einen Menschen,
dann fragen wir etwa auch, wo wir ihn kennengelernt haben; wenn er das mitgeteilt hat, dann kommt uns sogleich
der ganze Vorfall wie eine Erleuchtung ins Bewußtsein zurück, und für die Erinnerung ist keine weitere Anstrengung
nötig. Oder kennst du etwa diese dritte Art nicht, ist sie dir
dunkel?

A.: Quid hoc planius? aut quid crebrius mihi accidere solet?

35 1   *R.:* Tales sunt, qui bene disciplinis liberalibus erudi-
ti; siquidem illas sine dubio in se oblivione obrutas
eruunt discendo et quodammodo refodiunt. nec tamen   5
contenti sunt nec se tenent, donec totam faciem veritatis, cuius quidam in illis artibus splendor iam subruti-
2   lat, latissime atque plenissime intueantur. sed ex his
quidam falsi colores atque formae velut in speculum
cogitationis se fundunt falluntque inquirentes saepe ac   10
decipiunt putantes illud totum esse, quod norunt vel
3   quod inquirunt. ipsae sunt illae imaginationes magna
cautione vitandae; quae deprehenduntur fallaces, cum
cogitationis variato quasi speculo variantur, cum illa
4   facies veritatis una et immutabilis maneat. tum enim   15
alterius atque alterius magnitudinis quadratum sibi cogitatio depingit et quasi ante oculos praefert, sed mens
interior, quae vult verum videre, ad illud se potius
convertat, si potest, secundum quod iudicat illa omnia
esse quadrata.   20

5   *A.:* Quid, si nobis quispiam dicat secundum id eam
iudicare, quod videre oculis solet?

6   *R.:* Quare ergo iudicat, si tamen bene erudita est,
quantamvis pilam veram vera planitie puncto tangi?
quid tale umquam oculus vidit aut videre potest, cum   25
ipsa imaginatione cogitationis fingi quidquam huius-
7   modi non potest? an non hoc probamus, cum etiam
minimum circulum imaginando animo describimus et
ab eo lineas ad centrum ducimus? nam cum duas duxe-

A.: Nichts weniger als das! Pflegt mir doch kaum etwas häufiger zuzustoßen.

V.: So geht es bei denjenigen, die in den freien Wissenschaften richtig ausgebildet sind; denn diese, die in ihnen zweifellos nur vom Vergessen verschüttet waren, erschließen sie beim Lernen und graben sie gewissermaßen aus[113]. Allerdings sind sie damit nicht zufrieden und haben keinen Frieden, bis sie das ganze Antlitz der Wahrheit, dessen Glanz schon bei unseren Wissenschaften leise aufleuchtet, in seiner vollen Größe und Klarheit schauen. Doch fallen gerade von den Wissenschaften einzelne täuschende Farben und Formen, wenn man so sagen darf, in den Spiegel des menschlichen Bewußtseins und täuschen oft die Forschenden und lassen in ihnen den irrigen Glauben aufkommen, dieses Spiegelbild sei alles, was sie wissen und suchen. Gerade diese Gedankengebilde sind mit großer Vorsicht zu meiden: daß sie Täuschungen sind, verrät die Tatsache, daß sie mit der Änderung des sozusagen spiegelnden Bewußtseins sich verändern, während doch das Antlitz der Wahrheit selber einzig und unveränderlich bleibt. Denn so mag sich das Bewußtsein ein Quadrat in der einen oder andern Größe ausmalen und sich sozusagen vor Augen halten, doch der innerste Verstand, der die Wahrheit schauen will, soll sich, wenn er es vermag, eher dem zuwenden, wonach er urteilen kann, warum all diese Quadrate überhaupt Quadrate sind.

A.: Und wenn uns jemand sagte, wir hätten unser Urteil von dem Schein, der sich unsern Augen darstellt?

V.: Woher hat unser Verstand, sofern er gut ausgebildet ist, das Urteil, daß eine beliebig große ideale Kugel die ideale Ebene nur in einem Punkte berührt? Hat so etwas ein Auge je gesehen oder kann es dies je sehen, wenn sich doch mit aller Phantasie unseres Bewußtseins etwas Derartiges nicht vorstellen läßt? Oder finden wir nicht das Folgende richtig, wenn wir auch nur den winzigsten Kreis im Geiste zeichnen und von ihm die Linien zum Mittelpunkt ziehen? Denn wenn wir zwei Linien so nahe nebeneinander gezogen

rimus, inter quas quasi acu vix pungi possit, alias iam
in medio non possumus ipsa cogitatione imaginaria
ducere, ut ad centrum sine ulla commixtione perve-
niant, cum clamet ratio innumerabiles posse duci nec
sese in illis incredibilibus angustiis nisi centro posse   5
contingere, ita ut in omni earum intervallo scribi etiam
8 circulus possit. hoc cum illa phantasia implere non possit magisque quam ipsi oculi deficiat, siquidem per ipsos est animo inflicta, manifestum est et multum eam
differe a veritate et illam, dum haec videtur, non vide-   10
36 1 ri. haec dicentur operosius atque subtilius, cum de intelligendo disserere coeperimus, quae nobis pars pro-
posita est, cum de animae vita quidquid sollicitat fuerit, quantum valemus, enucleatum atque discussum.
2 non enim credo te parum formidare, ne mors humana,   15
etiamsi non interficiat animam, rerum tamen omnium
et ipsius, si qua comperta fuerit, veritatis oblivionem
inferat.
3   *A.:* Non potest satis dici, quantum hoc malum metuendum sit. qualis enim erit illa aeterna vita vel quae   20
mors non ei praeponenda est, si sic vivit anima, ut
videmus eam vivere in puero mox nato, ut de illa vita
nihil dicam, quae in utero agitur; non enim puto esse
nullam.
4   *R.:* Bono animo esto. Deus aderit, ut iam sentimus, 25
quaerentibus nobis, qui beatissimum quiddam post
hoc corpus et veritatis plenissimum sine ullo mendacio
pollicetur.
       A.: Fiat, ut speramus.

haben, daß man zwischen sie kaum mit einer Nadelspitze
stechen könnte, dann können wir zwischen ihnen, selbst in
der Phantasie, keine weiteren Linien mehr ziehen, die ohne
Vermischung bis in den Mittelpunkt gingen – und doch
verkündet die Vernunft, daß man unzählige ziehen kann,
die sich bei diesen längst unvorstellbar kleinen Zwischen-
räumen doch erst im Mittelpunkt berühren können, so daß
in jeden Zwischenraum zwischen ihnen gar noch ein weiteres Kreislein eingezeichnet werden kann. Wie die Phantasie
dies auszufüllen unfähig ist und selber mehr noch als die
Augen versagt, da sie ja durch die Augen im Geiste entwik-
kelt worden ist, so ist es also klar, daß sie einen gar großen
Unterschied aufweist zur Wahrheit und die Wahrheit nicht
geschaut werden kann, solange ihr Schein anhält. Dies alles
wird umfassender und sorgfältiger zu besprechen sein,
wenn wir mit der Darstellung der Erkenntnistheorie beginnen; diese wollen wir behandeln, wenn wir alle Zweifel am
Leben der Seele nach bestem Vermögen klargelegt und beseitigt haben. Denn ich glaube, du hast sehr Angst, der Tod
des Menschen bedeute, wenn auch nicht den Tod der Seele,
so doch das völlige Vergessen aller Dinge und der Wahrheit
selber, wofern die Seele sie erfahren hat.

A.: Man kann nicht genug betonen, wie sehr man dieses
Übel fürchten muß. Denn wie wird jenes ewige Leben sein
und welcher Tod wäre ihm nicht noch vorzuziehen, wenn
die Seele bloß so dumpf lebte, wie wir sie in einem neuge-
borenen Knäblein leben sehen, um vom Seelenleben im
Mutterleib zu schweigen, das es ja, meiner Ansicht nach,
ebenfalls gibt.

V.: Sei guten Mutes. Gott wird uns, wie wir jetzt schon
spüren, bei unsern Untersuchungen helfen, er, der uns ein
reinstes Glück nach diesem leiblichen Leben und die Fülle
der Wahrheit ohne irgendeine Täuschung verspricht.

A.: Möge sich unsere Hoffnung erfüllen.

DE IMMORTALITATE ANIMAE

1 1 Si alicubi est disciplina nec esse nisi in eo, quod vivit, potest et semper est neque quidquam, in quo quid semper est, potest esse non semper: semper vivit, in quo est disciplina.

2 Si nos sumus, qui ratiocinamur, id est animus noster, nec recte ratiocinari sine disciplina potest nec sine disciplina esse animus, nisi in quo disciplina non est, potest: est in hominis animo disciplina.

3 Est autem alicubi disciplina; nam est et, quidquid
4 est, nusquam esse non potest. – item disciplina non potest esse nisi in eo, quod vivit; nihil enim, quod non vivit, aliquid discit, nec esse in eo, quod nihil discit,
5 disciplina potest. – item semper est disciplina; nam quod est atque immutabile est, semper sit necesse est. esse autem disciplinam nemo negat, et quisquis fatetur fieri non posse ut ducta per medium circulum linea non sit omnium, quae non per medium ducuntur, maxima, idque esse alicuius disciplinae, immutabilem discipli-
6 nam esse non negat. – item nihil, in quo quid semper est, potest esse non semper; nihil enim, quod semper est, patitur sibi subtrahi aliquando id, in quo semper est.

7 Iamvero: cum ratiocinamur, animus id agit; non enim id agit nisi qui intelligit. nec corpus intelligit nec animus auxiliante corpore intelligit, quia, cum intelli-

VON DER UNSTERBLICHKEIT DER SEELE

Wenn die Logik irgendwo ist; und wenn sie nur in einem Lebendigen sein kann; und wenn sie ewig ist; und wenn alles, in dem etwas Ewiges ist, selber ewig sein muß: dann lebt das ewig, in dem die Logik ist[114].

Wenn wir es sind, die denken, das heißt: unsere Seele[115]; und wenn sie ohne Logik nicht richtig denken kann; und wenn die Seele (außer wenn ihr etwa die Logik völlig fehlt) nicht ohne Logik sein kann; dann ist die Logik in des Menschen Seele.

Nun aber ist die Logik[116] irgendwo; denn es gibt sie, und was es gibt, muß irgendwo sein. – Ebenso kann die Logik nur in einem Lebendigen sein; denn nichts Unlebendiges nimmt etwas logisch auf, und in etwas, das nicht logisch aufnimmt, kann die Logik nicht sein[117]. – Ebenso ist die Logik ewig[118]; denn was ist und unwandelbar ist, muß notwendig ewig sein. Daß es überhaupt Logik gibt, bestreitet niemand, und wer zugibt, daß diejenige Sehne eines Kreises, die durch den Mittelpunkt gezogen wird, von allen Kreissehnen, die nicht durch den Mittelpunkt gezogen werden[119], unbedingt die größte sein muß, ferner daß dies zur Logik gehört, der bestreitet nicht, daß die Logik unwandelbar ist. – Ebenso muß alles, in dem etwas Ewiges ist, selber ewig sein[120]; denn nichts, was ewig ist, läßt sich dasjenige, in dem es ewig ist, irgendwann entziehen.

Weiter: Wenn wir denken, besorgt dies unsere Seele. Denn dies besorgt man nur mit Einsicht: Einsicht hat aber nicht der Körper, noch gelangt die Seele mit Hilfe des Kör-

gere vult, a corpore avertitur. quod enim intelligitur,
eiusmodi est semper, nihilque corporis eiusmodi est
semper. non igitur potest adiuvare animum ad intellec-
8 tum nitentem, cui non impedire satis est. – item nemo
sine disciplina recte ratiocinatur: est enim recta ratioci-   5
natio a certis ad incertorum indagationem nitens cogitatio, nihilque certum est in animo, quod ignorat. omne autem, quod scit animus, in sese habet, nec ullam
rem scientia complectitur, nisi quae ad aliquam pertineat disciplinam. est enim disciplina quarumcumque   10
rerum scientia.

9   Semper igitur animus humanus vivit.

2   1 Ratio profecto aut animus est aut in animo. melior
autem ratio nostra quam corpus nostrum, et corpus
nostrum nonnulla substantia est, et melius est esse sub-   15
stantiam quam nihil: non est igitur ratio nihil.

   2   Rursum: quaecumque harmonia corporis est, in
subiecto corpore sit necesse est inseparabiliter, nec
aliud quidquam in illa harmonia esse credatur, quod
non aeque necessario sit in subiecto illo corpore, in quo   20
3 et ipsa harmonia [non minus inseparabiliter]. mutabile
est autem corpus humanum et immutabilis ratio. mutabile est enim omne, quod semper eodem modo non
est. et semper eodem modo est 'duo et quattuor sex'.
item semper eodem modo est, quod est quod 'quattuor   25
habent duo et duo; hoc autem non habent duo: duo
igitur quattuor non sunt'. est autem ista ratio; immuta-
4 bilis igitur ratio est. nullo modo autem potest mutato
subiecto id, quod in eo est inseparabiliter, non mutari.
non est igitur harmonia corporis animus. nec mors pot-   30

---

21 [non minus inseparabiliter] *del. Fuchs. – 25 fortasse* quod est ut. *– 27*
est ... ratio; immutabilis ... ratio est *distinx. Fuchs.*

pers zur Einsicht, da sie sich doch, sooft sie eine Einsicht
gewinnen will, vom Körper abwendet[121]. Denn was erkannt wird, ist sich ewig gleich[122], und nichts Körperliches
ist sich ewig gleich: also kann der Körper der Seele nicht
helfen, wenn sie nach Einsicht strebt; ist es doch schon genug, wenn er sie nicht hindert. – Ebenso denkt niemand
richtig ohne Logik. Denn richtiges Denken ist das Überlegen, das von sicheren Tatsachen ausgeht und unsichere aufzuspüren versucht, und sicher ist in der Seele nur, was sie
weiß[123]. Alles aber, was die Seele weiß, hat sie in sich, und
sie umfaßt nichts in ihrem Wissen, das nicht irgendwie zur
Logik gehörte. Denn Logik ist Wissen um bestimmte
Dinge.

Also lebt die menschliche Seele ewig.

Die Vernunft ist gewiß entweder die Seele selbst[124], oder sie
ist in der Seele. Wertvoller ist aber unsere Vernunft als unser
Körper, ferner ist unser Körper irgendwie eine Substanz,
und es ist wertvoller, Substanz zu sein als nichts: also ist die
Vernunft nicht nichts.

Zudem: Wie auch die Harmonie eines Körpers[125] beschaffen sei, sie muß untrennbar in dem Körper als in ihrem
Subjekt sein, und man vermute nichts anderes in jener Harmonie, was nicht ebenso notwendig in jenem Körper als in
ihrem Subjekt wäre, in dem auch die Harmonie selbst ist
[nicht weniger untrennbar]. Veränderlich ist aber der
menschliche Körper, und unveränderlich die Vernunft.
Veränderlich ist nämlich alles, was nicht immer auf dieselbe
Weise ist. Und immer ist auf dieselbe Weise ›Zwei und vier
sind sechs‹[126]. Ebenso ist immer auf dieselbe Weise, was ist
wie dieses: ›Vier ist die Summe von zwei und zwei; diese
Summe ist aber nicht zwei: also ist zwei nicht vier‹. Dies ist
aber eine logische Rechnung, also ist die Logik unveränderlich. Auf keine Weise aber kann dann, wenn das Subjekt
sich ändert, das, was untrennbar in ihm ist, sich nicht ändern. Also ist die Seele nicht die Harmonie des Körpers.

est accidere immutabilibus rebus. semper ergo animus
vivit, sive ipse ratio sit sive in eo ratio inseparabiliter.

3   1 Quaedam constantiae virtus est et omnis constantia
immutabilis est et omnis virtus potest aliquid agere
  2 nec, cum agit aliquid, virtus non est. omnis porro actio   5
⟨aut⟩ movetur aut movet. aut igitur non omne quod
movetur, aut certe non omne quod movet, mutabile
  3 est. at omne, quod ab alio movetur nec movet ipsum,
aliquid mortale est, neque mortale quidquam immutabile: quare de certo iam et sine ulla disiunctione conclu-   10
ditur non omne, quod movet, mutari.

  4   Nullus autem motus sine substantia. et omnis substantia aut vivit aut non vivit, atque omne, quod non
  5 vivit, exanime est, nec est ulla exanimis actio. illud
igitur, quod ita movet, ut non mutetur, non potest esse   15
nisi viva substantia. haec autem omnis per quoslibet
gradus corpus movet. non igitur omne, quod corpus
movet, mutabile est.

  6   Corpus autem non nisi secundum tempus movetur;
ad hoc enim pertinet tardius et celerius moveri. [confi-   20
citur esse quiddam, quod tempore moveat nec tamen
mutetur.] omne autem quod tempore movet⟨ur⟩ corpus, tametsi ad unum finem tendat, tamen nec simul
  7 potest omnia facere nec potest non plura facere. neque
enim valet, quavis ope agatur, aut perfecte unum esse   25
quod in partes secari potest, aut ullum est sine partibus
corpus aut sine morarum intervallo tempus (aut vero
vel brevissima syllaba enuntietur, cuius non tunc finem
  8 audias, cum iam non audis initium?). porro, quod sic

5 cum ⟨non⟩ agit *Lovanienses. – 6* ⟨aut⟩ *add. Fuchs. – 20* [conficitur . . .
mutetur] *del. Fuchs ut argumentum huic disputationis parti in margine quon-
dam adscriptum (cf. infra § 4 init.). – 22* movet⟨ur⟩ *Fuchs. – 27 sqq. distinx.
Fuchs (aut vero = an vero: cf. Thes. Ling. Lat. 2,1575, 62 sqq.).*

Ferner können unveränderliche Dinge nicht vom Tode betroffen werden. Also lebt die Seele ewig, sei es, daß sie selbst Vernunft ist, sei es, daß die Vernunft untrennbar in ihr ist.

Es gibt eine gewisse innere Kraft des Beständigen, und alles Beständige ist unveränderlich, und alle innere Kraft kann etwas tätigen, und eben wenn sie etwas tätigt, ist sie Kraft. Jede Tätigkeit nun erleidet entweder oder bewirkt Bewegung. Entweder ist also nicht alles Bewegte oder jedenfalls nicht alles Bewegende veränderlich. Aber alles, was von einem andern bewegt wird und selbst nicht bewegt, ist etwas Sterbliches, und nichts Sterbliches ist unveränderlich. Daher kann man nun schon mit Sicherheit und ohne Ausschließung folgen, daß nicht alles, was bewegt, sich verändert[127].

Aber keine Bewegung ist ohne Substanz. Und jede Substanz lebt entweder, oder sie lebt nicht, und alles, was nicht lebt, ist ohne Seele, und es gibt keine Bewegung ohne Seele. Also kann das, was so bewegt, daß es sich nicht verändert, nur eine lebendige Substanz sein. Sie aber bewegt als Ganzes, in allen beliebigen Stufen, den Körper. Also ist nicht alles, was einen Körper bewegt, veränderlich.

Ein Körper bewegt sich aber nur in der Zeit; dazu gehört, daß er sich bald langsamer, bald schneller bewegt. [Also gibt es etwas, das in der Zeit bewegt und sich doch nicht ändert.] Jeder Körper aber, der ⟨sich⟩ in der Zeit bewegt, kann, selbst wenn er nach einem einzigen Ziele strebt, doch weder alles zugleich machen, noch kann er es unterlassen, mehrere Dinge zu tun[128]. Denn was in einzelne Teile unterteilt werden kann, das vermag einerseits nicht vollendet Eines zu sein, mit welcher Hilfe es auch getätigt werden mag; anderseits gibt es keinen Körper ohne Teile und keine Zeit ohne Intervalle (kann doch selbst die kürzeste Silbe nicht ausgesprochen werden, ohne daß man ihr Ende hört, wenn man ihren Anfang schon nicht mehr hört). Was nun aber so

agitur, et exspectatione opus est ut peragi, et memoria
ut comprehendi queat, quantum potest. et exspectatio
futurarum rerum est, praeteritarum vero memoria; at
intentio ad agendum praesentis est temporis, per quod
9 futurum in praeteritum transit. nec coepti motus cor-   5
poris exspectari finis potest sine ulla memoria: quomodo enim exspectatur ut desinat, quod aut coepisse exci-
dit aut omnino motum esse? rursus intentio peragendi,
quae praesens est, sine exspectatione finis, qui futurus
est, non potest esse; nec est quidquam ⟨praesens⟩, quod   10
10 aut nondum est aut iam non est. potest igitur in agendo
quiddam esse quod ad ea quae ⟨aut⟩ nondum sunt ⟨aut
iam non sunt⟩ pertineat, ⟨et⟩ possunt simul in agente
plura esse, cum ea plura ⟨in eis⟩ quae aguntur simul esse
non possint; possunt ergo etiam in movente, cum in eo   15
11 quod movetur non possint. at quaecumque in tempore
simul esse non possunt et tamen a futuro in praeter-
4 1 itum transmittuntur, mutabilia sint necesse est. hinc
iam colligimus posse esse quiddam, quod, cum movet
mutabilia, non mutatur. cum enim non mutetur mo-   20
ventis intentio perducendi ad finem, quem volet, corpus, quod movet, illudque corpus, de quo aliquid fit,
eodem motu per momenta mutetur, atque illa intentio
perficiendi, quam immutatam manere manifestum est,
et ipsa membra artificis et lignum aut lapidem artifici   25
subiectum moveat, quis dubitet consequens esse, quod
dictum est?

10 ⟨praesens⟩ *add. Fuchs.* – *12* ⟨aut⟩ *add. Fuchs.* – ⟨aut iam non sunt⟩ *add.*
Fuchs. – *13* ⟨et⟩ *add. Fuchs.* – *14* ⟨in eis⟩ *add. Fuchs.* – *20* [mutetur]
mutatur: *corr. Fuchs.*

bewegt wird, ist auf die Erwartung angewiesen, daß die Bewegung durchgeführt werden, und auf die Erinnerung[129], daß sie ganz erfaßt werden könne, soweit dieses möglich ist. Es gilt aber die Erwartung der Zukunft und die Erinnerung der Vergangenheit; die auf die Bewegung gerichtete Absicht gilt jedoch der Gegenwart, durch die das Zukünftige in das Vergangene übergeht. Wenn aber die Bewegung eines Körpers begonnen hat, so kann ihr Ende nicht erwartet werden ohne Erinnerung; denn wie kann man ein Aufhören erwarten, wenn man vergessen hat, daß etwas begonnen hat oder daß überhaupt eine Bewegung stattfindet? Wiederum kann aber die auf das Durchführen gerichtete Absicht, welche etwas Gegenwärtiges ist, nicht sein ohne die Erwartung des Endes, das etwas Zukünftiges ist. Anderseits ist nichts ⟨gegenwärtig⟩, was entweder noch nicht oder nicht mehr ist. Es kann also in der Betätigung etwas sein, das zu dem gehört, was ⟨entweder⟩ noch nicht ⟨oder nicht mehr⟩ ist, und es können in dem Tätigen zugleich verschiedene Dinge sein, während diese verschiedenen Dinge ⟨in dem⟩, was getätigt wird, nicht zugleich sein können. Sie können folglich auch in einem Bewegenden beisammen sein, während sie dies in dem, was bewegt wird, nicht können. Aber was in der Zeit nicht zugleich sein kann und dennoch vom Zukünftigen ins Vergangene hinübergeführt wird, muß notwendig veränderlich sein. Daraus dürfen wir nun schließen, es könne etwas geben, das sich selber nicht verändert, wenn es Veränderliches bewegt. Da sich nämlich die Absicht nicht verändert, die ein Bewegender darauf richtet, den Körper, den er bewegt, zu einem gewollten Ziel hinzuführen, und da jener Körper, mit dem etwas geschieht, bei derselben Bewegung von einem Augenblick zum andern verändert wird, und da jene Absicht, das Ziel zu erreichen, die offensichtlich unveränderlich bleibt, sogar die Glieder des Künstlers bewegt und das Holz oder den Stein, den Werkstoff des Künstlers: wer könnte da an der Folgerichtigkeit des eben Gesagten zweifeln?

Non igitur, si qua mutatio corporum movente ani-
2 mo fit, quamvis in eam sit intentus, hinc eum necessario mutari et ob hoc etiam mori arbitrandum est. potest enim in hac intentione simul et memoriam praeter-
itorum et exspectationem futurorum habere, quae
omnia sine vita esse non possunt. quamquam, etsi nul-   5
3 lus interitus sine mutatione sit et nulla mutatio sine
motu, non tamen omnis mutatio interitum omnisque
motus mutationem operatur. licet enim ipsum corpus
nostrum et motum plerumque qualibet actione et mutatum certe vel aetate dicere, tamen nondum interisse,   10
id est non esse sine vita. licet igitur et animum non
4 continuo putare privari vita, quamquam ei fortasse per
motum mutatio nonnulla contingat.

5   1 Si enim manet aliquid immutabile in animo,quod sine   15
vita esse non possit, animo etiam vita sempiterna maneat necesse est. nam hoc prorsus ita se habet, ut, si
2 primum est, sit secundum: est autem primum. quis
enim, ut alia omittam, aut rationem numerorum muta-
bilem esse audeat dicere; aut artem quamlibet non ista   20
ratione constare; aut artem non esse in artifice, etiam
cum eam non exercet, aut eius esse nisi in animo aut,
ubi vita non sit, esse posse; aut quod immutabile est,
esse aliquando non posse; aut aliud esse artem, aliud
rationem?   25
3   Quamvis enim ars una multarum quasi quidam coe-
tus rationum esse dicatur, tamen ars etiam una ratio

---

12 liceat: *corr. Fuchs.*

Wenn also an Körpern unter der Einwirkung der Seele
eine Veränderung geschieht, so muß man nicht meinen, daß
die Seele, obschon sie ihre volle Absicht auf die Veränderung richtet, sich daher notwendigerweise verändere und
deswegen auch sterbe[130]. Denn bei dieser ihrer Absicht kann
sie zugleich noch die Erinnerung an Vergangenes und die
Erwartung des Zukünftigen haben, was alles ohne Leben
unmöglich ist. Freilich: wenn auch kein Untergang ohne
Veränderung und keine Veränderung ohne Bewegung vor
sich geht, so bewirkt doch nicht jede Veränderung einen
Untergang und nicht jede Bewegung eine Veränderung.
Denn von unserem eigenen Körper dürfen wir sagen, er sei
des öftern durch irgendeine Handlung bewegt und jedenfalls auch durch das Altern verändert, aber er sei noch nicht
untergegangen, das heißt: er sei nicht ohne Leben. Gewiß
darf man daher glauben, auch die Seele werde nicht sogleich
des Lebens beraubt, wenn sie auch vielleicht durch die Bewegung die eine oder andere Veränderung erleiden mag.

Wenn nämlich etwas Unveränderliches in der Seele bleibt,
das nicht ohne Leben sein könnte, dann muß auch der Seele
ewiges Leben erhalten bleiben. Denn dies ist gewiß so:
wenn das erste gilt, gilt das zweite. Das erste aber gilt. Denn
wer wagte es – um mich auf wenige Beispiele zu beschränken – zu behaupten, die logisch-mathematische Beziehung
der Zahlen zueinander sei veränderlich; oder es gebe irgendeine Kunst ohne jene Beziehung[131]; oder die Kunst sei nicht
im Künstler, auch wenn er sie nicht ausübt; oder sie gehöre
nicht ausschließlich in seine Seele; oder sie könnte sein, wo
es kein Leben gibt; oder etwas Unveränderliches könne
auch einmal nicht sein; oder es bestehe ein Unterschied zwischen Kunst und logisch-mathematischer Beziehung?
    Obschon man nämlich von der Kunst als Einheit sagen
mag, sie sei von vielen logisch-mathematischen Beziehungen gewissermaßen die Verbindung, so kann man doch auch
völlig wahrheitsgemäß sagen und begreifen, daß die Kunst

dici verissime atque intelligi potest. sed sive hoc sive
illud sit, non minus immutabilem artem esse confici-
4 tur. artem autem non solum esse in animo artificis, sed
etiam nusquam esse nisi in animo manifestum est, idque inseparabiliter. nam si ars ab animo separabitur,
aut erit praeter quam in animo aut nusquam erit aut de 5
5 animo in animum continuo transibit. at ut sedes arti
nulla sine vita est, ita nec vita cum ratione ulli nisi
animae. nusquam porro esse, quod est, vel, quod im-
6 mutabile est, non esse aliquando, non potest. si vero
ars de animo in animum transit, in illo mansura dese- 10
rens istum, nemo artem docet nisi amittendo, aut
etiam non nisi docentis oblivione fit aliquis peritus sive
morte. quae si absurdissima et falsissima sunt, sicuti
sunt, immortalis est animus humanus.

                                       15

6 1 At enim si ars aliquando est, aliquando non est in animo, quod per oblivionem atque imperitiam ⟨evenire⟩
satis notum est, ⟨non⟩ nihil ad eius immortalitatem af-
fert argumenti huius connexio, nisi negetur ⟨quod sit⟩
antecedens hoc modo: aut est aliquid in animo, quod in 20
praesenti cogitatione non est, aut non est in erudito
animo ars musica, cum de sola geometrica cogitat. hoc
autem falsum est; illud igitur verum.
 2   Non autem quidquam se habere animus sentit, nisi
quod in cogitationem venerit. potest igitur aliquid esse 25
3 in animo, quod esse in se animus ipse non sentiat. id
autem quamdiu sit, nihil interest. namque si diutius

17 ⟨evenire⟩ add. Fuchs; rectius fortasse ⟨videri evenire⟩, cf. infra 6,6. – 18
⟨non⟩ add. Fuchs. – 19 ⟨quod sit⟩ tempt. Fuchs; sed fortasse gravius quoddam
mendum latet.

die Einheit aller logisch-mathematischen Beziehungen ist.
Aber gelte nun dies oder jenes: beide Annahmen führen
gleicherweise zum Schluß, daß die Kunst unveränderlich
ist. Daß aber die Kunst nicht einfach in der Seele des Künstlers, sondern nirgends sonst als in der Seele ist, und dies erst
noch untrennbar, ist offensichtlich. Denn wenn man die
Kunst von der Seele trennt, wäre sie entweder außerhalb der
Seele oder nirgends, oder sie ginge unmittelbar von einer
Seele auf eine andere über. Aber wie die Kunst keinen
Wohnsitz hat ohne Leben, so eignet ein mit Logischem ver-
bundenes Leben nichts anderem als der Seele[132]. Daß ferner
das, was ist, nirgends sein, oder das, was unveränderlich ist,
einmal auch nicht sein könnte, ist unmöglich. Wenn aber
die Kunst von einer Seele auf die andere übergeht und so die
eine verläßt, um bei der andern zu bleiben, dann kann keiner
die Kunst lehren, ohne sie zu verlieren, oder man gelangt
dann zu ihr nur dadurch, daß der Lehrer sie vergißt oder daß
er stirbt. Wenn diese Sätze aber völlig abwegig und falsch
sind (und sie sind es in der Tat), dann ist die menschliche
Seele unsterblich.

Doch wenn die Kunst bald in der Seele ist, bald wieder nicht
– was man vom Vergessen und von der Unwissenheit her
gar wohl kennt – so ergibt die Verknüpfung dieses Beweises
etwas ⟨nicht⟩Unwesentliches für die Unsterblichkeit der
Seele, sofern nicht der folgende Vorentscheid bestritten
wird: entweder existiert etwas in der Seele, was dem Bewußtsein nicht gegenwärtig ist[133], oder es gibt in der Seele
des Kundigen die Kenntnis der Musik nicht, wenn er sich
einzig mit der Geometrie befaßt; das zweite aber ist falsch,
also das erste wahr.
  Die Seele merkt aber, daß sie etwas besitzt, nur dann,
wenn ihr etwas ins Bewußtsein kommt. Es kann also etwas
in der Seele geben, von dessen Anwesenheit die Seele selbst
nichts merkt. Wie lange dieser Zustand der Unbewußtheit
dauert, ist belanglos. Beschäftigt sich die Seele nämlich mit

fuerit in aliis animus occupatus quam ut intentionem
suam in ante cogitata facile possit reflectere, oblivio vel
imperitia nominatur. sed cum vel nos ipsi nobiscum
4 ratiocinantes vel ab alio bene interrogati de quibusdam
liberalibus artibus***, ea, quae invenimus, non alibi
quam in animo nostro invenimus. neque id est inveni-   5
5 re, quod facere aut gignere; alioquin aeterna gigneret
animus inventione temporali. nam aeterna saepe invenit. quid enim tam aeternum quam circuli ratio vel si
quid aliud in huiuscemodi artibus? ⟨quod si⟩ nec non
6 fuisse aliquando nec non fore comprehenditur, mani-   10
festum etiam est immortalem esse animum humanum
et omnes veras rationes in secretis eius esse, quamvis
eas sive ignoratione sive oblivione aut non habere aut
amisisse videatur.

                                                         15

7 1 Nunc autem, quatenus accipienda sit animi mutatio,
videamus. si enim subiectum est animus arte in subiecto existente neque subiectum immutari potest quin et
id, quod in subiecto est, immutetur: qui possumus ob-
tinere immutabilem esse artem atque rationem, si mu-   20
tabilis animus, in quo illa sunt, esse convincitur? quae
autem maior quam in contraria solet esse mutatio? et
quis negat animum, ut omittam cetera, stultum alias,
alias vero esse sapientem?
2   Prius ergo, quot modis accipiatur, quae dicitur ani- 25
mae mutatio, videamus. qui, ut opinor, manifestiores
dumtaxat clarioresque nobis sunt, duo genere, specie
3 vero plures inveniuntur. namque aut secundum corpo-

5 lacun. indicav., ex. gr. ⟨certa quaedam invenimus⟩ suppl. Fuchs. – 10
⟨quod si⟩ add. Fuchs. – 27 nobis duo sunt: corr. Fuchs.

andern Gegenständen länger, als daß sie ihre Aufmerksamkeit dem vorher Bewußten leicht wieder zuwenden könnte,
dann spricht man von Vergessen oder Ungewißheit. Doch
wenn wir, still für uns überlegend oder von einem andern
über gewisse freie Künste klug befragt[134], ⟨richtige Erkenntnisse finden⟩, dann finden wir, was wir finden, nirgends als
in unserer Seele. ›Finden‹ ist aber nicht dasselbe wie ›machen‹ oder ›hervorbringen‹; sonst brächte ja die Seele im
zeitlichen Finden Ewiges hervor. Denn oft findet sie Ewiges. Was ist nämlich so ewig wie die mathematischen Beziehungen eines Kreises oder etwas anderes in den Künsten dieser Art? ⟨Wenn⟩ man ⟨aber⟩ begreift, daß dies allezeit gewesen ist und sein wird, ⟨dann⟩ ist auch augenscheinlich, daß die
menschliche Seele unsterblich ist und daß alle wahren logisch-mathematischen Beziehungen im Verborgenen in ihr
wohnen, auch wenn es scheinen will, sie besitze sie, sei's
durch Unwissenheit, sei's durch Vergessen, nicht oder nicht
mehr.

Nun wollen wir aber sehen, inwiefern eine Veränderung der
Seele anzunehmen ist. Wenn nämlich die Seele Subjekt ist
und die Kunst sich in einem Subjekt befindet und wenn ein
Subjekt nicht verändert werden kann, ohne daß auch das,
was im Subjekt ist, verändert wird: wie können wir daran
festhalten, daß Kunst und Logik unveränderlich sind, wenn
die Seele, in der jene sind, sich als veränderlich erweist?
Aber welche Veränderung pflegt größer zu sein als die von
einem Gegensatz zum andern? Und wer leugnet, daß die
Seele, abgesehen von allem andern, einmal töricht[135], einmal aber auch weise ist?
   Untersuchen wir folglich zuvor, auf wieviele Weisen die
sogenannte Veränderung der Seele angenommen wird. Von
diesen Weisen gibt es, wie ich meine, als solche jedenfalls,
die uns deutlicher und klarer erkennbar sind, zwei, die der
Gattung nach verschieden sind, andere aber, die der Art
nach verschieden sind, finden sich in größerer Anzahl. Denn
man redet von einer Veränderung der Seele entweder ge-

ris passiones aut secundum suas anima dicitur immutari: secundum corporis, ut per aetates, per morbos, per
dolores, labores, offensiones, per voluptates; secundum suas autem, ut cupiendo, laetando, metuendo,
aegrescendo, studendo, discendo.   5

8   1   Hae omnes mutationes, si non necessario argumento
sunt mori animam, nihil quidem metuendae sunt per se
ipsae separatim. sed ne rationi nostrae adversentur, qua
dictum est mutato subiecto omne, quod in subiecto
2 est, necessario mutari, videndum est. sed non adver- 10
santur; nam illud secundum hanc mutationem subiecti
3 dicitur, per quam omnino mutare cogitur nomen. nam
si ex albo cera nigrum colorem ducat alicunde, non
minus cera est, et si ex quadrata rotundam formam
sumat et ex molli durescat frigescatque ex calida. at ista 15
in subiecto sunt, et cera subiectum. manet autem cera
non magis minusve cera, cum illa mutentur. potest
igitur aliqua mutatio fieri eorum, quae in subiecto
sunt, cum ipsum tamen, iuxta id, quod hoc est ac dici-
4 tur, non mutetur. at si eorum, quae in subiecto sunt, 20
tanta commutatio fieret, ut illud, quod subesse diceba-
tur, dici iam omnino non posset (veluti cum calore
ignis cera in auras discedit eamque mutationem patitur,
ut recte intelligatur mutatum esse subiectum, quod cera erat et cera iam non est), nullo modo aliqua ratione 25
quidquam eorum, quae in illo subiecto ideo erant, quia
9   1 hoc erat, remanere putaretur. quamobrem, si anima
subiectum est, ut supra diximus, in quo ratio inseparabiliter ⟨est⟩ [ea necessitate, qua quaeque in subiecto

---

29 ⟨est⟩ *add. Fuchs.* – 29 *sq.* ea necessitate quoque qua in subiecto esse
monstratur *alia lectio; sed etiam illa quae supra in textu legitur sententia,
cum et manca et superflua sit, non arridet, quapropter adnotactionem inculca-
tam esse suspicari licet.*

mäß den Widerfahrnissen des Körpers oder gemäß ihren
eigenen: gemäß den körperlichen zum Beispiel durch Älter-
werden, durch Krankheiten, durch Schmerzen, Mühen,
Unpäßlichkeiten, durch Lüste; gemäß den eigenen aber zum
Beispiel durch Begierde, Freude, Angst, Ärger, Streben,
Erkenntnis[136].

Wenn all diese Veränderungen zusammen nicht notwendig beweisen, daß die Seele stirbt, dann sind sie, getrennt
für sich, schon gar nicht zu fürchten. Aber wir müssen doch
sehen, daß sie unserer logischen Folgerung nicht widerstreiten, die besagt, daß, wenn sich das Subjekt verändert, alles,
was im Subjekt ist, sich notwendigerweise mitverändert.
Aber sie widerstreiten ihr nicht. Denn jene Folgerung gilt
nur für eine solche Veränderung eines Subjektes, die es zu
einem andern Begriff werden läßt[137]. Denn wenn etwa weißes Wachs irgendwie schwarz wird, ist es nicht weniger
Wachs; ebenso, wenn es statt der quadratischen runde Gestalt annimmt, statt weich zu sein, hart wird, und kalt wird,
statt warm zu sein. Jedoch sind diese Eigenschaften im Subjekt, und Wachs ist das Subjekt. Es bleibt aber Wachs nicht
mehr oder weniger Wachs, während sich jene Eigenschaften
ändern. Also kann eine Veränderung der Eigenschaften, die
in einem Subjekt sind, stattfinden, während sich dieses
selbst, nach seinem Wesen und dem entsprechenden Begriff, nicht verändert. Aber wenn die Eigenschaften, die in
einem Subjekt sind, sich so sehr veränderten, daß die Sache,
nach der es seinen Namen hatte, nicht mehr so genannt
werden könnte (zum Beispiel wenn durch die Hitze des
Feuers das Wachs in die Lüfte entweicht und eine solche
Veränderung erfährt, daß man mit Recht feststellt, das Subjekt habe sich verändert: war es doch Wachs und ist nun
nicht mehr Wachs), so würde man logischerweise keinesfalls glauben, es bleibe eine jener Eigenschaften zurück, die
ja nur deshalb in ihm waren, weil es selber existierte. Daraus
folgt: Wenn die Seele das Subjekt ist, wie wir oben sagten,
in dem sich die Vernunft untrennbar befindet [mit jener

esse monstrantur], nec nisi viva anima potest esse anima nec in ea ratio potest esse sine vita et immortalis est
2 ratio: immortalis est anima. prorsus enim nullo pacto
non existente subiecto suo immutabilis ratio permane-
ret. quod eveniret, si tanta accideret animae mutatio, ut
3 eam non animam faceret, id est mori cogeret. nulla   5
autem illarum mutationum, quae sive per corpus sive
per ipsam animam fiunt (quamvis, utrum aliquae per
ipsam fiant, id est quarum ipsa sit causa, non parva sit
quaestio), id agit, ut animam non animam faciat. iam
igitur non solum per se, verum nec nostris rationibus   10
formidandae sunt.

10 1 Ergo incumbendum omnibus ratiocinandi viribus video, ut ratio quid sit et quoties definiri possit sciatur, ut
secundum omnes modos et de animae immortalitate   15
2 constet. ratio est aspectus animi, quo per seipsum, non
per corpus, verum intuetur, aut ipsa veri contemplatio
[non per corpus], aut ipsum verum, quod contempla-
3 tur. primum illud in animo esse nemo ambigit; de secundo et tertio quaeri potest; sed et secundum sine   20
animo esse non potest. de tertio magna quaestio est,
utrum verum illud, quod sine instrumento corporis
animus intuetur, sit per seipsum et non sit in animo,
aut ⟨non⟩ possit esse sine animo. quoquolibet modo
autem se habeat, non id posset contemplari animus per 25
4 seipsum nisi aliqua coniunctione cum eo. nam omne,

18 [non per corpus] del. Fuchs ut repetitum ex versu antecedente. – 24 ⟨non⟩
add. Fuchs.

Notwendigkeit, mit der erweislich ein jedes im Subjekte
ist], und wenn die Seele nur lebend Seele sein kann und
wenn in ihr die Vernunft nicht ohne Leben sein kann, die
Vernunft aber unsterblich ist, dann ist die Seele unsterblich.
Denn gewiß würde auf gar keine Weise die Vernunft unveränderlich bleiben, wenn das ihr zugehörige Subjekt nicht
vorhanden wäre[138]. Dies käme aber dann heraus, wenn die
Seele eine so große Veränderung erlitte, daß diese sie nicht
mehr Seele sein ließe, das heißt, sie zu sterben zwänge. Aber
keine von jenen Veränderungen, die, sei es durch den Körper, sei es durch die Seele selbst, hervorgerufen werden
(nebenbei: es ist eine wichtige Frage, ob überhaupt einige
durch die Seele hervorgerufen werden, das heißt: welche die
Seele selbst verursacht), hat zum Ergebnis, daß sie die Seele
nicht mehr Seele sein läßt. Darum muß man jene Veränderungen weder an sich noch für unsere Schlußfolgerungen
fürchten.

Demnach müssen wir, wie ich sehe, mit allen Kräften unseres Denkens danach forschen, zu erfahren, was die Vernunft
ist und auf wieviel Arten man sie definieren kann, damit auf
alle Weisen auch die Unsterblichkeit der Seele gesichert
wird. Die Vernunft ist das Sehvermögen der Seele[139], mit
dem diese von sich aus, unabhängig vom Körper, die Wahrheit schaut; oder sie ist selbst die Anschauung der Wahrheit
[unabhängig vom Körper]; oder sie ist die Wahrheit selber,
welche die Seele betrachtet[140]. Daß sie nach dem ersten Satz
in der Seele ist, ist für niemand unklar; über den zweiten
und den dritten Satz kann man zweifeln; doch auch nach
dem zweiten kann sie nicht ohne Seele sein. Über den dritten erhebt sich die wichtige Frage, ob jene Wahrheit, welche
die Seele ohne Vermittlung des Körpers schaut, für sich
selbst bestehe und nicht in der Seele sei, oder ob sie ohne die
Seele ⟨nicht⟩ bestehen könne? Wie es sich aber auch verhalten
möge, niemals könnte die Seele sie von sich aus schauen
ohne irgendeine Verbindung mit ihr. Denn alles, was wir

quod contemplamur sive cogitatione capimus, aut sensu aut intellectu capimus. sed ea, quae sensu capiuntur,
extra [etiam] nos esse sentiuntur et locis continentur,
unde nec percipi quidem posse affirmantur. ea vero,
quae intelliguntur, non quasi alibi posita intelliguntur   5
quam ipse qui intelligit animus: simul [enim] etiam
intelliguntur non contineri loco.

11 1   Quare ista coniunctio intuentis animi et eius veri,
quod intuetur, aut ita est, ut subiectum sit animus,
verum autem illud in subiecto; aut contra subiectum   10
verum et in subiecto animus; aut utrumque substantia.

2 horum autem trium si primum est, tam est immortalis
animus quam ratio, secundum superiorem disputatio-

3 nem, quod inesse illa nisi vivo non potest. eadem necessitas in secundo est. nam si verum illud, quod ratio   15
dicitur, nihil habet commutabile, sicut apparet, nihil
commutari potest, quod in eo tamquam in subiecto

4 est. remanet igitur omnis pugna de tertio. nam si animus substantia est et substantia ratio, cui coniungitur,
non absurde quis putaverit fieri posse, ut manente illa   20
hic esse desinat. sed manifestum est, quamdiu animus a
ratione non separatur eique cohaeret, necessario eum

5 manere atque vivere. separari autem qua tandem vi
potest? num corporea, cuius et potentia infirmior et

6 origo inferior et ordo separatior? nullo modo. animali   25
ergo? sed etiam hic: quo modo? an alter animus potentior, quisquis est, contemplari rationem non potest, nisi

---

schauen oder durch Denken erfassen, das erfassen wir entweder mit den Sinnen oder mit dem Verstand. Was aber mit den Sinnen erfaßt wird, das ist, nach der Erfahrung unserer Sinne, außerhalb [auch] unser selbst und nimmt einen Raum ein, und man erklärt daher, es könne überhaupt nicht völlig aufgenommen werden. Das jedoch, was mit dem Verstande erfaßt wird, wird nicht so erfaßt, als ob es gewissermaßen anderswo sei als die Seele selbst, die den Verstand besitzt; [denn] gleichzeitig erfahren wir durch den Verstand auch, daß es keinen Raum einnimmt.

Daher ist die Verbindung der schauenden Seele und jener Wahrheit, die sie betrachtet, entweder dergestalt, daß die Seele das Subjekt ist, die Wahrheit aber ihre Eigenschaft, oder umgekehrt: daß die Wahrheit das Subjekt und die Seele ihre Eigenschaft, oder daß beides Substanzen sind. Wenn aber die erste dieser drei Möglichkeiten gilt, ist die Seele so unsterblich wie die Vernunft, gemäß der obigen Erörterung[141], weil diese ja nur in einem Lebendigen sein kann. Die gleiche Notwendigkeit besteht bei der zweiten Möglichkeit. Denn wenn jene Wahrheit, die man die Vernunft nennt, nichts Veränderliches hat, wie es offenbar der Fall ist, dann kann das, was in ihr als in einem Subjekt ist, sich nicht verändern. Es spielt sich also der ganze Kampf um die dritte Möglichkeit ab. Denn wenn die Seele eine Substanz ist und eine Substanz auch die Vernunft[142], mit der sie sich verbindet, dann könnte man sinnvollerweise an die Möglichkeit denken, daß trotz der Existenz der einen die andere zu sein aufhört. Doch es ist offenbar, daß die Seele notwendigerweise bleibt und lebt, solange sie nicht von der Vernunft getrennt wird, sondern mit ihr zusammenhängt. Doch sie zu trennen – mit welcher Gewalt wäre es denn möglich? Etwa mit einer körperlichen, deren Kraft schwächer, deren Ursprung niedriger und deren Wert geringer ist? Keineswegs. Also mit einer seelischen? Doch auch hier: wie denn? Oder kann etwa eine zweite, mächtigere Seele, wie sie auch sein mag, die Vernunft nur dann schauen, wenn sie die erste

alterum inde separaverit? at neque ratio cuiquam con-
templanti defuerit, ⟨etiam⟩si omnes contemplentur, et
cum nihil sit ipsa ratione potentius, qua nihil est in-
commutabilius, nullo pacto erit animus nondum rationi coniunctus eo, qui est coniunctus, potentior. restat,
ut aut ipsa ratio a se ipsum separet aut ipse animus ab ea   5
7 voluntate separetur. sed nihil est in illa natura inviden-
tiae, quominus fruendam se animo praebeat. deinde
quo magis est, eo ⟨magis⟩, quidquid sibi coniungitur,
facit ut sit, cui rei contrarius est interitus. voluntate
autem animum separari a ratione non nimis absurde   10
8 quis diceret, si ulla ab invicem separatio posset esse
rerum quas non continet locus. quod quidem dici adversus omnia superiora potest, quibus alias contradic-
tiones opposuimus.

                                                          15
Quid ergo? iamne concludendum est animum esse im-
9 mortalem an, etiamsi separari non potest, exstingui
potest? at si illa rationis vis ipsa sua coniunctione afficit
animum (neque enim non afficere potest), ita profecto
afficit, ut ei esse tribuat. est enim maxime ipsa ratio,   20
ubi summa etiam incommutabilitas intelligitur. itaque
eum, quem ex se afficit, cogit esse quodammodo. non
ergo exstingui animus potest nisi a ratione separatus;
separari autem non potest, ut supra ratiocinati sumus:
non potest igitur interire.   25

12 1 At enim aversio ipsa a ratione, per quam stultitia contingit animo, sine defectu eius fieri non potest. si enim

von ihr trennt? Aber einerseits wird die Vernunft sich einer
Seele, die sie schauen will, nicht entziehen, ⟨auch⟩ wenn alle
Seelen sie schauen; und da es anderseits nichts Mächtigeres
gibt als eben die Vernunft in ihrer vollkommenen Unveränderlichkeit, kann auf keinen Fall eine Seele, die mit der Vernunft noch nicht verbunden ist, mächtiger sein als eine mit
ihr verbundene. Es bleibt übrig, daß die Vernunft selbst die
Seele von sich weist oder daß die Seele sich selbst willentlich
von ihr trennt. Doch jenes Wesen kennt keinen Neid und
entzieht also der Seele den Genuß ihrer selbst nicht. Je mehr
ferner die Vernunft Sein hat, um so mehr teilt sie dies allem
mit, was sich mit ihr verbindet, wozu der Gegensatz der
Untergang ist. Doch daß sich die Seele willentlich von der
Vernunft abwende, kann man nur dann mit einem gewissen
Recht behaupten, wenn Dinge, die nicht räumlich existieren, getrennt werden können[143]. Diese Antwort kann man
auch auf alle die vorherigen Einwände geben, die wir schon
mit andern Gegengründen widerlegt haben.

Was nun? Muß man schon schließen, die Seele sei unsterblich? Oder kann sie, auch wenn eine Trennung nicht eintre-
ten kann, erlöschen? Doch wenn jene Kraft der Vernunft
eben durch ihre Verbindung auf die Seele einwirkt (und es
ist unmöglich, daß sie nicht auf sie einwirke), so wirkt sie
gewiß dahin, daß sie ihr Sein spendet. Denn die Vernunft
besitzt das meiste Sein[144], wie man bei ihr ja auch die höchste Unveränderlichkeit erkennt. Daher zwingt sie die Seele,
auf die sie von sich aus einwirkt, irgendwie ein Sein zu
haben. Also kann die Seele nur getrennt von der Vernunft
erlöschen; getrennt werden kann sie aber nach unserer obigen Überlegung nicht. Also kann sie nicht untergehen.

Aber jenes Sich-Abwenden von der Vernunft, durch das für
die Seele Dummheit[145] entsteht, kann nur mit Verlust ein-
hergehen. Denn wenn die Seele mehr Sein hat, wofern sie

magis est ad rationem conversus eique inhaerens (ideo,
quod inhaeret incommutabili rei, quae est veritas, quae
et maxime et primitus est), cum ab ea est aversus, id

2 ipsum esse minus habet, quod est deficere. omnis autem defectus tendit ad nihilum; et interitum nullum   5
magis proprie oportet accipi quam cum id, quod aliquid erat, nihil fit. quare tendere ad nihilum est ad
interitum tendere. qui cur non cadat in animum, vix
est dicere, in quem defectus cadit.

3   Dantur hic cetera, sed negatur esse consequens inter- 10
ire id, quod tendit ad nihilum, id est ad nihilum perve-

4 nire. quod in corpore quoque animadverti potest. nam
quoniam quodlibet corpus pars est mundi sensibilis
et***, ideo, quanto maius est locique plus occupat,
tanto magis propinquat universo; quantoque id magis 15
facit, tanto magis est; magis enim est totum quam pars.

5 quare etiam minus sit, cum minuitur, necesse est. defectum ergo patitur, cum minuitur. porro autem minuitur, cum ex eo aliquid praecisione detrahitur. ex

6 quo conficitur, ut tali detractione tendat ad nihilum. at 20
nulla praecisio perducit ad nihilum. omnis enim pars,
quae remanet, corpus est, et quidquid hoc est, quanto-
libet spatio locum occupat. neque id posset, nisi haberet partes, in quas identidem caederetur. potest igitur
infinite caedendo infinite minui et ideo defectum pati 25
atque ad nihilum tendere, quamvis pervenire numquam

7 queat. quod item de ipso spatio et quolibet intervallo
dici atque intelligi potest. nam etiam de his terminatis
dimidiam verbi gratia partem detrahendo, et ex eo,
quod restat, semper dimidiam, minuitur intervallum 30

---

14 lacun. indicav. Fuchs excidisse fere pro magnitudine sua locum occupat *existimans. – 28 et de his etiam:* etiam *ut correcturam vocis et suo loco
pos. Fuchs.*

sich der Vernunft zuwendet und an ihr haftet (darum nämlich, weil sie an dem Unveränderlichen haftet, das die
Wahrheit ist, die das höchste und ursprüngliche Sein darstellt), so hat sie, sobald sie sich von der Vernunft abwendet, eben dieses Sein weniger; das aber nennen wir Verlust.
Jeder Verlust aber zielt aufs Nichts, und nirgends muß man
so eindeutig von Untergang reden, als wenn das, was etwas
war, nichts wird. Daher ist ›auf das Nichts zielen‹ dasselbe
wie ›auf den Untergang zielen‹. Warum aber der Untergang
die Seele nicht treffen sollte, ist kaum zu sagen, erleidet sie
doch Verlust.

Alles andere geben wir hier zu. Aber wir lehnen den
Schluß ab: das, was auf das Nichts zielt, gehe unter, das
heißt es gelange wirklich an das Nichts. Dies können wir
sogar im körperlichen Bereich feststellen. Denn da jeder
Körper ein Teil der sinnlichen Welt ist und***, deshalb
nähert er sich, je größer er ist und je mehr Raum er einnimmt, desto mehr dem All, und je mehr er dies tut, um so
mehr hat er Sein; denn das Ganze hat mehr Sein als sein Teil.
Daher muß umgekehrt, wenn er abnimmt, auch sein Sein
abnehmen. Er erleidet also einen Verlust, wenn er abnimmt. Ferner aber nimmt er ab, wenn man ihm durch
Abtrennen etwas entzieht. Daraus will man schließen, er
ziele bei einem solchen Entzuge auf das Nichts. Aber kein
Abtrennen führt zum Nichts[146]. Denn jeder übrigbleibende
Teil ist ein Körper, und was dieser auch sei: mit seiner noch
so kleinen Ausdehnung nimmt er einen gewissen Raum ein.
Und dies könnte er nicht, wenn er nicht Teile hätte, in die er
auf dieselbe Weise unterteilt werden könnte. Er kann also
bei unendlicher Teilung unendlich vermindert werden und
so einen Verlust erleiden und auf das Nichts zielen, obschon
er niemals zum Nichts gelangen kann. Dies kann man
ebenso auch vom Raume selber und von jeder beliebigen
Strecke behaupten und begreifen[147]. Denn auch wenn man
von diesen abgegrenzten Größen beispielsweise die Hälfte
wegnimmt und vom Rest immer wieder die Hälfte, so wird

atque ad finem progreditur, ad quem tamen nullo per-
8 venitur modo. quo minus hoc de animo formidandum
est. est enim profecto corpore melior et vivacior, a quo
huic vita tribuitur.

13　1　Quod si non id quod est in mole corporis, sed id quod
in specie, facit corpus esse, quae sententia invictiore
ratione approbatur: tanto enim magis est corpus, quanto speciosius est atque pulchrius; tantoque minus est,
quanto foedius ac deformius, quae defectio non praecisione molis, de qua iam satis actum est, sed speciei
privatione contingit: quaerendum de hac re diligenter
ac discutiendum est, ne quis affirmet animum tali defectu interire, ut, quoniam specie aliqua sua privatur,
dum stultus est, credatur in tantum augeri posse hanc
privationem, ut omni modo specie spoliet animum et
2 ea labe ad nihilum redigat cogatque interire. quamobrem, si potuerimus impetrare, ut ostendatur ne corpori
quidem hoc posse accidere, ut etiam ea specie privetur,
qua corpus est, iure fortasse obtinebimus multo minus
auferri posse animo, quo animus est, siquidem nemo se
bene inspexit, qui non omni corpori qualemlibet animum praeponendum esse fateatur.

14　1　Sit igitur nostrae ratiocinationis exordium, quod
nulla res se facit aut gignit. alioquin erat, antequam
esset. quod si falsum est, illud est verum.

2　Item: quod factum ortumve non est et tamen est,
sempiternum sit necesse est. quam naturam et excel-

die Strecke kürzer und geht ihrem Ende zu, ohne jedoch auf irgendeine Weise hinzugelangen. Um so weniger brauchen wir dies für die Seele zu befürchten. Denn sie ist wahrlich wertvoller als der Körper und lebendiger, wie sie ihm ja Leben spendet.

Wenn aber nicht seine Materie, sondern seine Gestalt dem Körper Sein gibt[148], und diese Ansicht wird mit unwiderlegbaren Gründen bewiesen: denn ein Körper hat um so mehr Sein, als er mehr Gestalt und Schönheit hat; und er hat um so weniger Sein, als er mehr Häßlichkeit und Ungestalt aufweist; und dieser Verlust entsteht nicht durch eine Verkleinerung der Materie, wovon bereits genug die Rede war, sondern durch Verminderung der Gestalt – so müssen wir sorgfältig darüber Untersuchungen und Erörterungen anstellen, damit niemand behauptet, die Seele gehe bei einem derartigen Verlust unter. Zum Beispiel möchte jemand etwa meinen, da die Seele von ihrer schönen Gestalt etwas verliert, wenn sie dumm ist, könne dieser Verlust so weit gehen, daß er die Seele gänzlich ihrer Gestalt beraubt, sie durch diese Schwächung dem Nichts zutreibt und sie gar unterzugehen zwingt. Wenn wir daher den klaren Beweis erbringen können, daß nicht einmal einem Körper zustoßen kann, auch jene Gestalt zu verlieren, die ihn zum Körper macht, dann werden wir vielleicht mit Recht den Satz vertreten, daß noch viel weniger der Seele eben das geraubt werden könne, was sie zur Seele macht; denn kein Mensch mit einiger Selbsterkenntnis wird ja bestreiten, daß man einem jeden Körper eine ganz beliebige Seele vorziehen muß[149].

Unsere Überlegung soll also von der Behauptung ausgehen, daß nichts sich selbst erschafft oder erzeugt. Andernfalls bestand es, bevor es bestand. Ist dies falsch, so ist jenes wahr.

Weiter: Was nicht erschaffen oder entstanden ist und doch besteht, muß notwendigerweise ewig sein. Wer diese

lentiam quisquis ulli corpori dat, errat, ⟨et⟩ vehementer
3 quidem. sed quid pugnamus? multo enim magis eam
dare animo cogimur. ita, si corpus ullum est sempiternum, nullus animus non sempiternus est, quoniam
quilibet animus cuilibet corpori praeferendus est [et   5
omnia sempiterna non sempiternis].

4   At si, quod vere dicitur, factum est corpus, aliquo
faciente factum est, nec eo inferiore: neque enim esset
potens ad dandum ei ⟨quod est⟩ [quod faceret], quidquid illud est ⟨quod faceret⟩ [quod est id quod faciebat];   10
sed ne pari quidem: oportet enim facientem melius aliquid habere ad faciendum, quam est id quod facit; nam
de gignente non absurde dicitur, hoc eum esse, quod
5 est illud quod ab eo gignitur. universum igitur corpus
ab aliqua vi et natura potentiore atque meliore factum   15
est, non utique corporea. nam si corpus a corpore factum esset, non potuit universum fieri. verissimum est
enim, quod in exordio ratiocinationis huius posuimus,
nullam rem a se posse fieri.

6   Haec autem vis et natura incorporea effectrix corpo-   20
ris universi praesente potentia tenet universum. non
7 enim fecit atque discessit effectumque deseruit. ea
quippe substantia (quae corpus non est neque, ut ita
dicam, localiter movetur, ut ab ea substantia, quae locum obtinet, separari queat) et illa effectoria vis vacare   25
non potest quin id, quod ab ea factum est, tueatur et
specie carere non sinat, qua est, in quantumcumque
8 est. quod enim per se non est, si destituatur ab eo, per

1 ⟨et⟩ add. H. P. Müller. – 5 sq. [et . . . sempiternis] del. Fuchs. – 9 ⟨quod
est⟩ add., [quod faceret] del. Fuchs. – 10 ⟨quod faceret⟩ add., [quod . . .
faciebat] del. Fuchs. – 17 est: corr. Fuchs.

Wesenheit und Würde einem Körper gibt, der irrt sich, und zwar heftig. Doch was wollen wir streiten? Wir werden doch noch viel mehr gezwungen, diese Wesenheit der Seele zuzubilligen. So ist, wenn irgendein Körper ewig ist, jede Seele ewig, da ja jede Seele einem jeden Körper vorzuziehen ist [und alles Ewige dem Nicht-Ewigen].

Doch wenn, wie man mit Recht behauptet, der Körper erschaffen ist, dann ist er von einem Erschaffenden erschaffen, und zwar nicht von einem, der ihm an Sein unterlegen ist: denn dieser wäre nicht fähig, dem Körper zu geben, ⟨was er ist,⟩ welcher Art auch sein mag, ⟨was er erschüfe⟩; aber auch nicht von einem bloß gleichwertigen: denn der Erschaffende muß zum Erschaffen etwas Wertvolleres besitzen, als das ist, was er erschafft; vom Erzeuger aber behauptet man wohl mit Recht, er sei das, was von ihm erzeugt wird[150]. Das körperliche Sein im All ist daher von einer bestimmten Kraft und Wesenheit erschaffen worden, die ihm überlegen und an Sein wertvoller ist und die selbst keineswegs körperlich ist[151]. Denn wenn ein Körper von einem Körper erschaffen wäre, hätte das All nicht entstehen können. Es ist nämlich sehr wahr, was wir zu Beginn dieser Untersuchung[152] als Behauptung aufgestellt haben, daß nichts sich selbst erschaffen kann.

Aber diese Kraft und unkörperliche Wesenheit, welche das körperliche Sein im All hervorbringt, hält mit ihrer allgegenwärtigen Macht das All zusammen. Es ist nämlich nicht so, daß sie es erschuf, sich dann zurückzog und das Erschaffene aufgab. Denn diese Substanz (die kein Körper ist und sich auch nicht, sozusagen, räumlich fortbewegt, so daß sie von jener Substanz, die ein räumliches Dasein hat, getrennt werden könnte) und diese schöpferische Kraft kann nicht umhin, das, was von ihr erschaffen ist, zu schützen, und sie kann nicht zulassen, daß es der Gestalt entbehrt, durch die es das Sein besitzt, soweit es überhaupt Sein besitzen kann. Was von sich aus nämlich kein Sein besitzt, kann in der Tat nicht sein, wenn es von dem Wesen aufgegeben

quod est, profecto non erit: et non possumus dicere id
accepisse corpus, cum factum est, ut seipso iam con-
tentum esse posset, etiamsi a conditore desereretur.

15   1   Quamquam, si ita est, magis id habet animus, quem
corpori praestare manifestum est. atque ita de proximo   5
immortalis probatur, si potest esse per seipsum. quidquid enim tale est, incorruptibile sit necesse est ac per
2   hoc interire non possit, quia nihil se deserit. sed corporis mutabilitas in promptu est, quod ipsius universi
corporis universus motus satis indicat. unde diligenter   10
inspicientibus, quantum talis natura inspici potest, or-
dinata mutabilitate id, quod mutabile est, mutari repe-
3   ritur. quod autem per se est, ne motu quidem opus
habet ullo, omni copia sibi ⟨in⟩ se ipso existente; quia
motus omnis ad aliud est, cuius indiget, quod mo-   15
vetur.

4   Adest igitur species universo corpori meliore natura
sufficiente atque obtinente, quae fecit; quare illa mutabilitas non adimit corpori corpus esse, sed de specie in
5   speciem transire facit motu ordinatissimo. non enim   20
quaepiam eius pars ad nihilum redigi sinitur, cum totum capessat vis illa effectoria nec laborante nec deside
potentia, dans ut sit omne, quod per illam est, in quan-
6   tum est. quamobrem nemo tam devius a ratione debet
esse, cui aut non sit certum corpore animum esse me-   25
liorem, aut qui hoc concesso arbitretur corpori non
accidere, ut corpus non sit, animo accidere, ut animus

---

14 ⟨in⟩ *add. Fuchs.*

wird, durch das es ist. Und wir können nicht sagen, ein Körper habe, wie er erschaffen wurde, die Eigenschaft erhalten, sich selbst genügen zu können, auch wenn er vom Schöpfer aufgegeben würde.

Wenn es sich indessen so verhält, so hat die Seele dieselbe Eigenschaft in erhöhtem Maße, da sie offensichtlich wertvoller ist als ein Körper. Und so wird auf kürzestem Weg nachgewiesen, daß sie unsterblich ist, wenn sie durch sich selbst sein kann[153]. Denn was derart ist, muß notwendigerweise unzerstörbar sein und kann daher nicht untergehen, weil nichts sich selbst aufgibt. Doch die Veränderlichkeit eines Körpers ist augenfällig, was schon die allgemeine Bewegung des gesamten körperlichen Seins hinreichend zeigt. Daher entdeckt man bei sorgfältiger Beobachtung (soweit sich diese unendliche Natur überhaupt beobachten läßt), daß sich das Veränderliche in wohlgeordneter Veränderung verändert. Was aber durch sich selbst ist, hat überhaupt keine Bewegung nötig, da ihm alle Fülle ⟨in⟩ihm selbst gegeben ist; jede Bewegung ist nämlich auf etwas anderes gerichtet, das von demjenigen benötigt wird, das sich bewegt.

Dem gesamten Sein bleibt also seine Gestalt dadurch erhalten, daß eine wertvollere Wesenheit da ist und das, was sie erschaffen hat, bewahrt[154]; daher raubt jene Veränderlichkeit dem Körper nicht, daß er Körper ist, sondern läßt ihn von einer Gestalt in die andere übergehen, mit der schönsten Ordnung in der Bewegung. Denn kein einziger seiner Teile darf zu Nichts werden, da jene schöpferische Kraft das All umfaßt, ohne daß ihre Macht sich je anstrengen müßte oder träge versagte – jene Kraft, die bewirkt, daß alles existiert, was durch sie am Sein teilhat, insofern es überhaupt am Sein teilnimmt. Daher sollte niemand so sehr von der Vernunft abweichen, daß er nicht als sicher annimmt, die Seele sei wertvoller als der Körper; oder daß er, dies einmal zugegeben, glaubt, es könne zwar ein Körper nicht das Schicksal erleiden, einmal kein Körper mehr zu sein, aber die Seele könne das Schicksal erleiden, einmal

non sit.quod si non accidit neque animus esse, nisi vivat, potest, numquam profecto animus moritur.

16 1 Quod si quisquam non eum interitum dicit formidandum animo, quo efficitur, ut nihil sit, quod aliquid fuit,
sed eum, quo dicimus ea mortua, quae vita carent, 5
   2 attendat, quod nulla res se ipsa caret. est autem animus
vita quaedam, unde omne, quod animatum est, vivere,
omne autem inanime, quod animari potest, mortuum,
id est vita privatum intelligitur. non ergo potest animus mori. nam si carere poterit vita, non animus, sed 10
animatum aliquid est.
   3   Quod si absurdum est, multo minus hoc genus interitus timendum est animo, quod vitae certe non est
timendum. nam prorsus, si tunc moritur animus, cum
eum deserit vita, illa ipsa vita, quae hunc deserit, multo 15
melius intelligitur animus, ut iam non sit animus,
quidquid a vita deseritur, sed ea ipsa vita, quae deserit.
   4 quidquid enim ⟨a⟩ vita desertum mortuum dicitur, id ab
animo desertum intelligitur. haec autem vita, quae deserit ea, quae moriuntur, quia ipsa est animus et se 20
ipsam non deserit, non moritur animus.
17 1   Nisi forte vitam temperationem aliquam corporis,
ut nonnulli opinati sunt, debemus credere. quibus profecto numquam hoc visum esset, si ea, quae vere sunt
et incommutabilia permanent, eodem animo a corpo- 25
rum consuetudine alienato atque purgato videre valuis-
   2 sent. quis enim bene se inspiciens non expertus est tanto se aliquid intellexisse sincerius, quanto removere atque subducere intentionem mentis a corporis sensibus
potuit? quod si temperatio corporis esset animus, non 30

keine Seele mehr zu sein. Wenn dieses Schicksal aber nie
eintritt und die Seele nur existieren kann, wenn sie lebt,
dann stirbt die Seele wirklich nie.

Wenn aber jemand nicht jene Art Untergang für die Seele
befürchten zu müssen glaubt, wodurch das, was etwas war,
zu nichts wird, sondern jene Art, wonach wir etwas tot
nennen, das kein Leben hat, dann mag er bedenken, daß
nichts sich selber nicht hat. Nun ist aber die Seele Leben:
daher ergibt sich, daß alles, was beseelt ist, lebt, aber alles
Unbeseelte, das beseelt werden kann, tot, das heißt des Lebens bar ist. Also kann die Seele nicht sterben. Denn wenn
sie einmal kein Leben haben könnte, ist sie keine Seele,
sondern etwas Beseeltes.

Wenn dies aber unsinnig ist, muß man noch viel weniger
für die Seele die Art Untergang befürchten, die für das Leben sicher nicht zu befürchten ist. Denn in der Tat, wenn
die Seele dann stirbt, wenn das Leben sie verläßt, dann tut
man viel besser, jenes Leben selbst, welches die Seele verläßt[155], als Seele anzusprechen, so daß dann ›Seele‹ nicht
mehr ist, was vom Leben verlassen wird, sondern das Leben
selbst, das verläßt. Was nämlich als vom Leben verlassen
›tot‹ heißt, das muß man als etwas von der Seele Verlassenes
ansehen; weil aber das Leben, das verläßt, was stirbt, selber
die Seele ist und sich selbst nicht verläßt, so stirbt die Seele
nicht.

Oder müssen wir etwa das Leben für eine bestimmte
Mischung des Körpers[156] halten, wie das einige Philosophen
angenommen haben? Dies hätte ihnen gewiß nicht so ge-
schienen, wenn sie das, was wahrhaftig existiert und unveränderlich bleibt, mit derselben Seele hätten ansehen können,
die vom Umgang mit dem Körper befreit und geläutert
wäre[157]. Denn wer sich genau beobachtet, entdeckt, daß er
etwas um so reiner erkannt hat, als er seine Aufmerksamkeit
von den Sinneseindrücken, die der Körper vermittelt, wegwenden und abkehren konnte[158]. Wenn aber die Seele eine

3   utique id posset accidere. non enim ea res, quae naturam propriam non haberet neque substantia esset, sed in
subiecto corpore tamquam color et forma inseparabiliter inesset, ullo modo se ab eodem corpore ad intelligibilia percipienda conaretur avertere et, in quantum id   5
posset, in tantum illa posset intueri eaque visione me-
4   lior et praestantior fieri. nullo quippe modo forma vel
color vel ipsa etiam corporis temperatio, quae certa
commixtio est earum quattuor naturarum, quibus
idem corpus subsistit, avertere se ab eo potest, in quo   10
subiecto est inseparabiliter.

5   Ad haec: ea quae intelligit animus, cum se avertit a
corpore, non sunt profecto corporea, et tamen sunt
maximeque sunt; nam eodem modo semper sese habent. nam nihil absurdius dici potest quam ea esse, quae   15
oculis videmus, ea non esse, quae intelligentia cerni-
mus, cum dubitare dementis sit, intelligentiam incom-
6   parabiliter oculis anteferri. haec autem, quae intelliguntur eodem modo sese habentia, cum ea intuetur
animus, satis ostendit se illis esse coniunctum miro   20
quodam eodemque incorporali modo, scilicet non lo-
7   caliter. namque aut in illo sunt aut ipse in illis. et
utrumlibet horum sit, aut in subiecto alterum in altero
8   est aut utrumque substantia est. sed si illud primum
est, non est in subiecto corpore animus ut color et   25
forma, quia vel ipse substantia est vel alteri substantiae,
9   quae corpus non est, ut subiecto inest. si autem hoc
secundum verum est, non est in subiecto corpore tan-

27 ut] in: *corr. Fuchs.*

Mischung des Körpers wäre, könnte dies nicht geschehen. Denn jenes ›Ding‹, das kein eigenes Wesen hätte und keine Substanz wäre, sondern mit dem Körper, der sein Subjekt wäre, gleichsam wie eine Farbe oder eine Form unzertrennlich verbunden wäre, dieses ›Ding‹ würde auf keine Weise versuchen, sich von seinem Körper wegzuwenden, um Erkenntnis aufzunehmen, so daß es, je mehr das Wegwenden gelänge, desto mehr Erkenntnis gewönne und durch jene Schau besser und wertvoller würde. Denn auf keine Weise kann sich die Form oder die Farbe[159] oder gar die körperliche Mischung selber, die eine bestimmte Vermengung jener vier Elemente darstellt, aus welchen der Körper besteht, von jenem Körper wegwenden, mit dem sie als mit ihrem Subjekt unzertrennlich verbunden ist.

Weiter: Was die Seele erkennt, wenn sie sich vom Körper wegwendet, sind gewiß keine körperlichen Gegenstände, und dennoch haben sie ein Sein, ja ein höchstes Sein; denn sie verhalten sich ewig gleich. Es gibt ja nichts Unsinnigeres als die Behauptung, was wir mit den Augen sehen, existiere, was wir aber mit der Vernunft wahrnehmen, existiere nicht; denn man müßte verrückt sein, um daran zu zweifeln, daß die Vernunft den Augen unvergleichlich vorzuziehen ist. Schaut nun die Seele jene Gegenstände der Vernunft, welche sich ewig gleich sind, so erweist sie dadurch zur Genüge, daß sie mit ihnen verbunden ist, und dies auf eine wunderbare, unkörperliche Weise, das heißt: nicht räumlich. Denn entweder sind jene Gegenstände der Vernunft in der Seele, oder sie selbst ist in ihnen[160]. In beiden Fällen ist entweder das eine in dem andern als in einem Subjekte, oder beides sind Substanzen. Gilt die erste Möglichkeit, dann ist die Seele deswegen nicht wie Farbe und Form in einem Körper als ihrem Subjekte, weil sie entweder selber Substanz ist oder sich in einer andern Substanz, die sicher nicht ein Körper ist, als in ihrem Subjekt befindet. Ist aber die zweite Behauptung wahr, dann ist die Seele deswegen nicht wie Farbe in einem Körper als ihrem Subjekte, weil sie eine

quam color animus, quia substantia est. temperatio au-
10 tem corporis in subiecto corpore est tamquam color:
non est ergo temperatio corporis animus. [sed vita est
animus; et se nulla res deserit; et id moritur, quod vita
deserit: non igitur animus mori potest.]

5

18 1 Rursus igitur: si quid metuendum est, id est metuendum, ne deficiendo animus intereat, id est dum ipsa
existendi specie privatur. de qua re quamquam satis
esse dictum arbitrer et quam hoc fieri non possit certa
ratione monstratum sit, tamen etiam hoc attendendum 10
est, non esse aliam causam huius formidinis nisi quia
fatendum est in defectu quodam esse animum stultum
et in essentia certiore atque pleniore sapientem.

  2 Sed si, quod nemini dubium est, tunc est animus
sapientissimus, cum veritatem, quae semper eodem 15
modo est, intuetur eique immobilis inhaeret divino
amore coniunctus, et illa omnia, quae quoquo modo
sunt, ab ea essentia sunt, quae summe maximeque est:
aut ab illa est animus, in quantum est, aut per seipsum
  3 est. sed si per seipsum est, quoniam ipse sibi causa 20
existendi est et numquam se deserit, numquam interit,
  4 ut supra etiam disputavimus. si vero ex illa, diligenter
opus est quaerere, quae res ei possit esse contraria, quae
animo auferat animum esse, quod illa praebet. quid est
  5 igitur? an forte falsitas, quia illa veritas? sed manifes- 25
tum est atque in promptu situm, quantum nocere animo falsitas possit. num enim amplius potest quam fallere? at nisi qui vivit, fallitur nemo. non igitur falsitas
  6 interimere animum potest. quod si haec non potest,

Substanz ist. Die Mischung des Körpers ist aber in dem
Körper, der das Subjekt ist, wie eine Farbe: also ist die Seele
nicht eine Mischung des Körpers. [Sondern das Leben ist die
Seele; und nichts verläßt sich selbst; und was das Leben
verläßt, stirbt; also kann die Seele nicht sterben.]

Noch einmal also: Wenn wir etwas befürchten müssen,
dann müssen wir befürchten, die Seele könnte durch Verminderung untergehen, das heißt: daß sie selbst die Gestalt
ihres Seins verliert. Obschon ich darüber genügend gesprochen zu haben glaube[161] und mit sichern Gründen gezeigt
wurde, wie unmöglich das ist, so wollen wir doch noch
beachten, daß es keinen andern Grund dafür gibt, als daß
man zugestehen muß, die dumme Seele befinde sich in einem Zustand der Verminderung und die weise in einem
sichereren und volleren Dasein.

Wenn aber, was niemand bezweifelt, die Seele dann am
weisesten ist, wenn sie die sich ewig gleichbleibende Wahrheit schaut und an ihr unbeweglich festhält, gebunden mit
göttlicher Liebe, und wenn alle jene Gegenstände, wie sie
auch sein mögen, ihr Sein von jenem Sein haben, das die
oberste und höchste Stufe des Seins innehat, dann hat die
Seele entweder von jenem Sein ihr Sein, insofern sie ein Sein
hat, oder sie ist durch sich selbst. Aber wenn sie durch sich
selbst ist, dann kann sie, da sie selbst der Grund ihres Seins
ist und sich selbst niemals verläßt, nie untergehen, wie wir
es auch oben[162] besprochen haben. Wenn sie aber von jenem
Sein her ihr Sein hat, muß man sorgfältig forschen, welcher
Gegensatz[163] sie aufheben könnte, so daß er der Seele ihre
Seelenhaftigkeit raubte, welches jenes Sein gewährt. Was
also ist dieser Gegensatz? Vielleicht die Täuschung[164], weil
jenes die Wahrheit ist? Doch es ist offenbar und augenfällig,
inwiefern die Täuschung der Seele schaden kann. Kann sie
denn wohl mehr als die Seele täuschen? Doch nur wer lebt,
kann sich täuschen. Also kann die Täuschung die Seele nicht
vernichten. Wenn aber nicht einmal die Täuschung, welche

quae contraria veritati est, auferre animo animum esse,
quod ei veritas dedit (ita enim est invictissima veritas),
quid aliud invenietur, quod auferat animo id, quod est
animus? nihil profecto. nam nihil est contrario va-
lentius ad id auferendum, quod fit ab eius contrario.   5

19 1   At si veritati contrarium ita quaeramus, non in
quantum veritas est, sed in quantum summe maximeque est, quamquam in tantum est id ipsum, in quantum est veritas (siquidem veritatem eam dicimus, qua
vera sunt omnia, in quantumcumque sunt; in tantum   10
autem sunt, in quantum vera sunt), tamen nullo modo
2 id defugerim, quod mihi evidentius suffragatur. nam si
nulla essentia, in quantum essentia est, aliquid habet
contrarium, multo minus habet contrarium prima illa
essentia, quae dicitur veritas, in quantum essentia est.   15
3 [primum autem verum est.] omnis enim essentia non
ob aliud essentia est, nisi quia est. esse autem non habet
contrarium nisi non esse: unde nihil est essentiae contrarium. nullo modo igitur res ulla esse potest contraria
4 illi substantiae, quae maxime ac primitus est. ex qua si   20
habet animus id ipsum, quod est (non enim aliunde hoc
habere potest, qui ex se non habet, nisi ab illa re, quae
illo ipso est animo praestantior), nulla res est, qua id
amittat, quia nulla res ei rei est contraria, qua id habet;
5 et propterea esse non desinit. sapientiam vero quia con-   25
versione habet ad id, ex quo est, aversione illam potest
amittere. conversioni namque aversio contraria est. illud vero, quod ex eo habet, cui nulla res est contraria,

---

16 sq. [primum . . . est] *del. Fuchs.*

den Gegensatz zur Wahrheit darstellt, der Seele ihre Seelenhaftigkeit rauben kann, die ihr die Wahrheit verliehen hat
(so ganz unbesieglich ist nämlich die Wahrheit[165]) – was
wird man denn sonst etwa finden, das der Seele ihre Seelenhaftigkeit raubte? Offenbar nichts. Denn nichts wirkt stärker als der Gegensatz, um das aufzuheben, was von seinem
Gegensatz herstammt.

Doch wenn wir den Gegensatz zur Wahrheit derart suchen: nicht insofern sie Wahrheit ist, sondern insofern sie im
höchsten und größten Maße Sein besitzt, so kann sie dieses
zwar nur in ihrer Eigenschaft als Wahrheit besitzen (denn
wir nennen ja ›Wahrheit‹ das, wodurch alles wahr ist[166],
insofern es Sein hat, und alles hat insofern Sein, als es wahr
ist), doch will ich diese Frage auf keine Weise umgehen, da
ihre Lösung meinen Wünschen besonders deutlich zustatten
kommt. Denn wenn kein Sein in seiner Eigenschaft als Sein
einen Gegensatz hat, dann hat um so weniger einen Gegensatz jenes erste Sein, das in seiner Eigenschaft als Sein
›Wahrheit‹ heißt. [Das Erste ist aber die Wahrheit.] Denn
alles Seiende ist aus keinem anderen Grunde Seiendes, als
weil es Sein hat. ›Sein‹ hat aber nur den Gegensatz ›Nicht-
Sein‹: Gegensatz zum Sein ist also: Nichts[167]. Daher kann
nichts ein Gegensatz sein zu jenem Sein, das im höchsten
Grade und uranfänglich Sein besitzt. Wenn die Seele von
diesem Sein her ihre Eigenschaft ›zu sein‹ hat (denn sie, die
es doch nicht aus sich selbst hat, kann es von nichts anderem
her haben als von jenem Wesen, das vorzüglicher ist als die
Seele selbst), gibt es nichts, durch das sie diese Eigenschaft
verlöre, da nichts zu dem Wesen ein Gegensatz ist, von dem
sie ihre Eigenschaft hat; und deswegen hört sie nicht auf zu
sein. Da sie aber die Weisheit nur hat, wenn sie sich zu
ihrem Seinsgrund hinwendet, kann sie diese verlieren, wenn
sie sich wegwendet[168]. Denn zum Hinwenden ist der Gegensatz das Wegwenden. Diejenige Eigenschaft aber, welche sie von jenem Wesen hat, zu dem nichts ein Gegensatz

non est unde possit amittere. non igitur potest interire.

20 1   Hic forte oboriatur nonnulla quaestio, utrum, sicut non interit animus, ita nec in deteriorem commutetur essentiam. videri enim cuipiam potest, neque iniuria, id effectum esse ratiocinatione hac, ut animus ad nihi- 5 lum non possit pervenire, converti autem in corpus forsitan possit. si enim, quod erat ante animus, corpus fuerit effectum, non utique omnino non erit.

2   Sed hoc fieri non potest, nisi aut ipse id velit aut ab alio cogatur. nec continuo tamen animus, sive ipse id 10 appetierit sive coactus fuerit, poterit corpus esse. illud enim sequitur, ut, si sit, velit aut cogatur. at illud non sequitur, ut, si velit aut cogatur, sit.

3   Numquam autem volet. nam omnis eius appetitus ad corpus, aut ut id possideat, est, aut ut vivificet, aut 15 ut quodammodo fabricetur, aut quolibet pacto ei consulat. nihil autem horum fieri potest, si non sit corpore melior. at si erit corpus, melior corpore profecto non

4   erit. non igitur corpus esse volet. neque ullum rei huius certius argumentum est, quam cum seipsum hinc in- 20 terrogat animus. ita enim facile comperit appetitum se non habere nisi agendi aliquid aut sciendi aut sentiendi aut tantummodo vivendi, in quantum sua illi potestas est.

21 1   Si autem cogitur corpus esse, a quo tandem cogitur? 25 a quolibet, certe a potentiore. non ergo ab ipso corpore cogi potest. nullo enim modo ullo animo ullum corpus

2   potentius ⟨est⟩. potentior autem animus non cogit [in]

---

ist, kann sie durch nichts verlieren. Also kann sie nicht untergehen.

Hier mag sich eine Frage erheben: verwandelt sich die Seele, so wie sie nicht stirbt, auch nicht in ein geringeres Sein? Denn es könnte einem scheinen, und nicht zu Unrecht, dies habe bei unserer Untersuchung herausgeschaut, daß die Seele nicht zu nichts gelangen könne, daß sie sich aber vielleicht in einen Körper verwandeln könne[169]. Denn wenn das, was früher Seele war, zu einem Körper würde, entbehrte es des Seins nicht völlig.

Aber dies ist nur möglich, wenn sie entweder selbst es will oder wenn sie von einem andern gezwungen wird. Und doch wird die Seele nicht sogleich Körper sein können, ob sie es nun selbst gewünscht haben oder ob sie gezwungen sein sollte. Denn der Schluß lautet: Wenn sie Körper wird, dann wollte sie es oder wurde gezwungen. Nicht aber lautet der Schluß: Wenn sie es will oder gezwungen wird, wird sie Körper.

Aber nie wird sie das wollen. Denn ihr ganzes Verlangen nach dem Körper geht entweder dahin, ihn zu besitzen, oder ihn zu beleben, oder ihn irgendwie zu gestalten, oder auch auf gewisse Weise für ihn zu sorgen[170]. Doch ist all dies nur möglich, wenn sie wertvoller ist als der Körper. Ist sie aber ein Körper, dann wird sie gewiß nicht wertvoller sein als ein Körper. Also wird sie nicht Körper sein wollen. Und dafür gibt es keinen sichereren Beweis, als wenn sich die Seele selbst darüber befragt. So erfährt sie nämlich leicht, daß sie kein anderes Verlangen hat, als etwas zu tun, zu wissen, zu fühlen, oder auch einfach zu leben, soweit es in ihrer Macht steht.

Wenn sie aber gezwungen wird, Körper zu sein – von wem denn wird sie gezwungen? Gleichgültig von wem, sicher nur von einem Mächtigeren. Also kann sie nicht vom Körper selbst gezwungen werden. Denn keinesfalls ist je ein Körper mächtiger als eine Seele. Eine mächtigere Seele aber

aliquid, nisi quod suae potestati subditum est. nec ullo
modo animus potestati alterius animi nisi suis cupiditatibus subditur. cogit ergo ille animus non amplius,
quam quantum eius, quem cogit, cupiditates sinunt.
dictum est autem cupiditatem non posse animum ha-   5
3 bere, ut corpus sit. illud etiam manifestum est, ad nullam suae cupiditatis expletionem pervenire, dum amittit omnem cupiditatem. at amittit, dum corpus fit. non
igitur potest ab eo cogi, ut fiat, qui cogendi ius nisi per
4 subditi cupiditates non habet. deinde quisquis animus   10
alterum animum habet in potestate, magis eum necesse
est velit in potestate habere quam corpus, et ei velit
⟨vel⟩ bonitate consulere vel malitia imperitare. non ergo
volet, ut corpus sit.

22 1   Postremo iste animus cogens aut animal est aut caret   15
corpore. sed si caret corpore, in hoc mundo non est, et
si ita est, summe bonus est nec potest velle alteri tam
2 turpem commutationem. si autem animal est, aut animal est etiam ille, quem cogit, aut non est. sed si non
est, ad nihil cogi ab alio potest. non enim habet poten-   20
3 tiorem, qui in summo est. si autem in corpore est, ab eo
rursus, qui in corpore est, per corpus cogitur, ad quod-
cumque cogitur. quis autem dubitet nullo modo per
corpus fieri tantam commutationem animo? fieret
enim, si esset illo corpus potentius, quamvis, quidquid   25
illud est, ad quod per corpus cogitur, prorsus non per

---

2 *fortasse* suis ⟨ductus⟩ cupiditatibus. – 8 at] et: *corr. Fuchs.* – 13⟨vel⟩
add. Fuchs.

zwingt nur [zu] etwas, das ihrer Macht unterworfen ist.
Keinesfalls aber unterwirft sich eine Seele der Macht einer
andern anders, als wenn sie dem eigenen Begehren folgt. So
reicht also der Zwang jener anderen Seele nicht weiter, als es
das Begehren derjenigen Seele zuläßt, die sie zwingt. Gesagt
war aber, die Seele könne das Begehren nicht haben, zum
Körper zu werden. Auch dieses andere ist offenbar, daß die
Seele nicht zur Erfüllung ihres Begehrens gelangt, wenn sie
alles Begehren verliert. Doch verliert sie es, sobald sie zum
Körper wird. Also kann sie dazu von jener Seele nicht gezwungen werden, die das Recht, sie zu zwingen, nur vom
Begehren der sich unterwerfenden Seele herleitet. Schließlich will eine jede Seele, die eine andere in ihrer Macht hat,
notwendigerweise eher sie selbst in ihrer Macht behalten als
einen Körper und will entweder mit Güte für diese sorgen
oder sie mit Bosheit befehligen. Also kann sie nicht wollen,
daß sie ein Körper ist.

Endlich ist jene Seele, die einen Zwang ausübt, entweder
ein körperhaftes Seelenwesen oder sie hat keinen Körper.
Doch wenn sie keinen Körper hat, ist sie nicht in dieser
Welt; und wenn dem so ist, dann ist sie im höchsten Maße
gut und kann eine so schändliche Veränderung für eine andere Seele nicht erstreben[171]. Wenn sie aber ein körperhaftes
Seelenwesen ist, dann ist jene, auf die sie Zwang ausübt,
entweder auch ein körperhaftes Seelenwesen oder sie ist es
nicht. Wenn sie es aber nicht ist, kann sie von einem andern
zu nichts gezwungen werden. Denn diejenige Seele, welche
selbst im höchsten Sein steht, kennt keine, die mächtiger
wäre. Wenn sie aber in einem Körper lebt, erleidet sie wiederum von einer andern Seele, die in einem Körper lebt, nur
vermittels ihres Körpers den Zwang, der in dieser oder jener
Richtung auf sie ausgeübt wird. Niemand zweifelt jedoch
daran, daß vermittels des Körpers die Seele keine so bedeu-
tende Verwandlung erfahren kann. Sie erführe sie nämlich
nur, wenn der Körper mächtiger wäre als sie. Doch wird sie
gewiß zu allem, wozu sie vermittels des Körpers gezwun-

corpus, sed per cupiditates suas cogitur, de quibus satis
4 dictum est. quod autem rationali anima melius est,
omnibus consentientibus Deus est. qui profecto consu-
lit animae, et ideo non ab eo cogi anima potest, ut
convertatur in corpus. 5

23 1 Si igitur nec propria voluntate nec alio cogente id
animus patitur, unde id pati potest? an, quia invitos nos
plerumque opprimit somnus, metuendum est, ne quo
2 tali defectu animus convertatur in corpus? quasi vero,
quoniam somno membra nostra marcescunt, idcirco 10
animus fiat ulla ex parte debilior. sensibilia tantum non
sentit, quia, quidquid illud est, quod somnum facit, e
corpore est atque in corpore operatur. corporeos enim
sensus sopit et claudit quodammodo, ita sane, ut tali
commutationi corporis cedat anima cum voluptate, 15
quia secundum naturam est talis commutatio, quae re-
3 ficit corpus a laboribus. non tamen haec adimit animo
vel sentiendi vim vel intelligendi. nam et imagines sensibilium praesto habet tanta expressione similitudinis,
ut eo ipso tempore discerni nequeant ab his rebus, 20
quarum imagines sunt; et si quid intelligit, aeque dor-
4 mienti ac vigilanti verum est. nam verbi gratia si per
somnium disputare sibi visus fuerit verasque rationes
secutus in disputando didicerit aliquid, etiam experge-
facto eaedem incommutabiles manent, quamvis falsa 25
reperiantur cetera, veluti locus, ubi disputatio, et per-
sona, cum qua disputatio fuisse visa erat, et verba ipsa,
quod ad sonum attinet, quibus disputari videbatur, et
alia huiuscemodi; quae etiam cum ipsis sensibus sen-

gen wird, nicht einfach vermittels des Körpers, sondern
vermittels ihrer eigenen Begehren gezwungen; darüber ist
genügend gesagt worden[172]. Aber was noch wertvoller ist
als die vernünftige Seele, ist, wie alle zugeben, Gott. Er
sorgt für das Beste der Seele, und darum kann sie von ihm
nicht gezwungen werden, sich in einen Körper zu verwandeln.

Wenn also die Seele diese Verwandlung weder auf eigenes Verlangen noch auf fremden Zwang hin erleidet – woher könnte sie sie erleiden? Oder müssen wir etwa, weil uns
der Schlaf meistens wider unsern Willen überfällt, fürchten,
die Seele könne durch ein derartiges Versagen in einen Körper verwandelt werden? Als ob die Seele deswegen irgendwie schwächer würde, weil im Schlafe unsere Glieder matt
werden. Sie hat nur keine sinnlichen Wahrnehmungen, weil
der Schlaf, wie auch seine Entstehung zu begreifen sei, aus
dem Körper kommt und im Körper sich auswirkt. Er be-
täubt die körperlichen Sinne und schließt sie irgendwie ab,
freilich so, daß sich die Seele einer solchen Veränderung des
Körpers mit Lust fügt; denn sie entspricht der Natur und
läßt den Körper sich von der Erschöpfung erholen. Doch
raubt sie der Seele die Kraft zu fühlen und zu begreifen
nicht. Denn einerseits hat sie die Bilder der sinnlichen
Wahrnehmung gegenwärtig, und zwar mit so sprechender
Ähnlichkeit, daß sie in diesem Zustand von der Wirklichkeit, deren Abbild sie sind, nicht unterschieden werden
können[173]; und wenn die Seele anderseits etwas begreift, ist
es im Schlaf und im Wachen gleichermaßen wahr. Denn
wenn sie beispielsweise im Traum etwas zu erörtern scheint
und an Hand von wahren Gründen bei der Erörterung etwas lernt, so bleiben diese Gründe unveränderlich, auch
wenn sie erwacht ist, obschon alle übrigen Umstände als
Täuschung erfunden werden: so der vermeintliche Ort der
Unterredung, der Gesprächspartner, die Worte selbst (wenigstens den Lauten nach), mit denen sie sich zu unterreden
schien, und anderes derart; denn dieses sind Dinge, die,

tiuntur agunturque a vigilantibus, praetereunt tamen
nec ulla ex parte sempiternam praesentiam verarum
rationum assequuntur. ex quo colligitur, tali commu-
tatione corporis, qualis somnus est, usum eiusdem corporis animae, non vitam propriam posse minui.   5

24 1   Postremo, si quamvis locum occupanti corpori anima tamen non localiter iungitur, summis illis aeternis-
que rationibus, quae incommutabiliter manent nec utique loco continentur, prior afficitur anima quam corpus, nec prior tantum, sed etiam magis; tanto enim   10
prior, quanto propinquior, et eadem causa tanto etiam
2 magis, quanto etiam corpore melior. nec ista propin-
quitas loco, sed naturae ordine dicta sit. hoc autem
ordine intelligitur a summa essentia speciem corpori
per animam tribui, qua est, in quantumcumque est.   15
3   Per animam ergo corpus subsistit, et eo ipso est, quo
animatur, sive universaliter, ut mundus, sive particula-
riter, ut unumquodque animal intra mundum. quapropter consequens erat, ut anima per animam corpus
fieret nec omnino aliter posset. quod quia non fit, ma-   20
nente quippe anima in eo, quo anima est, ⟨et⟩ corpus
per illam subsistit, dantem speciem, non adimentem,
4 commutari in corpus anima non potest. si enim non
tradit speciem, quam sumit a summo bono, non per
illam fit corpus; et si non per illam fit, aut non fit   25
omnino aut tam propinque speciem sumit quam ani-

---

21 ⟨et⟩ add. Fuchs.

auch wenn sie mit den Sinnen selbst im Wachen wahrgenommen und getan werden, doch vorübergehen und in keiner Weise die ewige Gegenwart geistiger Wahrheit erreichen. Daraus schließen wir: eine Veränderung des Körpers,
wie sie der Schlaf darstellt, kann der Seele wohl den Gebrauch eben dieses Körpers, nicht aber ihr eigenes Leben
vermindern.

Endlich: Wenn sich die Seele mit dem Körper, obschon
dieser im Raum existiert, dennoch nicht räumlich verbindet, so wird sie von jenen höchsten und ewigen Wahrheiten,
die unveränderlich sich gleich bleiben und nicht an den
Raum gebunden sind, früher als der Körper erfaßt, und
nicht bloß früher, sondern auch mehr; um so viel früher
nämlich, als sie ihnen nähersteht, und aus demselben Grunde auch um so viel mehr, als sie auch wertvoller ist als der
Körper. Diese Nähe ist nicht als räumliche, sondern nur als
natürliche Rangordnung[174] gemeint. Nach dieser Rangordnung aber gibt, wie man sieht, das höchste Sein durch Vermittlung der Seele dem Körper seine Gestalt, wodurch er
erst ist, soweit er überhaupt ist.

Durch Vermittlung der Seele also besteht der Körper,
und ebendadurch hat er Sein, daß er beseelt wird, sei's im
Großen wie die Welt, sei's im Kleinen wie jedes einzelne
Lebewesen in der Welt. Daher lautete unser Schluß, die
Seele könne nur durch die Vermittlung einer andern Seele
zum Körper werden und anders sei es durchaus unmöglich.
Weil sich diese Möglichkeit aber nicht erfüllt, das heißt: weil
die Seele in dem Zustand bleibt, in dem sie Seele ist, ⟨und⟩
weil der Körper durch ihre Vermittlung besteht, indem sie
ihm die Gestalt gibt und nicht etwa fortnimmt, so kann sich
die Seele nicht zum Körper verwandeln. – Denn wenn sie
die Gestalt, die sie vom höchsten Gut gewinnt, nicht weitergibt, dann entsteht durch ihre Vermittlung kein Körper,
und wenn er nicht durch ihre Vermittlung entsteht, dann
entsteht er entweder überhaupt nicht oder er gewinnt seine
Gestalt ebenso unvermittelt wie die Seele. Aber einerseits

ma. sed et fit corpus et, si tam propinque sumeret spe-
5 ciem, id esset quod anima. nam hoc interest, eoque
anima melior, quo sumit propinquius. tam propinque
autem etiam corpus sumeret, si non per animam sumeret; etenim nullo interposito tam propinque utique su-   5
meret. nec invenitur aliquid, quod sit inter summam
vitam, quae sapientia et veritas est incommutabilis, et
id, quod ultimum vivificatur, id est corpus, nisi vivifi-
6 cans anima. – quod si tradit speciem anima corpori, ut
sit corpus, in quantum est, non utique speciem traden-   10
do adimit. adimit autem in corpus animam transmut-
7 ando. non igitur anima sive per seipsam corpus fit,
quia non nisi anima manente corpus per eam fit, sive
per aliam, quia non nisi traditione speciei fit corpus per
animam et ademptione speciei anima in corpus conver-   15
teretur, si converteretur.

25 1   Hoc et de irrationali anima vel vita, quod nec in eam
rationalis anima convertitur, dici potest. et ipsa enim,
nisi inferiore ordine rationali subiceretur, aeque sumeret speciem et talis esset.   20
2   Tradunt ergo speciem a summa pulchritudine accep-
tam potentiora infirmioribus naturali ordine. et utique,
cum tradunt, non adimunt eoque sunt, quae infirmiora
sunt, in quantum sunt, quod species eis, qua sint, a
3 potentioribus traditur. quae quidem potentiora etiam   25

entsteht der Körper, und wenn er anderseits so unvermittelt
seine Gestalt gewänne wie die Seele, wäre er, was die Seele
ist[175]. Denn dies ist der Unterschied, und dadurch ist die
Seele wertvoller, daß sie ihre Gestalt unvermittelter gewinnt. Ebenso unvermittelt würde aber auch der Körper
seine Gestalt gewinnen, wenn er sie nicht durch die Vermittlung der Seele gewänne; denn ohne Zwischenglied gewänne er sie ebenso unvermittelt. Und man findet nichts,
was zwischen das höchste Leben, welches die Weisheit und
unveränderliche Wahrheit ist, und jenes letzte Glied, das
belebt wird, das heißt: den Körper träte, als die Leben spendende Seele. – Wenn aber die Seele dem Körper die Gestalt
weitergibt, damit der Körper überhaupt in dem Maße existiert, als er Sein besitzt, so nimmt sie beim Weitergeben die
Gestalt keineswegs fort. Sie nimmt sie aber fort, wenn sie
die Seele in einen Körper verwandelt. – Also wird die Seele
nicht zum Körper, weder von sich aus, weil nur, wenn die
Seele erhalten bleibt, durch ihre Vermittlung ein Körper
entsteht, noch auf Grund einer andern Seele, weil nur dadurch, daß sie Gestalt weitergibt, durch Vermittlung der
Seele ein Körper entsteht und die Seele, wenn die Gestalt
fortgenommen wird, in einen Körper verwandelt würde,
falls diese Umwandlung überhaupt möglich wäre.

Dies kann man auch von der ungeistigen Seele oder dem
Leben aussagen: auch in sie verwandelt sich die geistige Seele nicht. Wenn nämlich diese ungeistige Seele, ihrem unter-
geordneten Rang entsprechend, der geistigen Seele nicht
unterstellt wäre, dann gewänne sie ihre Gestalt in derselben
Weise und wäre ebenso wertvoll.

Es geben also die mächtigeren Wesen die Gestalt, die sie
von der höchsten Schönheit empfangen, gemäß der natürli-
chen Ordnung an die schwächeren Wesen weiter. Und sie
nehmen die Gestalt nicht fort, wenn sie sie weitergeben,
und die schwächeren Wesen bestehen in dem Maße, wie sie
bestehen, dadurch, daß ihnen die Gestalt, durch die sie bestehen sollen, von den mächtigeren Wesen weitergegeben

meliora sunt. quod his naturis datum est, quae non
mole maiore plus possunt minoribus molibus, sed sine
tumore ullo localis magnitudinis eadem specie poten-
4 tiora sunt qua meliora. in quo genere est anima corpore
melior et potentior. quapropter, cum per illam, ut dic- 5
tum est, corpus subsistat, ipsa in corpus nullo modo
verti potest.
5   Corpus enim nullum fit nisi accipiendo per animam
speciem. at anima, ut corpus fieret, non accipiendo
speciem, sed amittendo fieri posset, et propterea fieri 10
non potest, nisi forte loco anima continetur et localiter
6 corpori iungitur. nam si ita est, potest eam fortasse
maior moles, quamquam speciosiorem, in suam deteriorem vertere speciem, ut aer maior ignem minorem.
7 sed non est ita. moles quippe omnis, quae occupat lo- 15
cum, non est in singulis suis partibus tota, sed in omnibus. quare alia pars eius alibi est, et alibi alia. anima
vero non modo universae moli corporis sui, sed etiam
8 unicuique particulae illius tota simul adest. partis enim
corporis passionem tota sentit, nec in toto tamen cor- 20
pore. cum enim quid dolet in pede, advertit oculus,
loquitur lingua, admovetur manus. quod non fieret,
nisi id, quod animae in eis partibus est, et in pede senti-
9 ret. nec sentire, quod ibi factum est, absens posset. non
enim nuntio aliquo credibile est fieri non sentiente 25
quod nuntiat; quia passio, quae fit, non per continua-

wird. Diese mächtigeren Wesen sind aber auch die wert-
volleren. Das ist den Wesen gegeben, die nicht wegen ihrer
größeren Masse mehr vermögen als die an Masse geringeren, sondern ohne den Stolz räumlicher Größe durch dieselbe Gestalt zugleich mächtiger und wertvoller sind. In dieser
Art ist die Seele wertvoller und mächtiger als der Körper.
Wenn daher, wie gesagt, der Körper durch ihre Vermittlung besteht, kann sie selbst auf keine Weise in einen Körper
umgewandelt werden.

Denn ein Körper entsteht nur, indem er durch Vermittlung einer Seele Gestalt annimmt. Daß aber die Seele Körper würde, könnte nicht durch Annehmen, sondern nur
durch Verlieren der Eigengestalt geschehen, und deswegen
kann sie es nicht werden – es müßte denn die Seele räumliche Ausdehnung haben und räumlich mit dem Körper verbunden sein. Denn trifft dies zu, dann kann vielleicht die
größere Masse die Seele, obgleich sie von wertvollerer Gestalt ist, in ihre wertlosere Gestalt umwandeln, wie etwa ein
größerer Wind ein kleineres Feuer sich anverwandelt. Doch
es ist nicht so. Jede Masse nämlich, die räumliche Ausdehnung hat, ist in ihren einzelnen Teilen nicht ganz, sondern
nur in allen zusammen. Darum ist jeder ihrer Teile an einem
andern Ort. Die Seele ist aber nicht nur der gesamten Masse
ihres Körpers zugleich als ganze gegenwärtig[176], sondern
auch jedem kleinsten seiner Teile. Denn sie nimmt eine
schmerzhafte Empfindung eines Körperteils als ganze auf,
aber dennoch nicht im ganzen Körper. Denn schmerzt etwas im Fuß[177], so wendet sich das Auge suchend hin, die
Zunge redet davon, und die Hand bewegt sich hinzu. Dies
geschähe nicht, wenn nicht der Teil der Seele, der sich in
jenen Gliedern befindet, auch im Fuß Empfindung hätte.
Und wenn die Seele nicht gegenwärtig wäre, könnte sie
nicht fühlen, was dort geschehen ist. Es ist nämlich nicht
glaubwürdig, daß es von einem Boten besorgt würde, der
nicht fühlt, was er meldet; denn die schmerzhafte Empfindung, die entsteht, eilt nicht etwa durch die ganze Ausdeh-

tionem molis currit, ut*** ceteras animae partes, quae
alibi sunt, latere non sinat. sed illud tota sentit anima,
quod in particula fit pedis, et ibi tantum sentit, ubi fit.
10 tota igitur singulis partibus simul adest, quae tota simul sentit in singulis. nec tamen hoc modo adest tota,   5
ut candor vel alia huiusmodi qualitas in unaquaque parte corporis tota est. nam quod in alia parte corpus patitur candoris immutatione, potest ad candorem, qui est
in alia parte, non pertinere. quapropter secundum partes molis a se distantes et ipse a se distare convincitur.   10
non autem ita esse in anima per sensum, de quo dictum
est, probatur.

---

1 *lacun. indicav. Fuchs exspectans* quod suo loco fit *vel talia.*

nung der Masse hindurch, um ⟨das, was an der betreffenden Stelle vor sich geht,⟩den übrigen Teilen der Seele, die anderswo sind, nicht verborgen sein zu lassen. Nein: als ganze fühlt die Seele das, was in einem Teilchen des Fußes vor sich geht, und nur dort fühlt sie es, wo es vor sich geht. Also ist sie allen einzelnen Teilen zugleich als ganze gegenwärtig, da sie als ganze zugleich in allen einzelnen Teilen Empfindung hat. Und dennoch ist sie nicht auf die Art als ganze gegenwärtig, wie etwa das Weiße oder eine andere ähnliche Eigenschaft dieser Art in einem jeden Teil des Körpers ganz ist. Denn was der Körper an einem Teil erleidet, wenn das Weiße sich verändert, das kann das Weiße, das in einem anderen Teile ist, nicht berühren. Daraus ergibt sich, daß das Weiße nach den Teilen der Masse, die voneinander verschieden sind, auch selbst von sich unterschieden ist. Daß es sich bei der Seele aber nicht so verhält, wird durch die oben angeführte Sinneswahrnehmung bewiesen.

ANHANG

EINFÜHRUNG

Die Soliloquien und die Schrift De immortalitate animae
gehören innnerlich zusammen. Sie geben uns einen wichtigen Einblick in die geistige Entwicklung Augustins, der in
seinen reifen Jahren durch das Vorbild seines Lebens und
den Gehalt seiner Werke dem kulturellen Streben von Jahrhunderten die Richtung gewiesen hat. Wie der Kirchenvater
aus dem Träger antiken Bildungsgutes hervorgegangen ist,
welche menschlichen Züge dieser vorbildhaften Gestalt zugrunde liegen, muß uns heute vor allem beschäftigen; denn
eben der um eine gültige Lebensform ringende Mensch ist
es, dessen lebendiges Wort die Zeiten überdauert. Dieses
Suchen und Kämpfen drücken die beiden vorliegenden
Schriften aufs deutlichste aus.

Wenn wir an Hand dieser Frühwerke versuchen, einen
Einblick in die Persönlichkeit ihres Verfassers zu geben, so
sind wir uns der Grenzen unseres Vorhabens durchaus bewußt, müßte man doch, um ein vollständiges Bild Augustins zu zeichnen, sein ganzes reiches Lebenswerk zu Rate
ziehen. Doch werden gerade die Probleme, die Augustin
zur Zeit seiner Bekehrung durchdachte, geeignet sein, unserer Zeit den wohl berühmtesten Kirchenvater menschlich
näherzubringen.

Leben und literarisches Schaffen bilden eine Einheit, die,
wenigstens beim großen Denker, deutlich zu erkennen ist:
er gibt seinen Überzeugungen in der Gestaltung seines Le-

bens so sprechenden Ausdruck, daß wir aus der Lebensfüh-
rung erfahren, wie er selber seine Gedanken bewertet hat. –
Zu Beginn unserer Einführung steht also, als Grundlage für
alles Folgende, die Betrachtung der Lebensgeschichte Augustins; darauf folgt die Darstellung seiner Gedanken, den
Abschluß bilden einige Beobachtungen zur Form der beiden
vorliegenden Werke.

ZUM LEBEN

In den Herbstferien des Jahres 386 geschah es, daß sich der
zweiunddreißigjährige Stadtrhetor von Mailand, Aurelius
Augustinus, nach Cassiciacum, dem nahen Landgute seines
Freundes Verecundus, zurückzog; es schien, als wolle er ein
lästiges Brustleiden ausheilen, das er sich in seinem Berufe
zugezogen hatte. In der idyllischen Welt dieses Landgutes
entstand eine Gemeinschaft, an der außer seiner Mutter
Monnica und seinem Sohne Adeodat noch einige Freunde
teilnahmen. Das Leben gestaltete Augustin, wie es einst der
bewunderte Römer Cicero in seiner Villa bei Tusculum getan hatte; wie damals Cicero, war nun Augustin aller Mittelpunkt, Vorbild und Lehrer, und zwar nicht nur wegen
seiner fachlichen Überlegenheit, sondern auch infolge der
Macht seiner autoritären Persönlichkeit. Eben damals vermochte er seine Freunde besonders mitzureißen; denn er
lebte in der stärksten seelischen Spannung, so daß er sich
nicht damit bescheiden konnte, die Ferien zu genießen und
in Muße für seine Gesundung zu sorgen, sondern sich gezwungen sah, Tag und Nacht, allein und in der Diskussion
mit Freunden, die Fragen, die ihn beunruhigten, zu durch-
denken. Er erlebte einen ersten Ausbruch fruchtbaren philosophischen Schaffens. Fragen wir uns, was Augustin die
Schöpferkraft gegeben hat, dann müssen wir den Lauf seines Lebens bis zu diesem Zeitpunkt überblicken.

Augustin ist im Jahre 354 im afrikanischen Tagaste geboren worden. Dort ist er, abseits von der großen Welt, aufge-
wachsen. Die äußern Mittel der Familie waren nicht groß, ja
sie reichten nicht einmal für eine bessere Schulbildung, ein
Gönner kam für die nötigsten Gelder auf. Von seiner Mutter wurde er früh in die Vorstellungswelt der damaligen
Christen eingeführt, ihr zuliebe war er deren kindlicher Anhänger. Dem Vater Patricius gegenüber empfand er eine
deutliche Abneigung. Bald strebte er über seine Heimatstadt
hinaus. In Madaura und Karthago, wo er die Schulen be-
suchte, ließen ihn Ehrgeiz, Geltungstrieb und Leidenschaft
zum Städter werden, der, aus der Kleinbürgerlichkeit der
Provinz geflüchtet, sich ›modern‹ und elegant zu geben
suchte. Für alle weltlichen Genüsse empfänglich, liebte er
besonders das Theater. Eine Konkubine schenkte ihm im
Jahre 372, als er achtzehn Jahre alt war, den Sohn Adeodat.
Äußerlich gewann er bald die Stellung eines Rhetorikleh-
rers.

In jener Zeit war das Christentum gewaltsam aus seinem
Bewußtsein verdrängt. Doch es wirkte unbewußt auf sein
ganzes Leben und Denken ein. Wir müssen zum Beispiel das
immer wieder durchbrechende Gefühl, ein verworfener
Mensch zu sein, im Zusammenhang mit seiner Stellung
zum Christentum begreifen: für Augustin konnte ja die Bindung an das Christentum vorerst nur affektiv sein, da er es
als den Glauben seiner heiß geliebten Mutter kannte. So
leidenschaftlich er sich später dafür einsetzen wird (welcher
Kirchenvater konnte schärfer polemisieren!), so affektiv war
die Verdrängung in Karthago. Er empfand seinen Lebenswandel in Karthago als verfehlt, weil er ihn unbewußt an
den Idealen maß, die ihm die Mutter mitgegeben hatte.
Wandte er sich von den mütterlichen Idealen ab, so auch
von ihrem Glauben, also vom Christentum.

Auf dem Weg zu seiner geistigen Reife hatte Augustin,
noch in Karthago, ein entscheidendes Erlebnis. Die Lektüre
des Dialoges »Hortensius«, einer von Cicero verfaßten phi-

losophischen Werbeschrift, erschütterte ihn dermaßen, daß er sich entschloß, das Leben, das er führte, aufzugeben und einen nach philosophischem Ideal geführten Lebenswandel zu beginnen. Als ethisch begabter Mensch hatte Augustin in der technisch-ästhetischen Rhetorik keinen Lebensinhalt finden können. Da brachte ihm Cicero zum Bewußtsein, wie es ihm in all seinen Ausschweifungen nur um ein glückseliges Leben zu tun gewesen war. Daß er das Glück durch die Sinnlichkeit nicht hatte erreichen können, war ihm zu seinem Kummer nur allzu klar; um so eher war er bereit, den Weg nach geistiger Seligkeit zu suchen. Aber da er ja alles richtige Leben an den Idealen der Mutter maß, fühlte er sich wieder zur Bibel hingezogen, ihrem Buch; doch auch diesesmal konnte der Ästhet nur enttäuscht sein, die Fischersprache und die ungereimten Geschichten des Alten Testaments nicht billigen. In dieser Lage bot sich ihm eine besondere Form des Christentums an, die seinen Bedürfnissen offensichtlich entgegenkam: der Manichäismus. Für fast zehn Jahre sollte er ihm treu bleiben.

Der damalige Manichäismus war eine auf dualistischer Weltansicht beruhende mystizistische Religion persisch-griechischen Ursprungs mit idealistischer Denkart, ästhetischen Neigungen und einer reich entwickelten Symbolik. Aus drei Gründen dürfte Augustin durch den Manichäismus besonders angezogen worden sein: Erstens versprach der manichäische Rationalismus vollendetes Wissen – was konnte dem ehrgeizigen, leidenschaftlich forschenden Menschen willkommener sein? Zweitens richtete sich die manichäische Bibelkritik gegen das Alte Testament. Und vor allem drittens: das Problem des Bösen, das ja durch das sinnliche Leben und die tiefe Bindung an die Mutter das Hauptproblem des jungen Augustin war, hatte im Manichäismus eine Lösung gefunden, die im ersten Augenblick beruhigen mochte: das Sittlich-Böse war dort ins Kosmische projiziert, indem es zu einem der beiden Weltprinzipien erhoben war. Damit war jede persönliche Verantwortung für

eine böse Handlung praktisch aufgehoben. Was kann schließlich die Brust des Menschen dafür, daß sich in ihr das Böse (oder der Böse) und das Gute (oder Gott) einen erbitterten Kampf liefern?

Doch diese Projektion war Frucht eines Kompromisses, und Kompromisse läßt das Gewissen auf die Dauer nicht zu. Auch Augustin kam nicht zur Ruhe. Trotz vorübergehender Befriedigung in erfolgreichen Disputationen und einem ersten literarischen Werk ästhetischen Inhalts (das uns leider verloren ist) stiegen neue, entscheidende Zweifel auf. Er brauchte nur noch die Ernüchterung, daß er in Faustus, dem leitenden Haupt der Manichäer, einen Hohlkopf entdeckte, der für elegante Wortgefechte ausreichte, philosophischen Fragen gegenüber aber machtlos war, und Augustin verschrieb sich, in seiner Ausweglosigkeit nach Rom geflüchtet, der akademischen Skepsis.

Die Studienverhältnisse, die Augustin in Rom antraf, waren eher noch schlechter als in Karthago. Gewiß war er nicht des Berufs wegen geflohen; beherrschend war damals der Gedanke, sich von der Bevormundung durch die Mutter zu befreien, die seine Entwicklung eher zu hemmen schien. Obwohl sich Augustin mit der Skepsis nun vom Manichäismus lösen konnte, verließ er Rom doch nicht ungern, als ihm der Führer der Altgläubigen, Symmachus, Stadtpräfekt von Rom, das Amt des städtischen Redners in Mailand verschaffte.

Die drei Mailänder Jahre brachten dem Dreißigjährigen wichtige Erlebnisse. Augustin lernte durch den großen Ambrosius die allegorische Bibeldeutung kennen. Da mit dieser Technik jede Aussage umgedeutet werden kann, vermochte er sich mit ihrer Hilfe die Geschichten des Alten Testaments zu erschließen: nun suchte er hinter dem Wortlaut nach einem verborgenen höheren Sinn. Damit fiel aber ein Hauptwiderstand gegen die Bibel, seine Abneigung gegen die Geschichten des Alten Testaments. – Doch die wichtigste Bekanntschaft war die mit den Neuplatonikern und ihrer Lite-

ratur. Hier fand er das, was ihn aus seiner skeptischen Uner-
löstheit reißen konnte und den überlieferten Dualismus der
Manichäer überwand, der unerträglich geworden war. Es
war ihm, als ob sich eine neue Welt offenbare. Mit Ergriffenheit liest man, wie Augustin in seiner ersten Schrift von
Cassiciacum (Gegen die Skeptiker 2, 5) sein Erlebnis be-
schreibt: »Jene Bücher (trächtig nennt sie Celsinus), welche
arabische Wundersäfte in uns strömen ließen und auf das
kleine Flämmchen in meinem Innern nur ganz wenige
Tropfen kostbaren Balsams träufelten – sie haben in mir
einen unglaublichen, Romanianus, einen unglaublichen
Brand, größer sogar, als auch du es von mir glauben kannst
– wie soll ich es deutlicher sagen? –, einen auch mir selber
unfaßbaren Brand entfacht.« Dieser Taumel zeigt, daß ent-
scheidend gewiß nicht das sorgfältig abwägende Studium
der neuplatonischen Literatur war, sondern daß die Zünd-
kraft einzelner plotinischer Weisheiten auf Augustin ein-
wirkte. Unbewußtes wurde ihm dadurch plötzlich bewußt.
Indem wir der philosophischen Darlegung leicht vorgrei-
fen, können wir, Augustins »Bekenntnissen« vertrauend,
bestimmen, welches diese vielleicht mündlich vermittelten,
vielleicht in der Übersetzung des Plotin durch Marius Victorinus erfaßten zündenden Funken waren: die Lehre von
der göttlichen Harmonie des Seins, das, unendlich gestuft,
den Dualismus und Dämonismus schwinden läßt; dann die
Begriffe des geistigen Seins, der Welt der Ideen, denen Augustins Denken nun völlig entgegenkam; endlich der Glaube an die Unsterblichkeit der Seele und die Möglichkeit, sie
sogar zu beweisen.
    Hier fand Augustin die ihm angemessene Philosophie,
hier aber auch die Ethik, die er gerade nötig hatte: Verzicht
auf das eitle Leben des Sinnlichen, Beschränkung auf die
Welt des Geistes. Ein reines Leben war Voraussetzung für
den Neuplatoniker. Nicht auch für den Christen? Stellt Augustin in den »Bekenntnissen« seine Bekehrung nicht ausschließlich als Bekehrung zum Christentum dar? Gewiß: die

neuplatonische Literatur entzündete den Brand. Aber kaum
begann er, sein Leben ›in die Hand zu nehmen‹, als er wiederum zum Buche seiner Mutter, zur Bibel, griff. Er las
Paulus. Die scharfe Ablehnung der Sinnlichkeit im ethischen Dualismus des Paulus brachte Augustin der Verzweif-
lung nahe. Tränenüberströmt suchte er mit seinem Freund
Alypius Ruhe im Garten. Vom Nachbarhause her vernahm
er eine helle Stimme: »Nimm, lies; nimm, lies!« Da glaubt
er, von Gott aufgerufen zu sein, stürzt zu Alypius zurück,
reißt den Paulus an sich und schlägt auf, um aus der ersten
Stelle eine Offenbarung zu erhalten. Er liest Römerbrief 13,
13 f.: »Laßt uns ehrbar wandeln, nicht in Fressen und Sau-
fen, nicht in Kammern und Unzucht, nicht in Hader und
Neid, sondern ziehet an den Herrn Jesus Christus und war-
tet des Leibes, doch also, daß er nicht geil werde.« Durch
diesen moralischen Weckruf fühlte sich Augustin zum Christentum berufen.

Warum stellte aber Augustin seine Bekehrung als Bekehrung zum Christentum dar, wenn zwar die ethische Entscheidung auch christlich ist, die Gedanken jener Zeit aber
Grundfragen der antiken Philosophie überhaupt sind, deren
Beantwortung vor allem durch den Einfluß Plotins bestimmt ist?

Denken wir erstens daran, daß wir den Bekenntnissen des
Sechsundvierzigjährigen nicht kritiklos folgen dürfen. Sie
stellen die Bekehrung aus der Sicht des Kirchenvaters dar.
Die Werke aber, die auf die Bekehrung folgten, reden kaum
von einer Bekehrung zum Christentum. Denn Augustin
kommt alles auf den Inhalt, nichts auf die Bezeichnung an.
Der Inhalt ist aber ein neuplatonisch-ciceronisch-christlicher
Eklektizismus: dieser bestimmte die Bekehrung.

Und doch bekehrte sich mit diesem philosophischen Anfang Augustin auch zum Christentum. Das lehrt uns eine
kurze Betrachtung alles dessen, was die Mutter Monnica zur
Bekehrung beitrug.

Sie hatte ihn zum Katechumenen werden lassen; sie lebte

ihm ein schönes Leben christlicher Haltung vor; sie pflanzte ihm, als er mannbar wurde und der Vater darüber seine Freude äußerte, ihre Wünsche nach Enthaltsamkeit als ethische Forderungen ein; immer war ihr Hauptanliegen seine Bekehrung zum Christentum, ihr größter Wunsch, ihren Sohn einen sittlichen Lebenswandel führen zu sehen. Sie versuchte, ihn, oft unter Tränen, an sich zu binden. Er floh vor ihr. Sie verfolgte ihn nach Rom, nach Mailand. Je schweigender die Liebe der Mutter, desto nagender war der Vorwurf. Monnica vermittelte die Bekanntschaft mit bedeutenden Christen: Ambrosius, Ponticianus, Simplicianus. Auf ihr Drängen wurde Augustins Konkubine, die Mutter seines Sohnes Adeodat, entlassen; denn Monnica suchte für Augustin eine Frau, die ihn in einer legalen Ehe an das Christentum binden konnte. Das Mädchen, das sie auswählte und mit ihrem zweiunddreißigjährigen Sohne verheiraten wollte, war zehn Jahre alt; so sollte die Hochzeit erst in zwei Jahren stattfinden. Doch obschon Augustin seine ehemalige Konkubine ehrlich geliebt hatte und obschon er wußte, daß er in zwei Jahren das Mädchen mütterlicher Wahl würde heimführen können, vermochte er nicht, enthaltsam zu leben, sondern wurde durch seinen Trieb genötigt, während der Verlobungszeit eine neue Konkubine zu nehmen. Über diese moralische Schwäche entsetzte er sich, ja er ängstigte sich darüber in der Tiefe seines Herzens. In seiner aufgewühlten Stimmung gab er der Mutter innerlich bereits recht. Nun erst ist die Macht zu verstehen, welche die andern, an sich geringfügigen Erlebnisse auf Augustin ausübten. Sein Argwohn gegen sich selber ließ ihn alles, was er sah und hörte, auf sich beziehen. So drang in ihn ein, was dem Gartenerlebnis kurz vorausging: die Erzählung Ponticians, zwei bekannte Offiziere seien zu antoninischen Mönchen geworden; wie enthaltsam die Asketen und all die Märtyrer lebten, wie rein das mönchische Leben der Brüder von Mailand sei. Ponticians Bekenntnis zum Christentum, des Marius Victorinus aufsehenerregende Bekehrung zum

Christentum waren anstachelnde Vorbilder. Die unbewußte Entscheidung zur sittlichen Enthaltsamkeit tat das ihre: die paulinische Aufforderung genügte, und Augustin ergab sich dem Glauben der Mutter.

Erklären wir uns die Beseligung, die Augustin über diese Wandlung empfand: abgesehen von der hinreißenden Freude der beglückten Mutter, die einen wunderbaren Eingriff des persönlich wirkenden Gottes zu erkennen glaubte, abgesehen davon, daß jede Ausrichtung des Lebens am Objektiven erhebend wirkt, bedeutete die Bekehrung für Augustin die Lösung einer unerträglich gewordenen Spannung. Seine Brustkrankheit scheint nur ein einzelnes Symptom der allgemeinen, höchst nervösen Mißstimmung gewesen zu sein. Ohne die Bekehrung wäre Augustin seelisch erkrankt. Sein Affekt, der an seine Mutter gebunden war und zu sagen schien, das Christentum verlange nach ihm, hatte mit seinem Intellekt in Widerspruch gestanden, weil dem Intellekt gewisse Äußerungen des Christentums, zu dem der Affekt drängte, fremd geblieben waren. Daher hatte sich der Intellekt vom Christentum, dem Objekt des Affekts, abgewandt. Nur eine Vereinigung konnte Augustin retten. Der manichäische Dualismus bot sie nicht, ebensowenig die lähmende Skepsis. Aber sie erfolgte nach langen Jahren der Unruhe nun im Augenblick der Bekehrung. Denn alle geistigen Bedürfnisse befriedigte der Neuplatonismus, der seinerseits auch zur christlichen Weltanschauung gehörte. Weil durch die Philosophie ganz der Intellekt, durch das Christentum und die ethische Forderung auch gewisser Neuplatoniker der Affekt angesprochen wurde, mußte eine neuplatonisch-christliche Weltanschauung die Seele zur Einheit bringen. Die Freude bei der Bekehrung ist also das Erlebnis, daß ungeheure seelische Energien, welche die Spaltung von Intellekt und Affekt aufgestaut hatte, durch die Vereinigung befreit wurden.

ZUR PHILOSOPHIE

Nach dem Gesagten ist klar, daß das Weltbild des Augustinus von Cassiciacum das eines Eklektikers sein mußte. Entsprechend der Bedeutung für sein eigenes Leben nahm Augustin die Bestandteile christlicher und philosophischer
Überlieferung auf. Das eigentümlich Christliche war zunächst von untergeordneter Bedeutung; denn die christliche
Lehre wurde noch keineswegs in den dogmatischen Teilen
wichtig genommen, sondern nur erst grundsätzlich anerkannt, vor allem als die Summe gefühlsbetonter Begriffe,
um der als christlich empfundenen Enthaltsamkeit willen.
Es wird demgemäß in den Werken der Zeit nur im allgemeinen – und selten – gepriesen. Weltanschaulich war die
Bekehrung durchaus eine Bekehrung zum Neuplatonismus,
mindestens zu einer neuplatonisch gefärbten Popularphilosophie. So wirken als christlich fast nur das auf die »Bekenntnisse« vorausweisende Sündenbewußtsein, das gern,
wie in diesem bekanntesten Werk des Kirchenvaters, rednerischen Schmuck trägt, und die leidenschaftliche Auseinandersetzung mit der Sinnlichkeit. Sogar das enthusiastische
Gebet zu Beginn der Soliloquien hat vorwiegend neuplatonischen Inhalt. Die Aneignung des Christentums geschah
recht langsam. Erst die ›zweite Bekehrung‹ vom Jahre 391
wandelte Augustin völlig um.

Beginnen wir, das Weltbild des Augustinus zu betrachten, so tun wir gut, zuerst die persönlichen Voraussetzungen darzustellen.

»Meine beiden Willen, der eine alt, der andere neu, jener
fleischlich, dieser geistig, stritten miteinander, und mit ihrer
Zwietracht zerrissen sie mir die Seele.« So sah sich Augustin
im Jahre 400, als er die »Bekenntnisse« verfaßte. Die Zerrissenheit hat er sicher richtig geschildert. Um so heftiger
mußte der innere Kampf sein, als er ein Mensch des Gefühls
war. So bedeutete die Zerrissenheit ein schmerzliches Gefühl und darum eine Sehnsucht, und zwar eine Sehnsucht,

die den Willen erzeugt, das Richtige zu finden, die Wahrheit zu kennen und ihr gemäß zu leben. Dies ist der Anfang seiner wie aller Philosophie.

Zuerst mag sich die Sehnsucht nur als Sehnsucht nach Ruhe geäußert haben. Bei kompromißlosen Menschen ist aber die Ruhe nicht als solche das Ziel. Augustin rang nach dem Heil seiner Seele, er rang nach Glückseligkeit, welche in der Gewißheit beruht, letztlich richtig zu leben, eine unsterbliche Seele zu haben.

Was der erhofften Glückseligkeit am schroffsten entgegenstand, waren die Argumente der *Skepsis,* welche alle Erkenntnis verneinten: unmöglich, etwas Sicheres zu erkennen, unmöglich, die Wahrheit zu erfassen; es trügen die Sinne, wir schweben in lauter Meinungen, die lediglich Wahrscheinlichkeitswert haben und so belanglos sind, daß man keinem die Wahrheit noch so täuschend vorgaukelnden Denkbilde seine Zustimmung geben darf; allein die Enthaltung jeglichen Urteils erzeugt unerschütterlichen Gleichmut. – Dieser Gleichmut des Intellektualisten war jedoch nicht Augustins Sache. Und gerade weil er so unsicher war (und darum geistig der Skepsis so nahe), wühlten ihn die skeptischen Argumente auf; aber sie brachten ihn auch zur Abwehr. Der erste Dialog von Cassiciacum sollte ihm gegen die Skeptiker die Waffen liefern. Er beginnt mit dem Nachweis, daß nicht alles in Zweifel gezogen werden kann, daß also sichere Erkenntnis in gewissen Punkten möglich, das glückselige Leben in den Bereich der Hoffnung gerückt ist.

Das Hauptargument gegen die Skepsis trägt ethische Formulierung: wer keinem Urteil zustimmt, ist in seinen Handlungen gelähmt; das ist aber nicht der Sinn des Lebens. Mit diesem Argument hatten sich schon Zenon und Chrysipp gegen Arkesilaos gewandt; es war aber Augustin aus dem Herzen gesprochen. Wer den falschen Weg nicht geht, ja überhaupt keinen Weg geht, geht den richtigen Weg nicht. Rationale Widerlegungen übernimmt Augustin fer-

ner aus der Popularphilosophie, aber auch vom Platonismus. Erstens gibt es Wahrheiten, die nicht bezweifelt werden können, nämlich die Disjunktionen. Zweitens aber kann man den Skeptiker logisch ad absurdum führen: er behauptet, man könne nichts wissen; schön: wenn seine Behauptung wahr ist, widerspricht er sich selbst; wenn sie aber nicht wahr ist – was kümmert sie uns? Drittens helfen Ironie und reiner Affekt, die Skeptiker zu diskreditieren. Vor allem aber gibt der neuentdeckte Platonismus die besten Waffen: Logik und Mathematik. Denn von vornherein steht für Augustin fest, daß nur der Weise glückselig ist. Er macht also die Glückseligkeit von der *Erkenntnis* abhängig (hieraus erklärt sich die Leidenschaft, mit der erkenntnistheoretische Fragen besprochen werden). Also kann im Forschen zwar Befriedigung, nicht aber die Glückseligkeit selber liegen. Denn wer forscht, ist noch nicht weise, glücklich aber nur der Weise. Also ist, wer forscht, nicht glücklich.

Damit ist die Frage der Glückseligkeit, jener Grundanspruch Augustins, an die Frage der Weisheit gebunden. Für Augustin lautete die Antwort: weise ist, wer die Wahrheit, wer Gott hat. Inwiefern diese Antwort nur einen einzigen Inhalt hat, werden wir später andeuten. Klar ist, daß sich Augustin von der Philosophie Glückseligkeit versprach. Sie sollte die Erkenntnisse liefern, auf welchen die Glückseligkeit beruht. Da kam ihm nun der Platonismus, in vielhundertjähriger Tradition zu einzelnen Dogmen erstarrt und von Plotin neu belebt, hilfreich entgegen.

Wenn nämlich Augustin durch die peinigenden Argumente der Skeptiker gegen die Erkenntnis durch die Sinne fortan nicht mehr verwirrt wurde, so darum, weil für den Jünger Platons die Gegenstandswelt ja eben nicht identisch ist mit der Wahrheit. Es schadet also gar nichts, wenn die Sinne, welche von der Gegenstandswelt Kunde geben, dem Irrtum ausgesetzt sind: Wahrnehmung durch die Sinne einerseits, Erkenntnis anderseits sind grundverschiedene Dinge. Alles empirisch Wißbare bleibt im subjektiven Bereich

des Scheins, zielt nur nach der Wahrheit hin, ohne sie je zu erreichen. Wenden wir uns aber von den Sinnen ab, so werden wir für die Erkenntnis frei. Ausgangpunkt für jede Erkenntnis ist die Grundwahrheit, die Augustin für alle folgenden Philosophen vorgeformt hat: »cogito, ergo sum«; ich denke, also bin ich; auch wenn ich mich täusche, bin ich. Die Erkenntnis der eigenen Existenz ist unzweifelhaft, ja, jeder Zweifel ist nur durch sie möglich. Dieses Bewußtsein ist das Wertvollste der menschlichen Seele. Es ist der Anfang der Geistigkeit. Mit ihren Fähigkeiten erkennt die Seele. Sie ist das Tätige am Menschen. Sie ist göttlicher Natur, wertvoller als der Körper. Ihre Hauptfähigkeiten heißen: logisches Denken und Mathematik.

Logik: für den Platoniker ist sie die Krone der Wissenschaften, sie erst ist es, die den einzelnen Wissenschaften ihren erkenntnishaften Wert gibt. Sie erst vermittelt sicheres Wissen (nicht nur in den Disjunktionen!). Sie erreicht die Wahrheit, die letzte, höchste Erkenntnisstufe, das reine Denken, das sich nicht an das Wahrnehmbare hält, sondern allein auf die Ideen – die einzelne Idee und ihren Zusammenhang – gerichtet ist. Mit der Hilfe logischen Denkens steigt der Mensch von der Selbsterkenntnis auf zur Erkenntnis der Wahrheit. Ja, eigentlich ist, wie wir später ausführen werden, für Augustin die Logik geradezu selbst die Wahrheit.

Mathematik: für den Platoniker liefert sie die Beispiele ewig sich gleichbleibender Wahrheiten. Welche denn? Zweimal zwei ist vier: das ist ewig, sich selber gleich und wahr. Also enthält die Mathematik ewige Wahrheit. Mathematisch-logische Verhältnisse sind aber auch diejenigen, die wir schön finden. Schönheit und Wahrheit sind nur verschiedene Aspekte derselben Gegebenheit. Wer Mathematik und Logik hat, erkennt die Geistigkeit der Welt, erkennt Gott.

Mathematik und Logik sind die rationalsten Fähigkeiten der Seele; darum können wir im folgenden von Augustins Rationalismus sprechen.

Der *Weg der Erkenntnis* steht für den Platoniker von vornherein fest. Das platonische Dogma besagt, daß die Seele,
bevor sie einen Leib angenommen habe, die Ideen mehr
oder weniger rein gesehen habe; doch sie vergaß sie bei der
Inkarnation und muß während des Menschenlebens mühsam daran erinnert werden, wodurch die Wahrheiten, die
einst geschauten Ideen, in ihr Bewußtsein treten.

Daß Augustin diese Lehre anfänglich ungeprüft übernommen hat, bezeugen einige wenige Texte. Da ihre Zahl
so gering ist, hat man an der Richtigkeit ihrer Deutung zu
zweifeln begonnen. Allerdings wird diese Deutung, außer
durch die klaren Aussagen der Texte selbst, durch folgende
Tatsachen bewiesen. Erstens polemisiert Augustin in seinem erstaunlichen Alterswerk, den Retractationen, gegen
jene Theorie, die er rückschauend in den philosophischen
Werken von Cassiciacum wiedergegeben findet. Zweitens
ist der siebente Brief, der im Jahre 389 an Nebridius geschrieben ist, dieser Lehre noch deutlich verhaftet. Drittens
glaubte Augustin daran, daß Lehren und Erinnern identisch
sei, was nur auf Grund der Erinnerungslehre möglich ist.
Viertens leitete er daraus (wiederum mit Platon) die Methode ab, philosophische Gespräche seien dialogisch, mit Frage
und Antwort, zu führen. Die Dialogform (wovon unten
mehr) ist kein äußerliches Stilmittel der platonischen Tradition, sondern entspricht der gelebten Theorie von Cassiciacum.

Nun ist es aber eine Eigenart Augustins, daß er Traditio-
nen zwar lebhaft aufnahm, oft aber in eigenster Weise um-
gestaltete. Schon im zweiten Dialog (Vom glückseligen Leben) kündet sich eine neue Lehre an: die *Erleuchtungslehre*.
Ihr Ausgangspunkt ist ein Vergleich, der besonders schön in
den Soliloquien I, 12 dargestellt ist: »Die Vernunft, die mit
dir spricht, verpflichtet sich, dir in deinem Geist Gott so
deutlich zu zeigen, *wie* sich die Sonne den Augen zeigt.
Denn auch der Geist hat *sozusagen* sein Auge: das Empfindungsvermögen der Seele. Alle die sichersten Wahrheiten

der Wissenschaft *gleichen* aber den Objekten, welche von der Sonne beleuchtet werden, so daß man sie sehen kann, zum Beispiel die Erde und alles Irdische; Gott aber ist's, der beleuchtet; doch ich selber, die Vernunft, bin für den Geist des Menschen dasselbe *wie* für die Augen das Sehvermögen.« Dieser Vergleich entsprach Augustins Gefühl offenbar gut; denn er baute ihn nicht nur in den Soliloquien weitgreifend aus, sondern wiederholte ihn auch in andern Werken: vor dem innern Auge läßt die geheimnisvolle Sonne der Wahrheit einen hellen Schein aufgehen; die Vernunft sieht klar; für den Verstand bedeutet einsehen, was für die Sinne sehen; das innere Auge heißt Vernunft; die Seele erblickt die Wahrheit mit Hilfe des Geistes, also mit Vernunft und Verstand; im Innern offenbart sich die Wahrheit, die aufgeht wie eine Sonne, ein Licht.

Gewiß war dem ehemaligen Manichäer die Lichtsymbolik aus früheren Tagen geläufig. Gewiß hat er den vorliegenden Vergleich immer wieder bei Plotin gelesen. Doch es ist bezeichnend, daß er gerade den höchst dichterischen Vergleich begeistert übernahm, bezeichnend aber auch, wie er ihn weiterentwickelte: er wurde zum Dogma. Von einem gewissen Augenblick an wurde die Erleuchtungslehre dogmatisiert und so objektiviert: Augustin sah in dem subjektiven Vergleich eine objektive Gegebenheit. Allmählich verdrängt die Erleuchtungslehre die Erinnerungslehre; denn wenn die Wahrheit in der Seele des erkennenden Menschen gegenwärtig ist, braucht die Seele sich ja nicht mehr zu erinnern, bekommt sie doch gezeigt, erleuchtet, wonach sie gefragt hat. Immerhin muß Augustin ein Zugeständnis an die Erinnerungslehre machen: ohne ein heimliches Wissen um das Erfragte gäbe es kein Fragen.

Auf den ersten Blick scheint es, als ob eine unüberbrückbare Kluft die beiden Lehren trennte. Augustin ertrug sie in Cassiciacum, weil die Erleuchtungslehre noch hinter dem Vergleich verborgen war. Um das Verhältnis der beiden Lehren zueinander besser zu verstehen, weisen wir zunächst

auf das Gemeinsame hin: beide anerkennen Erinnerungsbil-
der, mit deren Hilfe etwas Neues erkannt wird; nach beiden
Lehren kommt wahre Erkenntnis aus dem Innern. Der Unterschied ist der: die Erinnerungslehre betont die aktive Arbeit des Erkennenden, der sich, vielleicht auf geschickte sokratische Fragen hin, etwas bewußt macht; die Erleuchtungslehre betont das passive Erleben, daß eine Erkenntnis
meist blitzartig da ist, daß uns ›ein Licht aufgeht‹.

Das ist der Tatbestand. Er ist aus dem Wesen Augustins
wohl so zu verstehen:

Wenn der erkennende Mensch betonen will, daß er diesem oder jenem Ziel nachsinne, wird er alle Erinnerungsbil-
der, die er findet, erkennt und zu einem neuen Ganzen zu-
sammensetzt, als die Ideen erleben können, die seiner Seele
seit undenklicher Zeit innewohnen; dies um so eher, als er
oft die Erinnerung nicht an ein einzelnes bestimmtes Erlebnis knüpfen wird. Diese sich darbietenden Bilder können
also, so erlebt er es, schon vor der Inkarnation der Seele ihr
Besitz gewesen sein. Ein dergestalt fühlender Mensch wird
der Ideenlehre anhängen. Wenn ein anderer aber betonen
will, daß er gar nicht bestimmen kann, welche Assoziatio-
nen auftauchen sollen, daß sie also sozusagen von selbst, ja
von einer ›jenseitigen‹ (göttlichen oder teuflischen) Macht
geschickt, aus dem unbewußten in den bewußten Zustand
treten, wird er eher der Erleuchtungslehre anhangen. Nun
Augustin: Offenbar übernahm er vorerst die Erinnerungslehre als Fremdkörper, da sie sich an die Ideenlehre an-
schloß. Bei fortgesetztem Überdenken alles dessen, was er
selbst ernstlich meinte, zeigte sich, daß er der wesentlich
aktivische Mensch nicht war, der sich zur klaren Verstan-
deshelle der Erinnerungslehre bekennen könne, sondern ein
Mensch des Gefühls, dem sich seine triebhaft schwellende
Phantasie zur Erleuchtungslehre rationalisierte. In seinem
späteren Leben wird Augustin immer stärker sein Getrie-
ben-Sein betonen: die Erleuchtung drängt sich ihm auf, alles
Gefühlsmäßige wird ihm von außen zuteil. Hand in Hand

mit der passivischen Erleuchtungslehre geht die paulinische Gnadenlehre.

Betrachten wir nach diesen Auseinandersetzungen über die formale Seite der Erkenntnis nun ihren Gehalt: *Ziel der Erkenntnis* kann nur die Wahrheit sein. Augustins lange Ausführungen in den Soliloquien ringen um die Erkenntnis eben der Wahrheit, etwa überall, wo sich Augustin um das Wesen der Täuschung bemüht. Nach dem Bibelwort stellt sich ihm die Wahrheit allerdings auch einfach als Gott vor: »Ich bin die Wahrheit«, sagt Christus. Christus ist Gott. Also ist Gott die Wahrheit. Die Seele hat daher neben ihrer Aufgabe der Selbsterkenntnis die zweite der Gotteserkenntnis. Selbsterkenntnis ist, so sagt Augustin, angenehmer, Gotteserkenntnis wertvoller; jene bereitet das glückselige Leben vor, diese macht glückselig. Aber daneben anerkennt Augustin noch die ganze Skala der platonischen Weisheiten als Wahrheit. Erkennen kann die Seele alle rationalen Verhältnisse in der Welt der Erscheinung, so die harmonische Gestalt, harmonische Kunst, da Harmonie und Proportion wesentlich logisch-mathematischer Beziehung unterliegen, also selber rational sind. Die Vernunft erfindet Harmonisches, sie findet es aber auch vor; denn letztlich gehorcht die Seele denselben Strukturgesetzen wie die geordnete harmonische Welt.

Ja, es lohnt sich, den *Inhalt der Erkenntnis* genauer zu prüfen. Beginnen wir beim höchsten Ziel, *Gott*. Unter dem Namen ›Gott‹ glaubt Augustin sehr viel zu erkennen. Es sind Erkenntnisse, die zum Teil seiner Gefühlsstärke entsprechen, teils seinen geistigen, philosophischen Bestrebungen Genüge tun. Das dem Gefühl entsprechende Gottesbild trägt die Züge des persönlichen Gottes, besonders des biblischen. Gott handelt, er ist Herr und Vater, gibt alle guten Gaben und bringt Hilfe, die persönlich an ihn gerichteten Gebete erhört er, nährt Geist und Leib, schenkt willentlich, was er schenkt, Glückseligkeit, Leben. Er ist der Seelenarzt, er selbst ist der Gerechte, die Gerechtigkeit in Person.

Das ›Gott‹ genannte anthropologische Idealbild konnte Augustin nicht durchwegs befriedigen. Darum lehnte er es mit Plotin ab, eine eindeutige Antwort auf die Frage zu geben, was Gott ist. Es zeigt sich, daß Gott in diesem Sinne kein Objekt der menschlichen Vernunft ist. Gott ist der Verborgene, der Unfaßbare, den unsere Worte nicht auszudrücken vermögen. Hier macht sich der Einfluß Plotins deutlich spürbar. Aber Augustin konnte sich der Beschränkung Plotins nicht anschließen. Immer wieder gibt er positive Aussagen über Gott. Gewiß steigert er das Bild des Menschen in Gott zum Ideal: Gottes Macht ist die an keine Schranken stoßende Allmacht, die mittels der Vorsehung die Welt lenkt. Gott ist der Schöpfer der Welt, Vater der Wirklichkeit, Vater der Wahrheit. Gott ist das Leben und höchste Sein, erhaben über jeden Mangel, ewig. Mit diesen Vorstellungen stoßen wir tief in die Philosophie Plotins; aus ihr schöpft Augustin die Ergänzungen zum persönlichen Gottesbild: Gott umfaßt ewig alles, er ist der Eine, er ist die Natur, das All, die ewige Ordnung, die Harmonie des schönen geordneten Seins, die letzte, höchste Geistigkeit, die höchste Idee, das letzte Denkbare. Denn – trotz Plotin –: Gott ist erkennbar.

Diese Gottesvorstellung stärkte Augustins Rationalismus: sein Wille, der Vernunft nachzuleben, wird göttliches Gesetz, ist Gott doch Ziel der vernünftigen Erkenntnis; Gott ist aber auch das Ideal für den Menschen, so daß, ›ihm nachleben‹ soviel wie ›richtig leben‹ heißt.

Doch vor allem: der Glaube an die gottgewollte Harmonie der Welt beseligt. Denn *Ordnung* ist das Gesetz der Welt, die aus Gottes Sein, dem Einen (nach Plotin), geflossen ist; das Sein ist der Überfluß seines Wesens. Alles, was Gott schuf und ständig schafft, gehorcht dem Gesetz der Ordnung. In tiefster Ergriffenheit, zum Hymnus bewegt, schildert Augustin den wohlgeordneten Bau der Schöpfung (man lese das Gebet der Soliloquien). Es gibt nichts, das außerhalb dieser göttlichen Ordnung stünde, sie umfaßt

ewig alles. Ordnung ist Weltgesetz, nicht bloß Gesetz des erkennenden Geistes.

Was von Gott aus in Ordnung ist, ist notwendig gut und, als Gutes, schön. Gut und schön fallen in der obersten Idee, der göttlichen Ordnung, zusammen. Wiederum reihen wir Augustin unter die Platoniker ein. Es gibt nichts Geordnetes, das nicht auch schön wäre. Man hat immer gesehen, daß im Kern der Begriff der Ordnung (wie der griechische des Kosmos) ein ästhetischer ist: hier stellt Augustin die Ordnung der Welt als Grundlage der schönen Welt hin. Denn nicht der Körper ist es, der dem einzelnen Existierenden das Sein gibt: es ist seine Idee. Sie erst garantiert sein Dasein. Ein Körper steht um so höher, je idealer er geordnet ist: das führt weiter, was Augustin von den Neuplatonikern übernommen hat, daß die Materie belanglos, ja existenzlos wäre, wäre sie nicht durch ihre Gestaltetheit maßvoll geordnet, so daß sie dem Reich der Ideen verhaftet ist, eben durch ihre Gestalt. Je mehr Maß, Schönheit und Ordnung (drei sich ergänzende Begriffe für eine Sache), desto mehr Güte.

Es leuchtet ein, daß das *Problem des Bösen,* das in der Lebensbeschreibung als ein Kernproblem hingestellt war, sich mit innerer Spannung an den Begriff der Ordnung kettet. Alle hymnische Verherrlichung der Ordnung beruht auf dem Gefühl der Befreiung, daß alles, also auch das eigene Böse, letztlich in Ordnung sei. Ordnung und Schönheit empfangen von demselben Gefühl her ihre Leuchtkraft, ja auch Gott selber, der dies verwirklicht. Auf philosophischem Weg wurde die Einheit der Welt in ihrer Ordnung erfaßt: so verlor das Böse seine dämonische Wirkung. In der Popularethik Monnicas war eben das Böse im Teufel, bei den Manichäern im bösen Weltprinzip dämonisiert, also auf eine außermenschliche Macht projiziert, die objektive Geltung haben sollte. Nun lernte Augustin bei seinen neuplatonischen Studien die objektive Güte der Welt kennen. So kehrten ihm Glauben und Vertrauen zurück.

Der Ordnungsgedanke impliziert gradualistisches Denken. Hier ist, wie in vielem, *Plotin* so weitgehend Vorbild, daß wir, an dieser Stelle eine knappe Zusammenfassung seiner Philosophie versuchend, allem Folgenden dies vorausschicken müssen: Jedes körperliche Sein bedeutet eine Vereinigung von Teilen, die, für sich betrachtet, unvollkommen sind. Das Ganze ist mehr als die Summe seiner Teile. Es drängt sich damit die Überzeugung auf, es stehe eine vollendetere Einheit dahinter: so weisen die wunderbaren Zusammenhänge zwischen den Gliedern eines lebendigen Wesens auf eine übergeordnete Einheit, auf die Seele hin, welche die Glieder zusammenhält und unterhält. Ohne diese Einheit verliert alles sein Sein: alles ist vom Einen her. Die Einheit eines Wesens ist in der Seele begriffen als in seiner Idee; seine Gestalt ist die im Physischen erahnbare Idee, die dem Wesen von seiner Seele gegeben wird. Nicht daß die Seele sich in Bewegung zu setzen hätte und sich zur Bildung des Körpers (nicht nur etwa des menschlichen Körpers) nach ihrer im Einen geschauten Idee drängte: umgekehrt versucht die sinnliche Welt in ihrer Gestaltung die immer geistige Wahrheit der Idee nachzuahmen; sie ist sozusagen unbewußte, schweigende Betrachtung der ideellen Schönheit, deren Verwirklichung der sinnlichen Welt Dasein gibt. So hat ein Tier, eine Pflanze Gestalt nur insofern, als sie den Glanz, den ihr geistiges Vor-Bild (Ideal) ausströmt, mit ihrer Materie wie mit einem Spiegel auffängt und widergibt. Die Seele, das in der Rangordnung höhere Wesen, bleibt also ewig sich gleich, unveränderlich und unbeweglich, wenn sie der Materie das Vor-Bild bietet. So ist die Seele das Zwischenglied zwischen der Welt des sinnlich Wahrnehmbaren und der geistigen Welt, die ihrerseits wieder als Geist und, übergeordnet, als das Eine betrachtet werden kann.

Diesen *neuplatonischen Stufenbau* finden wir besonders in den nicht für die Öffentlichkeit bestimmten Skizzen »Von der Unsterblichkeit der Seele«, aber auch in den Soliloquien und den andern Frühwerken. Das ist gewiß auch sinnvoll;

denn erst wenn das Problem des Bösen durch den paulini-
schen Dualismus wieder brennend wird (etwa vom Werk
»Über die Willensfreiheit« an), werden die Stufen des Seins
zum Objekt der Auseinandersetzung. In Cassiciacum überwiegt die Beseligung über die Einheit in der göttlichen Ordnung. Allerdings versteht es sich für den Platoniker und für
den Christen von selbst, daß die Welt des Körpers und die
des Geistes einander entgegengesetzt sind. Doch während
die Manichäer im Dualismus verharren, wissen die Platoniker durch ihre Seelenlehre den Zwiespalt zu überbrücken.
Aber wenn auch der Zwiespalt überbrückt ist, indem die
Seele der Körperwelt Geistiges vermittelt, bleibt doch die
Welt der Erscheinung das Minderwertige. Denn in der
Rangordnung liegt die Wertung. Die Seele steht dem Geistigen am nächsten, also ist sie (wie Gott) ein Ziel der Erkenntnis. Die Soliloquien wollen Gott und die Seele erkennen.

Gelingt Augustin die Erkenntnis? Ist Gott wirklich erkennbar? Nun, die Seele ist fähig, wie die Erleuchtungslehre
behauptet, mit ihrem geistigen Auge Gott zu ›sehen‹. Der
Höhepunkt aller Erkenntnis ist die *Vision*. Nun kennt man
die Vision, die alles Begreifbare überschreitende, unaus-
sprechliche Schau Gottes im Innern, als das Ziel aller Mystik; man weiß auch, daß der Mensch des Gefühls der Mystik nahesteht. Augustin hatte die Mystikerin Monnica zur
Mutter: wir dürfen an seiner Anlage für die Mystik nicht
zweifeln. Aber es hat mit dieser mystischen Vision Augustins eine besondere Bewandtnis: Augustin ist gegen alle
Stimmen, die ihm gefühlsnah scheinen, auch in Cassiciacum
derart mißtrauisch, daß er die Vision, die aus dem Gefühls-
leben stammt, aus ihrer mystischen Unaussprechlichkeit
hebt und ihr völlig rationale Züge gibt – sei es, weil er das
Vorbild des verstandeshellen Griechen Plotin als Ideal an-
strebt, sei es aus affektiver Überbetonung der Vernunft. Die
Vision des Mystikers gelingt in der Verzückung, im seelischen ›Überspringen‹, in der Ekstase. Ich zweifle nicht, daß
Augustin zur Mailänder Zeit oder in Cassiciacum, also noch

vor der von ihm selbst erzählten Vision in Ostia, eine Verzückung hatte, die zu seiner Bekehrung beitrug. Ihren ekstatischen Charakter kannte er jedenfalls, wie die Soliloquien I, 13 f. verraten: alle andern Voraussetzungen zur Vision (Glaube, Hoffnung) werden, sobald sie gelingt, belanglos, nur die Liebe bleibt zurück. Der in Liebe erlebten Vision folgt das Gefühl der Seligkeit, die mystische Verzükkung. Durch all dies verrät uns Augustin den mystischekstatischen Charakter seiner Vision und seiner selbst. Verrät – denn Augustin bemüht sich eben, die mystischen Züge zu rationalisieren. Die Erleuchtungslehre als ganze ist nichts anderes als die rationalisierte Vision, die rationalisierte Mystik. Er billigt nur der Vernunft die Fähigkeit der Vision zu; sie sieht Gott, das heißt sie erkennt den erkennbaren Gott. Seine Mystik ist in Wahrheit Denkarbeit, die nur, auf ihrer höchsten Stufe, fühlt, daß Beweise für das Gefühl, das Gewißheit hat, überflüssig sind, weil man die ›Sache selbst‹ sieht.

Doch sind diese eigentlichen mystischen Freuden bei Augustin selten. Er bevorzugt alles Verstandesgemäße. Die Ratio ist beinahe allmächtig. Überall wird sie aufgefunden, als die Gestalterin der Weltordnung: sie erkennt Gott, sie hat teil an dem Reich der ewigen Ideen, ja sie leistete das, was Augustin vielleicht eigentlich doch die Hauptsache war: sie bewies ihm in einem Zirkel auch die Überlegenheit der Seele über das Leibliche, sie bewies ihm die *Unsterblichkeit der Seele*. Genügte doch die Verbundenheit der Seele mit dem Reich der Ideen nicht; die Ichbezogenheit diktierte ihm, der trotz allem Glauben an die letztlich gute Welt von einer unheimlichen Todesangst geplagt war, einen Unsterblichkeitsbeweis, der sich gänzlich auf die Vernunft verläßt. Die Voraussetzungen für den Beweis lauten:

1. Wenn die Wahrheit nicht zugrunde geht, ist sie ewig; wenn sie aber zugrunde geht, ist es wahr, daß sie zugrunde gegangen ist: es muß sie also weiter geben, also ist die Wahrheit ewig.

2. Was untrennbar mit etwas anderem verbunden ist, besteht, solange das andere besteht (eine existentielle Eigenschaft und ihr Wesen sind untrennbar).

3. Mathematik und Logik sind wahr.

4. Mathematik und Logik sind Vernunft.

5. Die Vernunft ist untrennbar mit der Seele verbunden.

Der Beweis lautet also kurz: Weil die Seele untrennbar mit der Wahrheit verbunden ist, ist sie so ewig wie jene.

Um nicht alles bis ins Letzte zu erörtern, wollen wir nur folgendes feststellen:

1. Augustin benützt die Bezeichnung ›verum‹ für zwei Begriffe: einmal für den aus dem Bereich der Logik stammenden Begriff ›wahr‹, der anzeigt, daß eine subjektive Aussage einem objektiven Tatbestand entspricht; dann für den der Ontologie angehörenden Begriff ›wirklich‹, der anzeigt, daß es einen objektiven Tatbestand gibt. Von diesem zweiten Begriff ›wirklich‹, ›Wirklichkeit‹ kann man ohne weiteres sagen, er habe Ewigkeitswert, weil der Tatbestand, den er ausdrückt, selber ewig ist: immer ist etwas oder nichts. Aber dieser Begriff hat mit dem ersten (›wahr‹), dem logischen, der in der Tat nur in einem denkenden Subjekt vorkommt, nichts zu tun. Diese Wahrheit hört, wie alle Wahrheiten, auf zu existieren, sobald kein Subjekt existiert, das sie denkt. Wenn also die ›Wirklichkeit ewig ist‹, nämlich das Sein existiert, so ist damit nur der Möglichkeit der subjektiven Wahrheit, nicht dem sie denkenden Subjekt Ewigkeit zugebilligt.

2. Einzig der subjektive Begriff der Wahrheit ist ›unzertrennlich‹ mit der Seele verbunden – obschon darüber die Diskussion keineswegs abgeschlossen ist; wenn nämlich ›unzertrennlich‹ soviel meint wie, ›existentielle Eigenschaft‹, dann wäre jede Seele der Erkenntnis wenigstens fähig, auch die kranke und die dumme.

3. Wenn Mathematik und Logik zu gewissen Wahrheiten verhelfen (die ihrerseits von den Axiomen jener Kategorien abhängen), sind sie nicht identisch mit der Wahrheit.

4. Mathematik und Logik sind auch nicht identisch mit der Vernunft.

Wie ernst hat Augustin seinen Unsterblichkeitsbeweis genommen? Gewiß hat er ihn geglaubt. Die Soliloquien und die Schrift »Von der Unsterblichkeit der Seele« enthalten im Grunde nur mehr oder weniger weit entfernte Paraphrasen dieses Gedankens. Augustin mußte den Beweis um so ernster nehmen, als er mit jeder Faser seines Herzens die Unsterblichkeit der Seele wahr haben wollte. Gewiß war er auf den Beweis wohl geradezu stolz; denn er hat ihn in dieser Form kaum vorgefunden. Was ihm als vorgedachtes Material zur Verfügung stand, ist dieses: 1. Die Platoniker billigen der Idee ›Wahrheit‹ Ewigkeit zu, etwa Plotin, der von der Unmöglichkeit spricht, daß Seiendes auch nicht sein könnte; Sein wird es ewig geben, in diesem Sinn ewig Wahrheit, und auch als Idee ist die Wahrheit ewig (auch wenn sie kein Mensch denkt). 2. Mathematik und Logik sind bei Platon und den Platonikern in der gleichen Bedeutung zu finden, wie Augustin sie verwendet: im Dialog »Menon« läßt Platon seinen Sokrates unveränderliche, also ewig sich gleichbleibende Erkenntnisse erzielen, indem er die bisher ungebildete Seele daran erinnert, was sie vor ihrer Inkarnation gesehen: diese Wahrheiten, die Ewigkeitswert haben, sind die Tatsachen der Geometrie, die der gescheite Schüler auf sokratische Fragen hin in seiner Seele vorfindet. Die Hochschätzung der Dialektik bei Platon ist bekannt*. So wird Augustin durch seine Würdigung der Mathematik und Logik wiederum unter die Nachdenker platonischer Ideen eingereiht. 3. Der Glaube an die Allmacht der rationalsten Wissenschaften, Mathematik und Logik, ist bei dem Augustin von Cassiciacum in einer seltenen Einseitigkeit zu

---

* Wir haben aus Gründen, die sich aus den Erfordernissen der Übersetzung ergaben, für ›Dialektik‹ zuweilen das Wort ›Logik‹ verwendet, weil es sich leichter einpassen ließ; zur Sache und zur Wortwahl s. W. Müri, Das Wort Dialektik bei Platon: Museum Helveticum, 1, 1944, 152 ff.

beobachten. Dieser Glaube ist für einen christlichen Menschen vielleicht verwunderlich, nicht aber für den philosophierenden Augustin, der sich noch nicht als ein den Dogmen ergebener Christ fühlt; denn ›Christ sein‹ und ›Dogmen für wahr halten‹ ist nicht dasselbe. Und autoritätsgläubig war Augustin nicht, wenn er (Von der Ordnung 2, 26) schreiben konnte, zwei Wege führten zur Erkenntnis, Autorität und Vernunft; zeitlich gehe der Glaube an die Autorität voran, sachlich stehe aber die Vernunft voran.

Anschließend ein Wort zur *Lehre vom Schönen*. Hier sollte nun ein Ausgleich stattfinden zwischen dem Gefühl und der Vernunft. Doch wird man sich in der Erwartung, die dem modernen Empfinden entspricht, getäuscht sehen: auch die Ästhetik Augustins ist vorbehaltlos rational. Daraus, daß die Ratio mathematische und logische Fähigkeiten hat, erhält sie die Kraft, Verstreutes zu binden, Vielfältiges zu ordnen und die höhere Einheit zu finden, die alle Vielheit überwindet. Jede Wahrnehmung wird von der Ratio zur Erkenntnis erhoben, wenn es ihr gelingt, sie aus der disparaten Vielheit in das Ganze des harmonischen Seins einzuordnen. Vor Täuschungen und Irrtümern, welche der Erkenntnis Abbruch tun, flieht darum die Ratio wie vor einer Krankheit, denn sie reißen einen unbegreiflichen, unerklärlichen Zwiespalt in die Einheit des Ganzen, als welches die Vernunft das Sein begreifen will. Dieser Zwiespalt beunruhigt, weil die Ratio nicht an ihr Ziel gelangt. Nun hatten wir schon früher bei der Darstellung der augustinischen Welterkenntnis den ästhetischen Grundzug seiner Weltanschauung vorgefunden. ›Wahrheit‹ ist das Ziel der Vernunft, wenn sie logisch vorgeht, ›Schönheit‹ ist ihr Ziel, insofern sie die Ganzheit erkennen will. Doch diese Begriffe stehen sich nicht unvereinbar gegenüber. Der Vernunft, die sich nach Wahrheit sehnt, offenbart sich diese als Schönheit; Schönheit ist das Symbol der Einheit, der göttlichen Wahrheit. Diese Erkenntnis darf gewiß als der zündende Funke des augustinischen Rationalismus angesehen werden. Denn hier

geht jenes gesundende Erlebnis vor sich, von dem die Lebensbetrachtung sprach: der Intellekt (der von Augustin dem Gefühl und der Welt der Sinne gegenüber rigoros bevorzugt wird) und das Gefühl finden sich in der Offenbarung der Schönheit und erlangen so die Einheit der zerrissenen Persönlichkeit. Den versöhnenden Mittelweg durch das unharmonische Getrenntsein von Fühlen und Denken bahnt das ästhetische Empfinden. Von diesem Erlebnis her strömt dem werdenden Philosophen die wohltuende Wärme in die Vernunft, und die Schönheit formt seine Gedanken sein Leben lang. Von hier aus auf die Ausführungen über die Glücksstrebungen Augustins zurückblickend, begreifen wir erst richtig, warum Gott und die Wahrheit (als religiöse und philosophische Formulierung derselben Gegebenheit) den Suchenden beglücken: sie sind dem Gefühl und dem Intellekt auf dem vereinigenden Mittelwege des ästhetischen Fühlens gemeinsam zugänglich.

Daß dem eindeutig ästhetisch begabten Menschen, als der sich Augustin darstellt (seine erste Schrift, die leider verloren ist, handelte »Vom Schönen und Harmonischen«), der Zugang zu Plotin über den Weg der Ästhetik geglückt sei, legen viele Tatsachen nahe: vor allem, daß Augustin eben Plotins Traktat »Vom Schönen« zuerst gelesen hatte; dann auch, daß das Schönheitserlebnis mit neuplatonischen Ausdrücken vergeistigt ist. Der zentrale Begriff, auf den sich Augustin stützt, ist derjenige der Gestalt: schön ist nicht Masse, Farbe, Ton, sondern allein die Gestalt, welche Symmetrie rational schafft, geordnete Verhältnisse gewährt und Widersprüche und Gegensätze harmonisch eint. Diese Gestalt ist eine rein geistige Erscheinung: sie ist das Strukturgesetz, welches die Seele, nach ihrer Schau im Reich der Ideen, aus dem Ewigen mitbringt, um dem Dasein sein Sein zu geben. Alles ist gestaltet, also von der Idee her bestimmt; die schöne Gestalt macht den Körper erst zum Körper. Man mag hier erfassen, wie innig Ontologie und Ästhetik bei Augustin zusammenhängen. Gleichzeitig ist die Gestalt

auch das Gute; denn sie ist göttlicher Herkunft und adelt die
(nur theoretisch denkbare) reine Materie durch die Bega-
bung mit dem Sein.

Die ganze rationale Gestaltung der Welt der Erscheinung
und des Geistes ist der Seele zugänglich, weil diese selbst
rational und im tiefsten Wesen insofern geistig ist. Die Einwirkung des vielleicht berühmtesten Plotinwortes aus dem
Traktat »Vom Schönen« ist hier deutlich zu spüren: »Wär
nicht das Auge sonnenhaft, die Sonne könnt' es nie erblik-
ken, und wäre die Seele nicht schön von Natur, sie erblickte
die Schönheit nicht.« Plotin lehrt, wie die Seele, die auf den
Empfang von Schönheit hin gebaut ist, geistige Schönheit
geradezu verlangt. Darum sucht die schönheitsbegabte Seele die Erscheinungen zu fassen, indem sie ihre Geistigkeit in
der Gestaltung erfaßt. Sie strebt nach der idealen Schönheit
und findet sie offenbart in der rationalen Gestaltung der
Erscheinungswelt.

Fragen wir uns, ob Augustin sich der Identität von Wahrheit und Schönheit bewußt geworden ist, so wird die Antwort lauten: praktisch ja, theoretisch nein. Einmal sucht er
die Frage so zu beantworten, daß er sagt, die Ratio gelange
über das Wissen (nämlich der Wahrheit) zur Schönheit, ein
andermal: über die Schönheit zur Weisheit. Von allen Stellen der Dialoge kommt Augustins tatsächlicher Ansicht die
Theorie in der Fabel »Philosophie und Philokalie« am nächsten (Gegen die Skeptiker 2, 7): »Was ist Philosophie? Weisheitsliebe. Philokalie? Schönheitsliebe. Ja, und die Weisheit,
ist sie nicht selbst die wahre Schönheit? Die beiden sind also
Zwillingsschwestern, Töchter eines Vaters. Doch die
Schönheitsliebe ist der Weltlust auf den Leim gegangen, hat
ihre himmlische Freiheit verloren und sitzt gefangen im Käfig des Gemeinen. Immerhin hat sie die Ähnlichkeit des
Namens behalten, um den Vogelsteller daran zu erinnern,
auch sie sei nicht zu verachten. Die Weisheitsliebe erkennt
ihre Schwester häufig, wenn sie frei umherfliegt, obschon
jene die Flügel gestutzt bekam und schmutzig und bedürftig

aussieht; doch Freiheit kann sie ihr nur selten geben; denn
die Schönheitsliebe weiß selber nicht um ihre Herkunft, das
weiß nur die Weisheitsliebe.« Eine anschauliche Geschichte
– aber beim ›also‹ stimmt die Logik nicht mehr: es liegt kein
Grund vor, sie Schwestern zu nennen. Das hat der alte Augustin eingesehen, wenn er in den Retractationen verbessert: ernsthaft gesehen, im Bereich der unkörperlichen und
höchsten Wahrheit, sind Philosophie und Philokalie identisch; das heißt: Liebe zur Schönheit und Liebe zur Wahrheit
haben in Wirklichkeit nur ein Objekt. Diese Tatsache ist ein
Grundzug augustinischer Philosophie. Um so eindrückli-
cher, wenn der Greis ausspricht, was der Dreißigjährige
suchte und meinte.

Endlich noch eine Bemerkung zur *Ethik.*

In der Dualität von Körper und Seele gebührt der Seele
der Vorrang. Im Sinne des Neuplatonismus, der sich darin
mit dem christlichen Lehren deckt, nennt Augustin das sitt-
liche Leben eine fortwährende Läuterung. Diese bedeutet in
allen Fällen, auch wo sie sich hinter dem Vergleich »die
Augen müssen geheilt werden« versteckt, daß die Ansprü-
che des Leibes abgeworfen werden; so in der mildesten
Form, daß man ein Leben der Liebe führe, mit Freunden
zusammen, ohne Leidenschaft, Eß- und Trinklust oder andere sinnliche Lüste (wie Faulheit, Schlaf, Baden), ohne allen Egoismus (Ehrgeiz, Neid, Haß, Dünkel werden ausdrücklich erwähnt). Das der Vernunft gemäße Leben ver-
bürgt Glückseligkeit. Praktisch bedeutet die Forderung allerdings mehr, wie Augustin selber zeigt: für den Mystiker
ist nichts anderes als Askese zu erwarten, und Augustin hat
sich für die Askese entschieden. Auf Askese zielte die katho-
lische Ethik, die manichäische Lehre, aber auch die Plotins,
man denke nur an sein eindrückliches ἄφελε πάντα, »laß
alles hinter dir«. Augustin empfand die rigorose Entscheidung zur Askese als die befreiende Bekehrung zum Christentum, wie ja seine Selbstdarstellung in den Confessiones
zeigt. Es steht letztlich auch nicht Plotin und seine helle,

geistige Ergriffenheit als Ideal hinter Augustins Wunsch-
bild, sondern der christliche Kämpfer, der den Anfechtungen Widerstand leistet.

War Läuterung der Weg zur Glückseligkeit in der Erkenntnis, so gab Augustin diese Lehren auch in doppelter
Form an seine Schüler weiter: theoretisch und mit dem gelebten Vorbild. Und darauf verwandte er nicht wenig Arbeit, war er doch ein Erzieher von Beruf, der selber gern das
Vorbild lebte. Dazu reizte ihn schon seine autoritative Persönlichkeit. So strebte er in gemeinsamer Lektüre und Diskussion mit Freunden und Schülern nach der Erkenntnis; er
las in jenen Tagen Vergil, nahm gern die ciceronische
Schrift »Hortensius« vor, die zum Philosophieren einlud,
aber auch Varros unerschöpflicher Wissensschatz stand zur
Verfügung, da Augustin eben in den Tagen der Bekehrung
noch den Plan erwog und bereits auszuführen begonnen
hatte, das große Bildungswerk der varronischen »Disciplinae« neu zu beleben und leichter zugänglich zu machen.
Auch den heitern Ovid las man nicht ungern, da ein junger
dichtender Freund ihn liebte. So zeigt uns Augustin, wie er
die Literatur und Wissenschaft als unerläßliche Vorstufe, als
Propädeutik zur Philosophie auffaßte.

Es ist ein bedeutsames Schauspiel, das sich uns in Augustins Bekehrung zeigt. Ein durch seine Gaben auserlesener
Mensch entfaltet schrittweise, was ihm zum Leben gegeben
ist. Von der ersten Berufung durch den ciceronischen Hortensius bis zum Heiligen – ein weiter, aber in sich geschlos-
sener Weg! Wie zumeist, so lag auch bei Augustin die religiöse Entscheidung in dem Jahrzehnt zwischen dem fünf-
undzwanzigsten und dem fünfunddreißigsten Lebensjahr.
Mit der Bekehrung tat Augustin den entscheidenden Gang
zur kritischen Selbstbetrachtung, ringend nach Klarheit, um
sich mit sich und der Welt und ihrem Grunde zurechtzufin-
den. So wird das vorerst nur persönliche Schicksal dieses
Mannes wichtig. Aus einem triebstarken Stamm sprießt,
vergleichsweise gesagt, eine blüten- und fruchtreiche Kro-

ne, der die Nahrung bald aus den tiefsten Wurzeln zuströmt, bald aus der Luft gegriffen zukommt und im Lichte der Sonne assimiliert wird: ebenso entfaltet Augustin in all seiner menschlichen Bedingtheit der Herkunft, Tradition und Umwelt mit neuplatonischem und christlichem Gedankengut eine für Generationen gültige Philosophie. Bei aller Einseitigkeit und Begrenztheit muß die eindrückliche Gesamtschau, welche einem Menschen an der Schwelle zwischen Antike und Neuzeit gelang, jeder Umbruchzeit und jedem, der in sich den Umbruch spürt, stärkste Eindrücke geben.

ZUR GESTALTUNG DER WERKE
UND ZUR ABFASSUNGSZEIT

Jede Gestaltung ist sinnvoll. Wer die Gestalt lesen kann, begreift den Inhalt und gar den Gehalt neu.

Wenn wir die Soliloquien zu lesen beginnen, erkennen wir gleich im ersten Satz eine Wendung, die Augustin seinem Vorbild Cicero nachgeahmt hat: volventi mihi multa ac varia mecum diu, ac per multos dies sedulo quaerenti memet ipsum ac bonum meum, quidve mali evitandum esset . . . ist offenbar gestaltet nach den berühmten ciceronischen Eingängen von De oratore: cogitanti mihi saepenumero et memoria vetera repetenti . . . und von De inventione: quaerenti mihi multumque et diu cogitanti, quanam re possem . . . Und wie Augustin den Anfang nach Cicero prägt, so ist er geradezu erpicht darauf, ein ciceronisch reines Latein zu schreiben. Erpicht, aber auch Meister. Wer den Wortschatz untersucht, die Phraseologie nach Ciceros Einfluß durchforscht, ist aufs höchste erstaunt, wie genau Augustin dem Vorbild aller späteren Redner die Diktion bis ins einzelne nachgeformt hat. Dutzende von Wörtern, für die Cicero eine Vorliebe hat, finden wir in ähnlicher Vorzugsstellung bei Augustin; Wörter, die Cicero allein in einer

besondern Bedeutung verwendet, kennt nach Jahrhunderten wiederum Augustin; die Wortverbindungen, Wortgruppen, die noch bezeichnender sind als einzelne Wörter, erweisen, daß es der Redelehrer des ausgehenden vierten Jahrhunderts mit seinem großen Vorbild genau meint: Wortgruppen, die bei Cicero und Augustin gleich lauten, füllen, nebeneinandergereiht, mehrere Buchseiten.

Warum war denn Cicero so wichtig? Einmal als das unbestrittene Stilmuster, gewiß. Augustin vergnügte sich daran, seine Gedanken in der anerkannten, verpflichtenden Sprache zu prägen. Dann wollte er als Christ in der freien Weise Ciceros philosophieren: er mußte den Stil gemäß der von Cicero geschaffenen Literatur wählen, so wie Tacitus im Dialogus ciceronisch schreibt. Anderseits aber war es ja der ciceronische Hortensius, der Augustin den Willen eingegeben hatte, das Leben philosophisch zu meistern. Aus der Wichtigkeit des Hortensius macht Augustin in Cassiciacum kein Hehl, vielmehr denkt er mit Liebe an den ersten in seinem Leben wichtigen Verkünder der Geistigkeit. Wenn Augustin seine Schüler und Freunde unterrichtet, benützt er den Hortensius.

Schreibt Augustin ein ciceronisch reines Latein, so bedeutet dies gleichzeitig, daß er im Gebrauch des Spätlateins und der vulgären Formen maßvoll ist; es bedeutet auch, daß ihm die Sprache der Bibel noch unwichtig ist. Wir wissen ja, daß Augustins Abneigung gegen die Bibel mitbedingt war durch ihre wenig ›würdige‹ Sprache. In den Soliloquien zitiert er das Neue Testament fünfmal, in den Skizzen De immortalitate nie.

Äußerst bedauerlich ist, daß wir das philosophische Wortmaterial Varros und des Marius Victorinus nicht kennen. Varro ist kaum zu überschätzen. Daß die lateinische Übersetzung des Plotin durch Marius Victorinus nicht erhalten ist, hindert uns vor allem bei der Untersuchung des Traktats »Von der Unsterblichkeit der Seele«. Auch die verlorene Phaidonübersetzung des Apuleius wäre wertvoll.

Bleiben uns somit einige erwünschte Einblicke in die Zusammenhänge auch verwehrt, so wissen wir doch sicher,
daß die Bedeutung Ciceros weder durch Varro noch durch
Victorinus geschmälert werden kann. Denn durch einige
weitere Beobachtungen läßt sich die allgemeine Vorstellung
von der Wirkung Ciceros noch vertiefen: Augustin verwendet die rednerischen Figuren ähnlich wie Cicero, um an
gewissen Stellen die gewöhnliche Sprache der philosophischen Diskussion, der leicht etwas Dürres anhaftet, zu
durchbrechen und die Sprache des Gefühls, der rednerischen
Leidenschaft aufblühen zu lassen. Dabei verwendet er gern
Figuren, die auf dem Prinzip der Verdoppelung oder der
Wiederholung beruhen, wie etwa im Gebet, Soliloquien I,
2/6, das daran geradezu überreich ist, zum Beispiel in diesen
Sätzen:

Deus veritas, in quo et a quo et per quem vera sunt,
    quae vera sunt omnia;
Deus sapientia, in quo et a quo et per quem sapiunt,
    quae sapiunt omnia;
Deus vera et summa vita, in quo et a quo et per quem
    quae vere summeque vivunt omnia;   [vivunt,
Deus beatitudo, in quo et a quo et per quem beata sunt,
    quae beata sunt omnia;
Deus bonum et pulchrum, in quo et a quo et per quem bona
    quae bona et pulchra sunt omnia;   [et pulchra sunt,

oder: *noverim me, noverim te*. Daß das Gebet durch die redne-
risch geschmückte Sprache ausgezeichnet wird, ist kaum
verwunderlich. Ist es doch in schönster Weise Lob, Preis,
Begeisterung – und Bitte, also durchaus der Welt des Gefühls eigen. Aber auch an sonstigen Stellen der Dialoge tritt
plötzlich diese erhöhte Sprache auf, etwa Soliloquien I, 25:
quam tibi sordidus, quam foedus, quam exsecrabilis, quam
horribilis complexus femineus videbatur ... sensisti, quam
te aliter quam praesumpseras imaginatae illae blanditiae et
amara suavitas titillaverit, longe quidem, longe minus quam

solet, sed item longe aliter quam putaveras. Anaphern von
zwei, drei und sechs Gliedern, das Paradoxon amara suavitas und die Neubildung imaginatus zeichnen diese kurze
Stelle aus. Hier wie an verwandten Stellen, vor allem auch
in den andern Dialogen, zeigt sich, wie die Stilhöhe nach
dem Inhalt gewählt wird. Und zwar ist es eindeutig, daß
alle rhetorischen Stellen Gebete und Bekenntnisse der
menschlichen Unzulänglichkeit sind, deren Grunderlebnis
bei Augustin wohl deutlich genug das Empfinden der eigenen Sündhaftigkeit ist. Zweifellos weisen diese figurierten
Inhalte weit voraus bis ins Jahr 400, wo Augustin im selben
Stil dieselben Inhalte (Sündenbekenntnis, Geständnis der
menschlichen Unzulänglichkeit, Gebet, Anruf Gottes) in
seinen Confessiones eine einzigartige Schönheit gewinnen
läßt. Die Confessiones kommen fast ohne das rationale Gespräch aus; denn sie enthalten auch das Philosophische in
rhetorischer Form.

Seit es Platons Dialoge gab, konnte ein antiker Dialog-
schreiber auf verschiedene stilistische Feinheiten nicht verzichten, ohne gegen das Genus des philosophischen Dialogs
zu verstoßen. Es versteht sich von selbst, daß Augustin seine exoterischen Dialoge mit derselben Gewissenhaftigkeit
stilisierte wie etwa Cicero. Eine Hauptvorschrift, welche
die antike Stillehre aus Platon ablas, war die Forderung,
dem Gespräch *Glaubwürdigkeit* zu geben. Was damit gemeint ist, lehrt wohl am schönsten die Einleitung zum Dialog De ordine, die erzählt: Augustin und seine Freunde liegen wach im Schlafraum, hören ein Geräusch und versuchen, an Hand dieses Geräusches zu entdecken, was vor sich
gehe. Es war aber ein Blatt, das den Wasserablauf verstopft
hatte, und dieses Blatt mußte abgefallen sein. So werden wir
aufs natürlichste mitgeführt, wenn jetzt die Erörterung ein-
setzt, ob irgend etwas, auch das Geringste, außerhalb der
Ordnung vor sich gehe. Im Dialog der Soliloquien läßt Augustin sich selbst und seine eigene Ratio miteinander reden.
Wir erwarten, ein Dialog des Menschen mit seiner Vernunft

bewege sich völlig abstrakt im Geistigen. Aber Augustin gibt ›sich‹, dem von außen gesehenen ›Augustinus‹, und seiner Vernunft geradezu individuelle Züge, und wer den Dialog liest, würde kaum auf den Gedanken kommen, es handle sich nicht um wirkliche Menschen, die sich unterhalten. So weist man auf die Umgebung hin, oder man unterbricht das Gespräch, weil es Nacht geworden ist. Solche Einschübe sind Pflicht des Schriftstellers, der, wie Augustin, dafür sorgen will, daß seine Werke »ausgefeilter« an die Öffentlichkeit kommen. In den Soliloquien spielt Augustins Vernunft die Rolle, die ›Augustinus‹ selbst in den übrigen Dialogen innehat: sie läßt den ›Augustinus‹ Fehler begehen, sie hilft dann wieder weiter, sie ist die überlegene Führerin. ›Augustinus‹ bittet etwa: »Laß mich ein wenig überlegen«; oder: »Wer hat dies behauptet?« – »Du eben vorhin . . .« Als Selbstgespräch mutet uns dies seltsam an. Es lehrt uns auch, an den übrigen Schriften der Zeit Kritik zu üben. So, wie sie dastehen, sind sie sicher nicht gesprächsweise vor sich gegangen, auch wenn sogar Stenographen beigezogen worden sind. Gerade die Tatsache, daß der Stil der Soliloquien sich keineswegs vom Stil eines andern Dialogs unterscheidet, beweist, daß die Ausarbeitung der übrigen Dialoge so gut das Werk Augustins ist wie die der Soliloquien.

Grundsätzlich stilisiert Augustin im ›Augustinus‹ des Dialogs seine sinnlich-menschlichen Eigenschaften, in der Vernunft ihren Widerpart. Es soll also die eigene Vernunft sein, die das Gespräch führt. Doch zuweilen verirrt sich auch ein Fehler in die Erfindung. Soliloquien 2, 24 etwa sagt die Vernunft, von sich selbst in der dritten Person redend ». . . wie zu Beginn dieses Buches die Vernunft lehrte«. So *schreibt* eben Augustin, so *spricht* die Ratio nicht. Oder: »Um die körperliche Gesundheit soll ich mich sorgen, obschon ich selbst verseucht bin?« sagt Soliloquien I, 26 der Vertreter der Sinnlichkeit, ›Augustinus‹, zur Ratio. Wer ist »ich selbst« im Unterschied zu ›Augustinus‹ und Ratio? Wo Au-

gustin im Gespräch »vorher« und »Unterredung« sagen
müßte, schrieb er »oben« und »Buch«; diese Unglaubwür-
digkeit hat er mit Cicero gemein, der in seinen Buchdialo-
gen und stilisierten Reden so spricht. Aber der Anstoß ist
für die Soliloquien viel geringer als für die übrigen Dialoge,
weil ja (nach I, 1) bei dem vorliegenden Dialog Reden und
Schreiben zusammenfallen. Dennoch sollten Selbstgespräche natürlich ein Gespräch sein.

Fassen wir zusammen, was wir über die Stilisierung der
Soliloquien sagen wollten: die ciceronische Sprachkunst,
viele rhetorische Figuren und klingende Endungen der Sätze, die Stilisierung zur Glaubwürdigkeit und Ähnliches sind
Arbeit des Schriftstellers, der seine Werke veröffentlichen
will, in der Absicht, der hier verkündeten neuen Philosophie Anhänger zu werben. Die äußere Gestaltung mußte
darum den Forderungen der Stillehre der Schule genügen.
  Wie sehr die rhetorische Vollendung Augustin gelungen
ist, sehen wir besonders deutlich beim Vergleich mit der
Abhandlung De immortalitate animae.
  Die Skizzen dieser Abhandlung sind Aufzeichnungen, die
Augustin als Grundlage für ein weiteres Buch der Soliloquien benützen wollte. Wider seinen Willen sind sie, wie er
sagt, unter die Leute gekommen und veröffentlicht worden
(vgl. unten S. 243). Nicht durchgearbeitet, zeigen sie uns aufs
trefflichste, wie Augustin zu feilen pflegte. In der dürrsten,
trockensten Sprache geschrieben, geben sie wirklich nur das
Gerüst der Gedankenfolge und entbehren jeglichen
Schmuckes. So sah offenbar der Rohbau aus, den der Rhe-
tor zu jenen ciceronischen, so lebensnah scheinenden Dialogen durcharbeitete. Nichts kann die überlegene Schaffens-
kunst Augustins deutlicher veranschaulichen als ein Vergleich der so natürlich klingenden Dialoge oder der Soliloquien mit der im Zustand des eben durchdachten Materials
steckengebliebenen Abhandlung De immortalitate animae.
Das Bild, das sich ergibt, ist so eindrucksvoll, daß wir auf

nähere Ausführungen hier verzichten können. Augustin
klagt in den Retractationen I, 5, 1, die Abhandlung sei »wegen der Verschrobenheit und Knappheit der Ausführungen
so dunkel, daß sie beim Lesen auch meine Aufmerksamkeit
ermüdet und kaum von mir selbst noch verstanden wird«.
Betrachten wir noch kurz den *Aufbau der Soliloquien*. Es
fällt auf, daß sie anders gebaut sind als die übrigen Dialoge.
Jene beginnen durchwegs mit kurzen protreptischen Einlei-
tungen, dann setzt das Wechselgespräch ein, das sich über
gut zwei Drittel des Ganzen hinzieht. Falls der Dialog in
mehrere Bücher unterteilt ist, unterbrechen protreptische
Einschübe zu Beginn der einzelnen Bücher den Gesamtdia-
log. Eine feste Form hat auch das letzte Drittel oder Viertel:
hier pflegt sich Augustin in zusammenhängender Rede zu
äußern, nachdem er schon vorher die Führung des Dialogs
innegehabt hat. Dieser Rede paßt sich der Stil sofort an:
Prosopopoiie, Einwürfe, rhetorische Fragen treten an Stelle
des Gesprächs; aus dem Dialogstil fällt Augustin in den Dia-
tribenstil.
Man sieht, wie Augustin den Dialogteil dazu benützt, um
für seine Schlußrede die intellektuelle Vorarbeit zu leisten.
Wenn er die Rede geschlossen hat, kann eine Erörterung
nicht mehr stattfinden. Das Gespräch ist beendet, die Mitunterredner schweigen still unter dem Eindruck der Worte
Augustins oder loben seine Geistesgröße. Augustin selbst
führt die Gedanken so weit, wie er kann. Er stellt seine
dogmatische Antwort der Hilflosigkeit der Freunde gegenüber, die dadurch noch deutlicher als sonst zu Schülern werden. Augustin doziert, wenn auch liebenswürdig, weil begeistert. Denn die Gedanken, die er in der Schlußrede darstellt, sind sein innerstes Anliegen. Immer enthält die
Schlußrede Erkenntnisse, die für Augustin verhältnismäßig
neu sind und ihm darum besonders am Herzen liegen. Das
dürfte auch der Grund sein, warum er den Dialogstil aufgibt: er steht nicht mehr, wie etwa ein Platon, über den
Problemen, kann also seine Freunde nicht mehr überlegen

führen, sondern muß sich selbst einmal im Zusammenhang klarmachen, was für eine Bedeutung er dem Neuen, das ihm zuteil geworden ist, beizumessen habe. Dem kommt die einfachere Form der Rede entgegen.

Zweifellos strebte Augustin diese Form an; es ist nicht so, daß der Stoff ihn mitgerissen hätte. Wie bewußt seine Technik ist, zeigen die Ankündigungen der Schlußreden, die gleichzeitig eine Entschuldigung enthalten, daß jetzt das Wechselgespräch verlassen werden müsse.

Für die Soliloquien erwarten wir darum eine protreptische Einleitung, den Dialogteil und die Schlußrede, in der das Thema »Gott und die Seele« vom Gesprächsleiter, diesmal nicht von Augustinus, sondern von seiner Ratio, abgeschlossen wird. Aber die Schlußrede fehlt. Warum? Die Soliloquien sind unvollendet (Retractationen I, 4, 1). Daß es wirklich die Schlußrede ist, die fehlt, ist nicht nur aus dem Vergleich mit den andern Dialogen der Zeit zu ersehen, sondern auch aus dem uns bekannten Plan für das Ende. Aus den Retractationen I, 5, 1 wissen wir, daß Augustin nach den beiden Büchern der Soliloquien die Skizzen De immortalitate verfaßte und daß diese ihm ein commonitorium, eine Gedächtnisstütze, sein sollten, damit er die unvollendet gebliebenen Soliloquien abschließen könne. Da diese Skizzen, auch wo sie ausgearbeitet sind, nicht dialogisch gehalten sind, kann man erkennen, daß sie die Schlußrede vorbereiteten.

Fragt man sich nach dem Grund, warum Soliloquien und De immortalitate nicht beendet werden konnten, so wird die Vermutung wach, Schuld trage vor allem die Unklarheit über den Zusammenhang der in Frage stehenden Probleme: Wahrheit, Vernunft, Unsterblichkeit der Seele. Es mag aber auch sein, daß man aus der Formulierung der Retractationen I, 5, 1 ablesen muß, Augustin habe die beiden Werke zu schnell an seine Freunde weitergegeben, so daß sie wider seinen Willen bekannt wurden: »Gegen meinen Willen ist die Schrift (de immortalitate) irgendwie in die Hände der

Menschen gelangt und wird unter meinen kleinen Werken
aufgeführt. «

Und doch sind, trotz der äußeren Unfertigkeit, die Soliloquien nicht weniger vollendet als die übrigen Dialoge,
besonders wenn wir De immortalitate als Abschluß lesen.
Statt der beendeten Schlußrede enthalten sie ein geradezu
vollendetes Gebet, ein Gebet, dessen formale Großartigkeit
einen Gipfel der ganzen lateinischen Sprachkunst darstellt.
Mag der Dialog auch in einer Aporie enden: Augustin ist
mit dem Gebet zum Ende seiner Gedanken vorgedrungen.
Denn das Gebet bot ihm die Möglichkeit, all das, was er
brennend zu wissen verlangte, in der Aussageform oder als
Ausruf, das bedeutet: als ob es wahr wäre, zu formulieren.
Im Gebet spricht er alle Dogmen, die er selbst gern bewiesen hätte, als Prädikate Gottes aus, er schreibt Gott zu, was
er Ideales sieht, wissensmäßig aber nicht beherrscht. Obschon also das Gebet nicht mehr und nicht weniger Objekti-
vität besitzt als andere Dialogteile, erhält Augustin im Gebet
die Befriedigung, daß seine Ideale in Gott verwirklicht sei-
en. Es ist daher durchaus möglich, daß Augustin das Gebet
erst dann dichtete, als er mit dem rationalen Dialog an einer
Aporie angelangt war, die er nicht überwinden konnte. Er
faßt die Soliloquien mit dem Gebet zusammen, er vollendet
mit ihm den Dialog.

Noch etwas Weniges ist zur *Form der dialogisierten Selbstgespräche* zu bemerken. Diese sind nämlich nicht ausschließlich auf die Soliloquien beschränkt. Aber nur hier hat Augustin seinem Mitunterredner den Namen ›Ratio‹ gegeben, die
Ratio verselbständigt, zur Allegorie umgestaltet. Eine Parallele zu den Soliloquien finden wir etwa De ordine, 2,48 ff.
und im dritten Brief Paragraph 4. Die Technik stammt von
der Diatribenliteratur her, wie ihre Anwendung in dieser
Schlußrede und im Brief zeigt. Neu ist hingegen das Aus-
maß und vor allem die Bewußtheit. Dafür mag die Spätantike geeignet gewesen sein: Meditation, Selbstbetrachtung,
Bespiegelung ist typisch spätantik. Die in sich gekehrten,

von der Politik und der Welt enttäuschten Denker reflektierten über die Äußerungen der Seele, was, sobald es in Worte gefaßt wurde, zum Selbstgespräch wurde. So haben wir eine durchaus psychologische Grundlage. Wie allgemein aber die Selbstbetrachtung beliebt war, zeigt der Bogen, der sich von Epiktet zu Mark Aurel und von diesem über Plotin und Augustin zu Boethius spannt. Die popularphilosophische Forderung, sich selbst zu prüfen, am Abend die Handlungen des Tages zu überdenken, und das daraus entstandene christliche Nachtgebet leisteten der Selbstbetrachtung Vorschub. Augustin selbst hat diese Übung mehrfach erwähnt, etwa De ordine I, 6 oder epist. 3, 1: »Ich habe Deinen Brief gelesen, bei Licht, da ich bereits gegessen hatte; da lag ich denn im Bett und überlegte bei mir und führte, ich, Augustinus selbst, mit Augustinus folgendes Gespräch . . .« Hier finden wir eine bewußte Anspielung auf die Soliloquien. Wir dürfen darum zum Schlusse kommen, daß die spätantike Übung der Selbstbetrachtung eine der Nährquellen der augustinischen Soliloquien gewesen ist. Die Lage zu Beginn der Soliloquien und die Wendung I, 25: »Gewiß hast du diese Nacht, als wir wach waren und noch einmal alles überdachten . . .« stützen diese Ansicht. Das Anfangsgebet weist auf das Nachtgebet hin, die Situation des ganzen Dialogs auf das Reflektieren. So kann es auch wieder Plotin gewesen sein, der Augustin zur Selbstbetrachtung angeregt hat.

Aber Nachtgebet und Selbstbetrachtung sind kein Dialog eines Menschen mit seiner Ratio, wie ihn die Soliloquien bieten. Können wir literarische Quellen auffinden, welche die Idee dieses Selbstgespräches speisen? Plotin ist hier ausgeschlossen; er gibt höchstens Lust an der Reflexion, aber kein formales Vorbild. Man hat auch an Mark Aurels Werk εἰς ἑαυτόν gedacht, ohne jedoch zeigen zu können, daß Augustin es kannte. Zudem hat auch Mark Aurel keinen Dialog mit der eigenen Ratio geschrieben. Wir müssen nämlich der Dialogform Gewicht beilegen. Das Prinzip des

Dialogs ist dogmatischer als Plotins Vorbild, wie die Soliloquien 2, 14 zeigen: »Denn da man einerseits nie besser nach der Wahrheit forschen kann als in der Form von Frage und Antwort, andererseits sich aber kaum jemand findet, der nicht Scham empfindet, wenn er im Gespräch unterliegt, ... habe ich ... beschlossen, in der Weise, daß ich selbst an mich Fragen stelle und mir selber die Antwort gebe, mit Gottes Hilfe nach der Wahrheit zu forschen.« Dialektisches Denken verlangt so die Form des Dialogs des Menschen mit seiner Vernunft. Der Gesprächsform philosophischer Erörterungen hat Augustin gewiß die entscheidenden Anregungen zu verdanken.

Es wäre also durchaus sinnvoll, wenn ein platonisierender Dialog, womöglich in lateinischer Sprache, Augustins Vorlage gewesen wäre. Stil und Aufbau weisen auf Cicero hin. Nach Inhalt und Gestaltung sind die Tusculanen besonders ähnlich. Aber Soliloquien bot auch Cicero nicht. – Bei dem anderen großen Römer, dem Augustin verpflichtet ist, bei Varro, finden wir etwas, was im ersten Augenblick überrascht: Varro hat ein dialogisiertes Selbstgespräch geschrieben; es handelt sich um die menippeische Satire Bimarcus. Der Titel besagt: Marcus redet mit Marcus (also Varro mit Varro). Ein Ich weist darin das andere zurecht, am Anfang steht ein Gebetchen, es ist von Grammatik die Rede – mindestens nach Hirzels Rekonstruktion (Hirzel, Der Dialog, Leipzig 1895, 1, 443). Doch wer die Soliloquien im Ohr hat und daraufhin die Fragmente des Bimarcus durchliest, kann nicht die geringsten Anklänge entdecken. Es liegt eine durch die Beschreibung der Typen entstandene Täuschung vor: nur im vergröbernden Überblick scheinen Soliloquien und Bimarcus verwandt zu sein. Hirzel selbst zögert, wenn er an den Stilunterschied denkt, der zwischen einer Burleske und einem philosophischen Dialog besteht. Bei Varro eignet dem Selbstgespräch durchaus noch die Heiterkeit, die naive Menschen empfinden, wenn sie einen Irren oder einen von seinen Ideen eingenommenen Phanta-

sten vor sich hinsprechen hören; das ist das Ethos, das damals dem Selbstgespräch zugebilligt wurde. Einen ernsthaften Dialog »Varros philosophische Selbstgespräche« gibt es nicht, der Bimarcus war für Augustin keine Vorlage.

Unter den unkontrollierbaren, möglichen, aber unwahrscheinlichen Vorbildern wären die popularphilosophischen Dialoge des Livius und des Seneca zu nennen. Doch wir kennen eine wichtige Quelle: die *Allegorese.* Die Ratio in den Soliloquien ist ja eine vollendete Allegorie. Wir haben aber auch unter den Allegoresen keine Vorlage für die Ratio-Allegorese der Soliloquien. Allegorien boten die Stoa, Varro, die Diatriben, die Protreptikoi, aber auch die platonische Dialogtradition. Hat doch schon Platon im Kriton die Gesetze und im Gastmahl den Poros und die Penia allegorisch gestaltet. Von Cicero mußte Augustin die Allegorie des Vaterlandes aus der katilinarischen Rede in Erinnerung haben, von Seneca vielleicht diejenige der Fortuna oder der Natur. Sollte etwas Ähnliches im Hortensius gestanden haben?

Wir finden keine direkte Vorlage. Augustin hat aus den angegebenen Voraussetzungen die neue Form wohl selbst geschaffen. Diese Ansicht wird durch die Tatsache gestützt, daß er mit großer Liebe und einigem Stolz von den Soliloquien redet. Wir halten es für das Wahrscheinlichste, daß Augustin die ciceronisch-platonische Dialogtechnik zur Darstellung seines Selbstgespräches verwendet und mit der erstmaligen großen Allegorie der Ratio die Soliloquien frei geschaffen hat. Er fand für den neuen Inhalt die neue Gestalt, die weit ins Mittelalter hinein wirken sollte.

Zum Schluß noch etwas vom *Titel.* Auch er weist darauf hin, daß die Soliloquien die eigenste Erfindung Augustins sind. Augustin selbst zitiert den Titel »Soliloquia«, »Selbstgespräche« (2, 14): »(Wir haben) diese zwanglose Art des Gesprächs gewählt, das ich, da wir allein mit uns selber sprechen, ›Selbstgespräche‹ nennen und betiteln will; dieses Wort ist zwar eine Neubildung und vielleicht etwas gewagt,

doch es ist für den Gegenstand, der bezeichnet werden soll,
einigermaßen zutreffend.« Die Bildung (in Brief 3, 1 und
Retractationen 1, 4, 1 zitiert) ist aus dem Lateinischen allein
zu erklären und braucht keine Nachahmung griechischer
Titel zu sein (Solon und Mark Aurel εἰς ἑαυτόν). Gerade
der gewisse Stolz, den Augustin bei der Rechtfertigung der
»Neubildung«, die »vielleicht etwas gewagt« ist, bekundet,
läßt darauf schließen, daß er den Titel sicher selbst erfunden
zu haben glaubt und wohl auch wirklich neu gebildet hat.

Über die *Zeit der Abfassung* kann kein Zweifel aufkommen, wenn man Augustins Retractationen glaubt. Er
schreibt Retractationen 1, 4, 1: »(Noch während der Nie-
derschrift der Dialoge Gegen die Skeptiker, Vom glückseligen Leben und Von der Ordnung) schrieb ich auch zwei
Bücher, entsprechend meiner Lust und Liebe, mit Hilfe der
Vernunft die Wahrheit aufzuspüren, über diejenigen Dinge,
die ich am ehesten zu wissen begehrte, indem ich mich fragte und mir antwortete, als ob wir zwei Wesen wären, meine
Vernunft und ich, während ich doch allein war. Daher
nannte ich dieses Werk ›Selbstgespräche‹; aber es blieb unvollendet, immerhin so, daß im ersten Buch untersucht und
irgendwie klargelegt wurde, wie einer beschaffen sein muß,
der die Weisheit aufnehmen will, die keineswegs mit dem
Sinnesempfinden des Leibes, sondern mit dem Geiste aufgenommen wird; und in einem logischen Schluß wird am
Ende des Buches gefolgert: das, was wirklich existiere, sei
unsterblich; doch im zweiten Buch dreht sich die Untersuchung lange um die Unsterblichkeit der Seele und gelangt
nicht zum Ziel.« Somit ist wohl deutlich, daß, vielleicht in
ruhigen Nachtstunden der Ferienzeit im Herbst 386, die Soliloquien entstanden. Zum Traktat »Von der Unsterblichkeit der Seele« bemerkt Augustin in den Retractationen 1, 5,
1: »Nach den Büchern ›Selbstgespräche‹ schrieb ich, schon
vom Lande nach Mailand zurückgekehrt, ein Buch von der
Unsterblichkeit der Seele. Dieses sollte mir sozusagen eine
Erinnerungsstütze sein für die Beendigung der Soliloquien,

die unvollendet geblieben waren ...« Der Traktat wurde
also zwischen Bekehrung und Taufe verfaßt. Wer Augustins Bekehrung verstehen will, muß sich auch mit diesem
Werk auseinandersetzen.

Hanspeter Müller

ZUR GESTALTUNG DES LATEINISCHEN TEXTES

Der lateinische Text, der im folgenden dargeboten wird,
beruht auf der von den Maurinern veranstalteten grundle-
genden Ausgabe der Werke Augustins (Paris 1679 ff.), auf
die – über den nicht ganz einwandfreien Abdruck in Mignes
Patrologie hinweg – neuerdings mit Recht wieder zurück-
gegriffen worden ist (in der Handausgabe der Œuvres de
Saint Augustin, Brügge/Paris, Desclée, De Brouwer & Cie;
hier die Soliloquien nebst der Schrift De immortalitate animae [= Migne 32, 869 ff. 1021 ff.] in dem von P. de Labriolle besorgten Bande 1, 5, 2 »Dieu et l'âme«, 1948). Der
Maurinertext ist von uns, soweit dieses ohne Heranziehen
der Handschriften geschehen konnte, berichtigt worden,
teils durch die Behebung oder doch die Bestimmung von
Schäden, die in der Überlieferung entstanden sind, teils
durch eine neue Gliederung des Gedankenfortschritts, wie
sie auch in der die Paragraphen aufteilenden Bezifferung
ihren Ausdruck findet. Da für das Zitieren die herkömmli-
chen Kapitelzahlen, die neben den Paragraphenzahlen ein-
herlaufen, keine besondere Bedeutung besitzen, haben wir
sie in unserem Textabdruck weggelassen. Für Stellenanga-
ben empfiehlt es sich außer den Buchzahlen allein die Zahlen
der Paragraphen und ihrer Unterabschnitte zu verwenden.

Harald Fuchs.

ERLÄUTERUNGEN ZU DEN SOLILOQUIEN

Da das Wesentliche des augustinischen Gedankenguts in der Einführung zusammengestellt ist, dürfen sich diese Erläuterungen auf zwei Aufgaben beschränken: erstens den Aufbau und die Gedankenfolge im Dialog darzulegen und zweitens Sacherklärungen zu Einzelheiten nachzuholen.

ERSTES BUCH

A. Einleitung, § 1–6.

I. Die Situation des Gesprächs, § 1.
    Augustin unterhält sich mit der eigenen Vernunft über die Selbsterkenntnis und Gotteserkenntnis. Die Vernunft rät, um gutes Gelingen zu beten.
II. Augustins Gebet, § 2–6.
    Das Gebet ist formal und inhaltlich etwas vom Großartigsten. Es hat für die Soliloquien und für den Kreis der augustinischen Gedanken überhaupt überragende Bedeutung. Daß es vorwiegend neuplatonische Vorstellungen enthält, zeigt die unten S. 289 erwähnte Basler Dissertation (zu 1, 2 ff.). – Das Gebet ist nicht logisch aufgebaut; die Gedanken folgen sich assoziativ. Ausgangspunkt ist die Ergriffenheit durch die göttliche Harmonie; im weiteren Verlauf kommt immer mehr das Streben nach Erkenntnis zur Geltung. Bedeutsam werden einzelne Gedanken der folgenden Erörterungen vorweggenommen (so 1. Kor. 13, 13 in 3, 3 und 5, 5 vor 1, 12, 4 ff. und 1, 23, 3).

B. Erster Teil, § 7–30.

I. Das Gespräch des ersten Tages, § 7–23.
    1. Selbsterkenntnis und Gotteserkenntnis als Thema der Soliloquien, § 7, 1.
    2. Vorfragen, § 7, 2–§ 11.
       1. Frage nach dem Ausmaß der Untersuchung, § 7, 2/3.
       2. Frage nach der Art der Gotteserkenntnis, § 7, 4–§ 10.
          a. Gott ist nicht sinnlich zu erfassen, § 7, 4.
          b. Verhältnis von Wissen und Glauben, § 8–10.
              Augustin will von Gott wissen, nicht bloß an ihn

glauben. Der Zusammenhang von Wissen und Glauben wird anhand von Beispielen erklärt: Platons und
Plotins Aussagen über Gott können, wie etwa das Gebet Augustins, nur subjektive Vorstellungen, also Glau-
bensinhalte sein. Wissen muß die Evidenz der Mathematik haben, die objektiv, unsinnlich, rein geistig ist.

  c. Widerlegung eines Einwandes, § 11.

    α Einwand: Die Freude bei der Erkenntnis mathe-
matischer Objektivitäten war geringer, als vermutlich die Freude bei der Gotteserkenntnis sein
wird.

    β Widerlegung: Der Unterschied beruht auf den
Objekten, nicht auf der Gewißheit der Erkenntnis.
Also bleibt die Evidenz der Mathematik für die
Gotteserkenntnis maßgebend.

3. Ausblick. Die Vernunft verspricht Gotteserkenntnis, § 12,
1/2.

4. Moralische Vorbedingungen für die Gotteserkenntnis,
§ 12, 3–§ 22.

  a. Theoretische Erwägungen, § 12, 3–§ 15.
In der Erörterung des Weges der Erkenntnis zeichnet
sich die Erleuchtungslehre ab, hier noch im Vergleich
des körperlichen Sehens verborgen. Die moralischen
Vorbedingungen für ein gutes Gelingen der Erkennt-
nis sind Glaube, Hoffnung und Liebe, die Stufen der
Erkenntnis aber Gesundheit (Wille zur Gesundung),
Betrachtung und Schau.

  b. Praktische Erwägungen, § 16–22.
Inwiefern Augustin glaubt, die theoretischen Anfor-
derungen zu erfüllen. Der ganze Abschnitt ist im neuplatonischen Stile gehalten, man vergleiche etwa Plotin 1, 2, 4–6.

    α Fehler. Augustin hat vitale, wenn auch vergeistig-
te Interessen: Angst vor dem Verlust seiner Lieben, Angst vor Schmerzen, Angst vor dem Tode,
§ 16.

    β Einen Fortschritt bedeutet die Überwindung der
rein sinnlichen Wünsche wie des Strebens nach
Reichtum, Ehre, Ehe und der Freude an leiblichen
Genüssen (Speisen, Trank, Bad), § 17.

γ Die Schwächen im moralischen Fortschritt sind
nur scheinbar Schwächen; in Wirklichkeit dient
die Anerkennung sinnlicher Genüsse nur den geistigen Zielen der Selbst- und Gotteserkenntnis,
§ 18–22.
Augustin hält seinen Fortschritt im Innersten offenbar für bedeutend: dies entspricht der von ihm
vollzogenen ethischen Entscheidung.

5. Folgerung: Es fehlt Augustin nur der richtige Studien-
gang. Damit leitet er über zur Frage der Methode der
Erkenntnis, § 23.

II. Das Gespräch des zweiten Tages, § 24–30.

1. Die Methode der Erkenntnis, § 24–§ 29.

a. Die Hauptforderung des Studienganges heißt, die Sinnenwelt gänzlich zu fliehen, § 24, 1/3.

b. Augustin zweifelt, ob er die Regel, sich von der Sinnenwelt abzukehren, werde einhalten können; die Vernunft
bestärkt ihn nachdrücklich gegen alle Zweifel, § 24, 4–
§ 26.

c. Alle Erkenntnis ist Wahrheitserkenntnis: so auch die Got-
tes- und Selbsterkenntnis, § 27, 1/5.
Von hier an steht der Begriff der Wahrheit im Mittelpunkt, ersetzt die Fragestellung nach Selbsterkenntnis und
Gotteserkenntnis und bereitet die Erörterungen 2, 1–21
über die Täuschung und die Wahrheit vor.

d. Das Fundament der Methode ist die platonische Ideenlehre, § 27,6–§ 29.
Augustin benützt als Beispiel für das Verhältnis der Ideen
zur Wirklichkeit die Begriffspaare Wahrheit/Wahres und
Keuschheit/Keusches, und er zeigt, daß die Ideen von ihrer Verwirklichung unabhängig seien, die Idee der Wahrheit (und stillschweigend mißverstanden: die Wahrheit
selber) ewig sei.

2. Abschluß des ersten Teils, § 30.
Augustin soll sich die fundamentalen Voraussetzungen nochmals überlegen und im Glauben standhaft sein.

ZWEITES BUCH

C. *Zweiter Teil,* § *1–33.*

Die Unsterblichkeit der Wahrheit und damit Gottes und der Seele als Antwort auf die Frage nach der Gottes- und der Selbsterkenntnis.

I. Einleitung, § 1.

Nach einem kurzen Gebet um die doppelte Erkenntnis wählt Augustin von den Fragen, die sich beim Problem erheben, diejenige nach der Unsterblichkeit der Seele aus; denn er wünscht Existenz, Leben und Erkenntnis.

II. Hauptteil, § 2–33.

A. Erste Hypothese: Die Wahrheit ist unsterblich, § 2–5, 4.

1. Wahrheit kann nicht untergehen, § 2.

2. Da die Täuschung subjektiver Natur ist, beeinträchtigt sie die objektive Wahrheit nicht, § 3.

3. Trugschluß: Weil die Täuschung subjektiver Natur ist (im Beobachter entspringt), es aber Täuschung ›immer gibt‹, ist die Seele unsterblich, § 4.

Der Trugschluß ist nur möglich, weil er, ins Positive umgekehrt, geglaubt wird: da die Seele einen Maßstab hat, seitdem sie die Täuschung als solche erkannt hat, da sie also ›Ewiges hat‹, ist sie unsterblich; so sieht man, wie der an sich belanglose Trugschluß nicht einfach Spiel ist, sondern im innigen Zusammenhang mit Augustins Glauben steht.

4. Widerlegung des Trugschlusses, § 5, 1/4.

B. Auseinandersetzungen mit den Begriffen ›Wahrheit‹ und ›Täuschung‹, § 5, 5–§ 21.

Die folgenden Ausführungen sollten im Grunde nur die Widerlegung des Trugschlusses erhärten, weiten sich aber zum selbständigen Hauptteil aus; schuld daran ist die Unklarheit der Begriffe ›Wahrheit‹ und ›Täuschung‹: denn nachdem der logische Begriff ›wahr‹ bestimmt ist, schieben sich unvereinbar die Beispiele unter, die nur auf den ontologischen Begriff ›wirklich‹ passen. Der Entscheidung weicht Augustin in eine Systematik der Täuschungen aus.

I. Definition der Täuschung, § 5, 5–§ 7.

1. Die Definition: Täuschung ist, was einem wahrneh-

menden Subjekt nicht so zu sein scheint, wie es objektiv ist (logischer Begriff), § 5, 5/7.

2. Trugschluß: Wenn nur das, was wahr ist (ontologischer Begriff), existiert, Wahrheit und Täuschung (logischer Begriff) nur in einer wahrnehmenden Seele sein kann, kann es ohne wahrnehmende Seele keine Existenz geben, § 6.

3. Widerlegung des Trugschlusses: Der Fehler bestand darin, daß vom subjektiven Wahrnehmen (vom logischen Begriff) auf die objektive Existenz (ontologischer Begriff) geschlossen wurde und umgekehrt, § 7.

II. Erste Definition der Wahrheit: Wahr ist, was sich so verhält, wie es einem Beobachter erscheint, der erkennen kann und will, § 8, 1/4.
Diese Definition ist mit der vorangehenden identisch, nur positiv gewendet, von der Wahrheit, nicht von der Täuschung ausgehend. Beide treffen den logischen Begriff. Die an sich gute Definition wird wieder durch Beispiele ontologischer Art ad absurdum geführt.

III. Zweite Definition der Wahrheit: wahr ist, was ist § 8, 5/6.
Gute Definition des ontologischen Begriffs ›wirklich‹. Durch Unterschieben eines Beispiels aus dem Bereich des logischen Begriffs ist sie rasch ad absurdum geführt. – Was hier mühsam erarbeitet wird, erscheint in den Confessiones 7, 21 in kurzer Zusammenfassung.

IV. Einschub: Da die beiden an sich richtigen Definitionen wegen der Unklarheit der zugrunde liegenden Begriffe abgelehnt werden, ist Augustin enttäuscht und nimmt Zuflucht zum Gebet, § 9.
In einem platonischen Dialog wäre nun die Klärung der Begriffe gefolgt. Augustin strebt diese ebenfalls an, aber es wird offenbar, daß er nicht über dem Problem steht wie Platon, sondern sich auf ein Nebengeleise locken läßt: er verfolgt im weiteren eine Systematik der Täuschungen. Nur die Haltung ist geblieben; die Vernunft ist nicht wahrhaft überlegen, sondern spielt nur die Rolle des Darüberstehenden.

V. Frage nach der Herkunft der Täuschungen, § 10–21.

Nach einer vorläufigen Wiederaufnahme der ersten (logischen) Definition biegt die Frage um, indem nun empirisch nach der Herkunft der Täuschungen gefragt
wird.

1. These: Täuschung beruht auf der Ähnlichkeit eines
   wahren Gegenstandes mit einem andern wahren Ge-
   genstande, § 10–12.

   a. Die These und ihre Beweisgründe, § 10.

   b. System der möglichen Täuschungen auf Grund
      der Ähnlichkeit, § 11. 12.

      α Gleichwertige Dinge werden verwechselt,
         § 11, 1/2.

      β Ein Geringeres wird mit einem Höheren ver-
         wechselt, § 11, 3/4 .

         1. Grund dafür sind die Objekte.
         2. Grund dafür sind die Wahrnehmungen.

      γ Beispiele aus dem Bereich des Gesichtssinnes,
         § 11, 5/10.

      δ Beispiele aus dem Bereich des Gehör-, Ge-
         ruchs-, Geschmacks- und Tastsinnes, § 12, 1/3.

   c. Erhärtung des Schlusses: Die Ähnlichkeit ist Ur-
      sache der Täuschungen, § 12, 4.

2. Gegenthese: Täuschung beruht auf der Unähnlichkeit, denn zwei gleichwertige Dinge sind zum Beispiel beide ›wahr‹, eines nur ›Täuschung‹ auf Grund
   der Unähnlichkeit, § 13.

3. Einschub: Augustin schämt sich, daß er sich widerspricht, wenn er einmal die Ähnlichkeit, dann wieder
   die Unähnlichkeit Ursache der Täuschung nennt. Die
   Vernunft tadelt ihn und preist die Vorteile des Selbst-
   gesprächs, § 14.

4. Vermutung: Vielleicht sind auch die beiden erwähn-
   ten Ursachen gleichzeitig an der Entstehung der Täuschungen mitbeteiligt. Augustin kann nicht weiter-
   kommen, § 15.

5. Wiederaufnahme und Abschluß der Systematik,
   § 16–21.

   a. Unterscheidung des Scheins von der Täuschung.
      Der Unterschied von ›Betrug‹ und ›Lüge‹, § 16.

b. Definition des Scheines: Was zu sein versucht und
nicht ist, § 17.

c. Das Problem der Täuschung in der Schauspiel-
kunst, § 18. Der Schauspieler ist zugleich nicht-
wahr und wahr. Dieselbe Ambivalenz zeigt sich
aber auch sonst.

d. Das Problem der Täuschung in der Wissenschaft,
§ 19. 20.
Wissenschaft versucht wahr zu sein, die Täuschung zu vermeiden. Es gelingt ihr dies nur mit
Hilfe der Dialektik (Logik), die allen einzelnen
Wissenschaften ihren Wahrheitsgehalt gibt. Daraus ergibt sich (§ 21) die zweite Hypothese.

C. Zweite Hypothese: Die Dialektik ist Wahrheit, § 21.

D. Dritte Hypothese: Existentielle Eigenschaften sind untrennbar mit ihrem Subjekt verbunden, Subjekt und existentielle Eigenschaften ›leben‹ also gleich lang, § 22. 23, 1.

E. Schluß: Die Seele ist unsterblich, § 23, 2.

F. Fraglichkeit und Erhärtung des Schlusses, § 23, 3–§ 24.

1. Verwirrung und Zweifel Augustins, ob die Unsterblichkeit der Seele bereits bewiesen sei, § 23, 3/7.
Gewiß zögert Augustin mit Recht; denn der Beweis,
wonach die Wahrheit existentielle Eigenschaft der
Seele sei, fehlt.

2. Erhärtung des Schlusses, § 24.
In die Konstruktion a) existentielle Eigenschaften sind
untrennbar mit ihrem Subjekt verbunden, und b) die
Wahrheit ist unsterblich, wird das nötige Bindeglied,
das in § 21 bloß angedeutet, nicht aber bewiesen war,
eingeschoben: c) die Logik, welche selber Wahrheit
ist (zweite Hypothese), ist existentielle Eigenschaft
der Seele.

G. Klärung des ganzen Fragenkomplexes, § 25–33.

I. Fragen:

1. Wozu waren die langen Umwege nötig? § 25, 1.
Gemeint sind die langen Erörterungen über die
Wahrheit und die Täuschung. In der Tat sind sie für
die beweisführende Konstruktion ohne Bedeutung.

2. Wie kann die Logik existentielle Eigenschaft der Seele

sein, wenn offensichtlich nur so wenige Menschen
ihrer kundig sind und auch die Kundigen sie in ihrer
Kindheit nicht besitzen? § 25, 2.
II. Antworten:
1. Die Umwege sind nötig, weil andere (zum Beispiel
   Ambrosius) nicht helfen (anderseits dienen sie aber
   auch als Propädeutik § 34, 2), § 26.
2. Erneute Prüfung der Hypothesen, § 27–32.
   a. Die erste Hypothese: Die Wahrheit ist unsterb-
      lich, § 27.28; vgl. oben § 2–5.
   b. Die zweite Hypothese: Die Logik ist Wahrheit,
      § 29–32; vgl. oben § 21.
      Die Hypothese wird zunächst nur gestreift: Wahr-
      heit heißt zu Recht nur das, wodurch alles Wahre
      wahr ist. Augustin visiert die Idee der Wahrheit,
      meint aber damit auch die Dialektik, weil sie ja
      (vgl. § 21) den Wissenschaften den Wahrheitsge-
      halt gibt. Er identifiziert Dialektik und Wahrheit.
      In einer erneuten Erörterung der Hypothese
      kommt, im Anschluß an die Auseinandersetzung
      über Wahrheit und Täuschung, folgendes zur
      Sprache:
      α Täuschung ist nur möglich bei irgendeiner
         Art von Wahrheitsnachahmung, § 29.30; vgl.
         § 17.
      β Ist Logik wirklich allein Wahrheit? Trug-
         schluß: Nein, denn auch die Körper und das
         Nichts ahmen nichts nach, mit dem verglei-
         chen sie dann Täuschung wären – sie wären
         also wahr, § 31, 1/3.
      γ Widerlegung des Trugschlusses: Wenn bewie-
         sen ist, daß die Logik wirklich allein Wahrheit
         ist (und, was Augustin wiederum vergißt: daß
         sie existentielle Eigenschaft der Seele ist, vgl.
         § 24), dann kann an der Unsterblichkeit Got-
         tes und der Seele niemand mehr zweifeln.
         Aber nur wenn die Körper und das Nichts
         ihrerseits nicht wahr sind, ist die Logik allein
         Wahrheit, das heißt: Gott und die Seele un-
         sterblich, § 31,4–§ 33,3.

1. Das Nichts wird mit einem Wortspiel aus der Diskussion ausgeschaltet. § 31, 4/6.

2. Daß die Körper Wahrheit seien, wird auf platonische Weise widerlegt. § 32.

Körper haben nur durch ihre Gestalt Existenz, die Gestalt strebt die Idealgestalt an, also ist jeder Körper, verglichen mit seinem Ideal, eine Täuschung. – Hier allein ist der Begriff der Täuschung logisch nötig. Er wäre aber ebenso eindeutig, wenn die ganze Systematik der Ähnlichkeit und Unähnlichkeit (2, 10–21) weggefallen wäre.

c. Die dritte Hypothese: Logik ist existentielle Eigenschaft der Seele. § 33, 4.

Die Hypothese wird nicht bewiesen, sondern nur wiederholt.

d. Schluß: Die Seele ist unsterblich. § 33, 5.

H. Anhang, § 33,6–§ 36.

Hier sollte, wenn alle Hypothesen bewiesen sind und der Schluß erhärtet ist, der Dialog schließen. Er kann nicht abgeschlossen werden, weil die Hypothese, wonach Logik existentielle Eigenschaft der Seele ist, in der Luft hängt. Ihr gilt darum der Schluß mit seiner skizzenhaften Erörterung, wie die Wahrheit in einer ungebildeten Seele sein kann (denn auch sie ist eine Seele, also unsterblich, vgl. § 25). Aber die Vernunft weicht wieder aus: Es wäre noch ein weiteres Buch nötig. Darum schließt sie nach wenigen Andeutungen, ohne zum Ziel zu gelangen.

Den Unterschied zwischen Idee und Phantasie erklärt Augustin mit Hilfe der platonischen Ideenlehre, die ja der Beweisführung zugrunde liegt. So kann angedeutet werden, daß die Seele Wahrheit habe, aber verschüttet, so daß sie jene im Leben ausgraben, in die Erinnerung zurückrufen muß. –

Dieser ganze Zusammenhang sollte im dritten Buch von der Ratio doziert werden; zum Teil löst die Abhandlung De immortalitate das Rätsel.

DER GEDANKENGEHALT DER SCHRIFT
DE IMMORTALITATE ANIMAE

Bei der Erläuterung der Soliloquien schien es angemessen, dem Sinnzusammenhang zu folgen, da bei diesem ausgearbeiteten Dialog das Spätere sich aus dem Früheren ergibt. Für die Abhandlung De immortalitate animae drängt sich eine andere Methode auf: die systematisierende, welche die verschiedenen Gedanken in ihrem geistigen Zusammenhang, nicht in ihrer äußeren Reihenfolge betrachtet. Da ja die ganze Abhandlung sich um den Nachweis der Unsterblichkeit der Seele bemüht, wird es das Richtige sein, die Beweismittel selbst auf ihre Eigenart und ihre Zusammengehörigkeit zu prüfen. In der Tat sind die Folgerungen Augustins in diesem Werk zuweilen weniger beachtenswert als die Lehrsätze, auf denen sie beruhen und die ihm so geläufig waren, daß er für sie keine Gründe mehr angeben zu müssen glaubte. Unsere Untersuchung wird also zu den Grundlagen seines Denkens führen – eben zu dem, was für ihn von vorneherein feststand.

Die Lehrsätze (deren Standort in der Schrift jeweils am Paragraphzeichen zu erkennen ist) lassen sich in formale und materiale einteilen. Die formalen Lehrsätze sind die Sätze der Logik oder auch dem ›gesunden Menschenverstande‹ entsprechende Behauptungen; die materialen enthalten die letzten Weisheiten, Aussagen über das Sosein der Welt, ausgewählt aus platonischer, neuplatonischer und populärer Philosophie. Das christliche Gedankengut ist sozusagen nicht spürbar.

A. FORMALE LEHRSÄTZE

1. Kreis: Ein Subjekt und seine existentielle (das Subjekt bildende) Eigenschaft sind unzertrennlich (§ 1), nur zusammen veränderlich (§ 2). Nichts hat sich selber nicht (§ 16).

2. Kreis: Ewig ist das, worin ein Ewiges existentielle Eigenschaft ist (§ 1); ewig ist, was unveränderlich ist (§ 1.5); veränderlich ist, was nicht immer auf dieselbe Weise ist (§ 2); ohne Veränderung kein Untergang (§ 4); Veränderlichkeit zielt auf Sterblichkeit (§ 3).

3. Kreis: Handlung ist Ziel oder Anfang einer Bewegung (§ 3); jede Bewegung auf etwas hin geschieht auf etwas, das nicht beim Ausgangspunkt der Bewegung ist (§ 15); Energie kann etwas bewegen (§ 3); nicht alles, was bewegt, verändert sich (§ 3).

4. *Kreis:* Was ist, muß irgendwo sein (§ 1.5); was noch nicht ist oder nicht mehr ist, existiert nicht (§ 3).

5. *Kreis:* Keine Bewegung ohne Seele (§ 3); was nicht räumlich existiert, kann nicht getrennt werden (§ 11); was nicht erschaffen oder entstanden ist, ist, wenn es existiert, ewig (§ 14).

6. *Kreis:* Nichts Materielles ist sein eigener Grund (§ 14); was durch sich selbst ist, ist unzerstörbar, also ewig (§ 15).

7. *Kreis:* Was ewig ist, ist unteilbar, was nicht vollendet Eines ist, nicht ewig (§ 3).

Worauf zielen diese sich so ganz abstrakt gebenden formalen Sätze? Der 1. *Kreis* soll logisch die platonische Theorie beweisen oder erhärten, daß die Seele, welche die ewige Vernunft als ›existentielle Eigenschaft‹ hat, so ewig ist wie diese. Dem steht entgegen, daß sich der Leib ununterbrochen wandelt, obschon ihn doch die Seele ›hat‹: darum geben die Gedanken des 2. *Kreises* die Erhärtung der (natürlich materialen) Hoffnung, die Seele sei unveränderlich, auch wenn sich der Leib verändert; denn unveränderlich muß die Seele sein, sonst wäre sie mit der Veränderung auch dem Sterben ausgesetzt. Am meisten Schwierigkeiten bietet die Tatsache, daß doch eben die Seele selbst den Leib bewegt, ihn handeln läßt und so Ursache der Bewegung (und also Veränderung) wird. Dagegen nimmt der 3. *Kreis* mit dem aristotelischen Leitmotiv Stellung, wonach es ein Bewegendes gibt, das unbewegt ist, sich also nicht verändert. Der 4. *Kreis* enthält Tautologien über das Sein; gemeint ist im Grunde die Ratio, die ewig ist und ›irgendwo‹, nämlich in der Seele des Menschen, zu sein hat, damit die Seele unsterblich ist. Der 5. *Kreis* führt die Gedanken des dritten weiter: Wenn doch die Seele die Handlung will, so muß sie haben, was zur Handlung gehört: erstens Erinnerung an den gefaßten Entschluß, das geplante Ziel, zweitens Aufmerksamkeit, nämlich auf die Durchführung des Planes, drittens Absicht, also das gewollte Ziel. So hat die Seele aber Anteil an der Vergangenheit (Erinnerung), an der Gegenwart (Aufmerksamkeit) und an der Zukunft (Absicht). Ist sie in die Zeit teilbar, so ist sie (nach den Gedanken des 7. *Kreises*) nicht unsterblich. Aber die Seele hat ja Vergangenheit, Gegenwart und Zukunft in einem, ist deshalb nicht zu teilen, also ist ihre Fähigkeit, zu handeln, nicht Grund ihrer Sterblichkeit (hier eine Vorausnahme der langen Ausführungen im 10. Buch der Confessiones über das Wesen der Erinnerung). Der 6. *Kreis*, der mit dem Begriff der

Schöpfung operiert, will besagen, daß der Schöpfer nicht von seiner Schöpfung abhänge, also die Seele ebensowenig von ihrem
Werk, dem Leib. ›Gott und die Seele‹ lautete das Thema der Soliloquien: hier stehen sie in engster Beziehung zueinander. Nun noch
im *letzten Kreis* die bis heute verfochtene These, daß das Unteilbare,
das Individuum, ewig sei (natürlich nicht das im menschlichen Bereich so genannte ›Individuum‹).

Alle diese formalen Thesen standen in engster Wechselbeziehung
zu materialen Thesen und Wünschen. Es ist ungemein fesselnd, zu
beobachten, wie sehr die Logik als unantastbares Beweismittel gilt:
was sich material nicht leicht beweisen läßt, wird Wahrheit, sobald
der logisch kombinierende und definierende Verstand abstrakte
Sätze bildet. Und doch sind diese Abstraktionen so leicht in ihrem
Wunschcharakter zu erkennen, daß wir staunen, weshalb denn Augustin die Auswege in die Abstraktion benützen mußte, um sich
der Wahrheit seiner Theorien zu vergewissern. Aber: die Logik ist
Wahrheit.

B. MATERIALE LEHRSÄTZE

*Die materialen Lehrsätze stehen deutlicher als die formalen in der Tradi-
tion der antiken Philosophie. Es lassen sich drei Gedankenreihen erkennen:*
    1. Die platonische Gedankenreihe. Die Idee der Wahrheit ist ewig
(§ 1) – bei Augustin vergröbert: die Wahrheit ist ewig. Die Wahrheit als höchste Idee hat auch das höchste Sein (§ 12). In jeder Seele
zeigt sich die Wahrheit (§ 1); die Seele hat ihr Wissen ja a priori,
kraft ihrer Schau in der vorleiblichen Existenz (§ 1). Kunst und
Wissenschaft sind ideell (bei Augustin gleichbedeutend mit ›rational‹; § 5). Die Vernunft ist existentielle Eigenschaft der Seele (§ 5):
das ist Augustins Weiterbildung der platonischen Lehre, daß der
Seele die Ideen aus der vorleiblichen Existenz bekannt sind. Nicht
alles Seelische ist bewußt (§ 6), Bewußtmachen aber heißt nach
Platon ›Lehren‹. Selbsterkenntnis gibt es nur im Bereich des Bewußten (§ 6). Dem Leib steht die Seele so gegenüber, daß sie ihn
besitzen, beleben, nach geheimem Plan gestalten, durch ihn handeln, wissen und fühlen will (§ 20). Seele und Leib sind nicht räumlich verbunden (§ 24). – Die platonischen Sätze stellen das ideale
Sein als Höchstes dar, als die höhere Realität. Damit entsteht der
Bruch zwischen der Welt des Augenscheins und der Welt des eigentlichen Seins. Die Verbindung aber ist gewährleistet durch die

Seele, die in ihrer ständigen Gegenwart im Leib dennoch die ewigen Ideen schauen kann, wofern sie ihr bewußt gemacht werden. So ist mit der Selbsterkenntnis die Wahrheitserkenntnis verbunden (Soliloq. 2, 1 ff.): die Seele steigt über die Erkenntnis des eigenen Wesens, ihrer Ideenhaftigkeit, auf zur Erkenntnis der obersten Idee, letztlich Gottes. Dem platonischen Dualismus entsprechend ist die Seele das höhere Prinzip, das über den von ihr gestalteten Leib herrscht.

2. *Die neuplatonische Gedankenreihe.* Innerhalb des gestuften Seins ist das Geistige wertvoller als das Körperliche (§ 2), das Körperliche ist veränderlich (§ 1); ebenso ist es wertvoller, Substanz zu sein, als nichts (§ 2), da das Nichts der absolute Gegensatz zum Sein ist. Am meisten Sein hat die oberste Idee der Wahrheit (§ 12); jeder Verlust ist ein Abstieg in der Stufung des Seins und zielt aufs Nichts (§ 12); die Idee, nicht die Masse, gibt Sein (§ 13; vgl. Einführung S. 225). Wie der Leib von der Seele erschaffen ist, so das All von der Weltseele (§ 14). Die Welt verändert sich nach ewigen Gesetzen (§ 15), die Seelen vermitteln die aus dem höchsten Sein überfließenden Ideen und gestalten nach ihnen die Wirklichkeit (§ 18.24). Es gibt kein Zwischenglied zwischen Ideen und Leib als die Seele (§ 24). – Die Einheit des Seins, bei Plotin in grandioser Weise so geschaut, daß die höchsten Wesenheiten, das Sein, das Eine, der Geist, durch die Vermittlung der Seele in ständig geordneter Bewegung ununterbrochen die materielle Welt zum Erscheinenden gestalten, wird bei Augustin zu einem gegliederten Hintereinander. Die Seele, bei Plotin durchaus abstrakt als das jeweils Gestaltende, ist bei Augustin Weltseele oder Menschenseele. Aber ohne die plotinischen Ausführungen ist De immortalitate animae nicht denkbar.

3. *Populäre, zumeist platonisierende Philosophie.* Wir geben hier nur weniges, da vieles unwichtig ist. – Denken kann nur die Seele (§ 1). Kunst und Vernunft sind unabhängig vom Leib (§ 10). Die Sinne erfassen den Trug der Welt, die Vernunft die Wahrheit (§ 10). Die Objekte der sinnlichen Erkenntnis existieren räumlich, außerhalb des Menschen, diejenigen der Vernunft sind in der Seele (§ 10). Die Seele ist ohne Leben undenkbar (§ 4); sie spendet das Leben (§ 4). Älterwerden, Krankheiten, Schmerzen, Mühen, Unpäßlichkeiten, Lüste sind körperlichen Ursprungs und verändern die Seele nicht (§ 7). Begierde, Freude, Leid, Angst, Ärger, Neigungen, Erkenntnis sind Veränderungen der Seele, aber als solche doch keine wesentlichen Veränderungen (§ 7). Die Seelen hindern einander beim

Betrachten der ewigen Wahrheit nicht (§ 11). Nichts ist mächtiger
als die Vernunft, da höchstes Sein höchste Macht garantiert (§ 11).
Die ewige Wahrheit entzieht sich der Seele nicht (§ 11). Dummheit
und Irrsinn ist seelischer Verlust (§ 12). Seele wirkt auf Seele nur
vermittels der entsprechender Leiber (§ 22). Die Seelen verlieren
ihre Ideen nicht, wenn sie den Leib gestalten (§ 24). Die Seele ist ein
Individuum (§ 25); sie empfindet daher als ganze (§ 25).

Was hier vor allem auffällt, ist die Tatsache, daß sich Augustin
immer wieder um das Verhältnis der Seele zu ihrem Leib bemüht,
um das Wesen der Seele reiner zu erfassen. Die Dualität der Welt
setzt sich im menschlichen Bereich fort: der Mensch ›besteht‹ aus
Seele und Leib (vgl. Soliloq. 1, 21). Aber wie schon zu den formalen Dogmen (5. Kreis) zu bemerken war, ist es vor allem die Veränderung der Seele, welche der einfachen Theorie, sie könne als ein
Individuum nicht sterben, zuwiderläuft. Veränderungen sind aber
etwa die Affekte, Älterwerden, Krankheit, Dummheit, Irrsinn. Affekte und Älterwerden lassen sich noch leicht abtun: sie geben bloß
andere Stimmungen her, wenn auch deutlich wird, daß auch der
Leib auf die Seele wirkt, nicht nur umgekehrt, was im Grunde die
ganze Seelenlehre umzustoßen droht. Aber vollends an Dummheit
und Irrsinn kann Augustin nicht vorbeisehen, ja die langen Ausführungen über die Täuschung im zweiten Buch der Soliloquien erhalten hier einen neuen Sinn: Täuschung, Dummheit und Irrsinn verändern den Wahrheitswert der Seele – wie sollte sie da unsterblich
sein, wenn sie sich verändern läßt? Augustin hat keine gültige Antwort gefunden. Ernsthafterweise kann man seine Polemik nicht
annehmen, wonach sogar Körperliches bei ewiger Teilung nie zu
›nichts‹ werden könne, um so weniger also die Seele, die doch
wertvoller sei, auch wenn sie dumm oder irr ist. Wenig können wir
auch mit den seltsamen Spekulationen anfangen, in denen Augustin
behauptet, die Seele, die nach den ihr mitgegebenen Ideen die leibliche Existenz gestalte, verliere die Ideen durch die Gestaltung nicht;
oder: die Seelen behinderten sich bei der gemeinsamen Betrachtung
der Wahrheit nicht. Da macht sich ein Denken fühlbar, das willkür-
liche Begriffe wie ›Vernunft‹ zu Substanzen macht (wir ahnen das
Mittelalter). Oder wie sollte sich die Wahrheit ›entziehen wollen‹
(§ 11, 6)? Ebensowenig vermögen wir die sonderbare Behauptung
zu schätzen, daß die Seele möglicherweise Körper werden könnte
(§ 21).

Wie läßt sich dies erklären? Doch nur durch den Lebenshinter-

grund: Augustin war in jener Zeit von einer peinigenden Todesangst gequält. Er nahm sich und seine Seele ungeheuer wichtig. In
nervöser Spannung strebte er nach Ruhe. Die seltsamsten Vorstellungen konnten ihm, wenn sie logisch unterbaut waren, die Ruhe
geben. Denn letztlich bewies er ja sich selbst, daß *seine* Seele die
Trägerin ewiger Ideen und damit unsterblich sei. Er spielte sie gegen die Sinnlichkeit aus, da eben damals das Böse, in Form der
Sinnlichkeit auftretend, ihm zu schaffen machte. Die rigorose Entscheidung zur Askese treibt die vorliegenden seltsamen Denkblü-
ten, und umgekehrt zeigen die seltsamen Blüten den seltsamen
Grund, auf dem sie gewachsen sind.

ANMERKUNGEN

1 Die Unzuverlässigkeit des Gedächtnisses soll glaubwürdig machen, daß Augustin den Dialog aufschreibt. Stilisierung, vgl. S. 239.

2 Christliche Vorstellung, die in den Soliloquien neben der neuplatonischen steht, wonach die Welt das aus der ewigen Einheit Überfließende ist; in jedem konsequenten Pantheismus, auch bei Plotin, gibt es keine Schöpfung aus dem Nichts. Bezeichnenderweise steht die christliche Formulierung im Gebet.

3 Das Böse ist mit dem Nichts identisch, da im Neuplatonismus das Böse die letzte Verminderung des Seins darstellt.

4 Für den Neuplatoniker und für den Christen ist die Läuterung die unerläßliche Vorstufe zur Erkenntnis der Wahrheit; s. S. 234 f. In den Retractationes 1,4,2 wird Augustin diesen Satz freilich mißbilligen: »Es läßt sich nämlich erwidern, daß auch viele Menschen, die nicht rein sind, viele Wahrheiten kennen; denn es ist hier nicht erklärt worden, was für eine Wahrheit es sei, die nur die Reinen wissen können, und was es bedeutet zu wissen.« Vgl. auch unten Anm. 157.

5 So wie nach der platonischen Ideenlehre die Idee der Wahrheit das Wahre erst hervorbringt; vgl. Soliloq. 1,27,7; 2,2,2 und Anm. 69.

6 Augustin ist sich später selbst nicht mehr im klaren gewesen, ob sich der Relativsatz *quem sensus ignorat* auf Gott bezieht oder auf das Weltall: Retractationes 1,4,3: »Falls Gott gemeint ist, so hätte ich mit einem Zusatz sagen sollen ›den die Sinne des sterblichen Leibes nicht erfassen‹«.

7 Das göttliche Gesetz äußert sich 1. in der Schöpfung als Harmonie (Beispiele folgen sogleich, sind aber auch reichlich in den Werken De ordine und De libero arbitrio zu finden), 2. im Menschen als das eingeborene Gesetz, das Gewissen, welches den einen großen Inhalt aufweist: es zeigt, wie sich alles zu Recht in schönster Harmonie befindet und so verstanden werden muß (De libero arbitrio 1,15).

8 Die drei christlichen Tugenden (nach 1. Kor. 13,13) sind die Grundlagen des Studienganges und damit aller Erkenntnis wie unten § 13 wo der Text allerdings in Parallele zu Porphyrius gebracht werden kann, da auch dieser Neuplatoniker die Verbindung jener Begriffe kannte; vgl. auch De ordine 2,25.

9 Ein Wort Platons (Tim. 69 d), das Augustin in Ciceros Hortensius gelesen hatte (frgm. 81 Müll. = frgm. 74 Bait.–Kays.).

10 Nach 1. Kor. 15,54.

11 Nach Ev. Matth. 7,8.

12 Nach Ev. Joh. 6,35.48.

13 Nach Ev. Joh. 6,35.

14 Nach Ev. Joh. 16,8.

15 Nach Gal. 4,9.

16 Das Verbum ›ist‹ verbessert Augustin in den Retractationes 1,4,4 in ›sind‹ nach dem biblischen Sprachgebrauch (Ev. Joh. 10,30).

17 Vorausdeutung auf das Werk De libero arbitrio.

18 Bild der Emanation, des Überfließens, nach der neuplatonischen Schöpfungslehre.

19 Nach 1. Mose 1,27.

20 Vgl. Anm. 4.

21 Das Wortspiel *animam me amare dixi, non animalia* läßt sich nur schwer wiedergeben; Augustin kann so sprechen, weil nur die rationale Seele des Menschen im eigentlichen Sinn als Seele gilt, wie ja auch nur die vernünftige Seele, welche Kunst und Mathematik hat, unsterblich sein kann, während die dumme oder irre Seele vom Unsterblichkeitsbeweis ausgeschlossen ist; vgl. auch unten Anm. 135.

22 Der Räuber hat als Grenzfall des menschlichen Daseins seit der Sophistik einen festen Platz in der philosophischen Erörterung; vgl. H. Fuchs, Augustin und der antike Friedensgedanke, Berlin 1926, Register unter diesem Stichwort.

23 Der treue Freund Augustins, ein Glied der Gemeinschaft von Cassiciacum; vgl. die Confessiones und die Ausgabe der ersten drei Schriften Augustins im »Corpus scriptorum ecclesiasticorum latinorum« Band 63 durch P. Knöll, Index II unter ›Alypius‹.

24 Augustin ist noch der forschende, selbständig suchende Philosophierende, der vor den Glaubenssätzen mit seinem Denken nicht stillsteht; erst seit 391 anerkennt er die christlichen Sätze ex officio.

25 Das Gesetz der Freundschaft, von dem Augustin spricht, hat er bei Cicero, Tusc. 3,73 gefunden: »Es ist schön und, wenn man die Wahrheit wissen will, auch recht und billig, daß wir die, welche uns die teuersten sein sollen, ebenso wie uns selbst

lieben. Aber mehr als uns selbst, das ist durchaus unmöglich.
Ja, es ist nicht einmal wünschenswert in der Freundschaft, daß
mich der andere mehr als sich und ich ihn mehr als mich liebe;
eine Verwirrung des Lebens und aller Pflichten würde die Folge davon sein.« (Übersetzung von R. Kühner.) – Ein weiteres
Zitat aus dieser Schrift findet sich § 19, 1; vgl. S. 208 und
S. 236 ff.

26 Platon und Plotin werden ausnahmsweise namentlich erwähnt;
die Alten pflegten, auch wenn sie einen ganz bestimmten Au-
tor meinten, ihn nicht mit Namen einzuführen, sondern in
einer allgemeinen Andeutung auf ihn hinzuweisen wie etwa
unten 1,19, wo der Ausdruck »einige weise Männer« Cicero
bezeichnet, und 2,23, wo unter den »großen Philosophen« Platon zu verstehen ist; vgl. Anm. 46, Anm. 101 und Anm. 107.

27 Die rationalste Wissenschaft dient seit Platons Menon 82 a ff.
dem Unsterblichkeitsbeweis der Seele; vgl. Soliloquien 2,32;
De quantitate animae 10–23; De ordine 2,42; De immortalitate
animae 1.

28 Die Vertreter der Akademie seit Arkesilaos und Karneades, die
sich vom dogmatischen Platonismus entfernt und, mit Sokrates, einer skeptischen Auffassung sich genähert hatten. Sie gal-
ten bei Cicero, von dem Augustin sein Wissen hat, als die
berühmtesten Skeptiker. Vgl. E. Bréhier, Histoire de la philosophie, 1, Paris 1948, 367 ff.

29 Das Bild vom Fahrzeug (Schiffe) der Gedanken kannte Augustin von Platons Phaidon 85 d her: »... man muß wenigstens
des besten und unwiderleglichsten menschlichen Beweises sich
versichern und auf diesem wie auf einem Floße der Gefahr
trotzend durch das Leben hinsteuern, falls es nicht jemandem
gelingt, sicherer und gefahrloser auf einem festeren Fahrzeug,
das heißt einem göttlichen Wort, hindurchzufahren.« Doch
auch von Plotin 1,6,8 konnte Augustin diese Vorstellung in
Erinnerung haben.

30 Das lateinische Wort *perceptio* gibt den stoischen Begriff der
φαντασία χαταλεπτιχή wieder; der lateinische Ausdruck
stammt von Cicero, der neben ihm auch das Wort *comprehensio*
zur Wahl stellte (de fin. 3,17; vgl. Acad. 2,31).

31 Zur Lichtsymbolik, die der Erleuchtungslehre dient, s. S. 220 ff.
Zur vorliegenden Stelle mag man Plotin 5,1,2 vergleichen,
aber auch 6,7,36. Vgl. auch H. P. Müller, Augustins Solilo-

quien. Einleitung, Text und Erläuterungen, Diss. Basel 1954,
zu Soliloq. 1,15.

32 Der Satz des Paulus 1. Kor. 13,13 ist von Augustin schon früher zweimal herangezogen worden (3,3; 5,5; s. auch oben
Anm. 8). Die Ausdeutung der Worte entspricht der neuplatonischen Lehre, die ebenso wie das Christentum die Verbindung dieser Begriffe kannte. Porphyrius, der als vierten Begriff den der Wahrheit (das heißt der Erkenntnis) aufführt,
schreibt im Briefe an seine Gattin Marcella: »Glauben nämlich
muß man, daß die einzige Rettung die Hinwendung zu Gott
ist; glaubt man, so muß man sich so sehr wie möglich bemühen, die Wahrheit zu erkennen; erkennt man, so muß man das
Erkannte lieben; liebt man, so muß man die Seele mit den
guten Hoffnungen über das jenseitige Leben nähren.« (Porphyr. Opusc. sel. rec. A. Nauck, 2. Aufl., Leipzig 1886, S. 289,
17 ff.; s. dazu W. Theiler, Die Vorbereitung des Neuplatonismus, Berlin 1930, 147 ff.).

33 Diese der Erleuchtungslehre entsprechende Definition (vgl.
S. 220) nimmt Augustin später wieder auf: es ist die erste der
drei Definitionen der Vernunft in § 10 der Abhandlung »Von
der Unsterblichkeit der Seele«.

34 Schau, Vision als das Ziel der Mystik: s. S. 227.

35 Die Schönheit Gottes ist eine griechische Vorstellung. Die vorliegende Stelle erinnert an Plotin 1,6,7 – in einem Traktat, den
Augustin in Mailand kannte (vgl. unten Anm. 52.55).

36 In der Vision erlebt der Mystiker die Glückseligkeit, s. S. 227.

37 Diese Aussage hat Augustin in den Retractationes 1,4,5 zu-
rückgenommen. Denn nach seiner späteren Weltauffassung ist
Glückseligkeit in diesem Leben nicht möglich. Nur die Hoffnung auf das jenseitige Leben läßt die Seele Vorfreude genießen.

38 Die kynisch-stoische Popularethik hat so weitgehend Gültig-
keit erlangt, daß Augustin ganz selbstverständlich als Ziel des
Weisen die Apatheia, als Fehler dementsprechend die Leidenschaften nennt. Vermittler dieses Gedankengutes dürfte Cicero
sein, aber auch Plotin verlangt Freiheit von Lust, Begierde,
Leid, Schmerz, Furcht.

39 Der Protrepticus Hortensius, dessen wichtige Rolle in Augustins Leben bekannt ist; s. S. 209.

40 Die Dreiheit *Reichtum* (Essen, Trinken und Baden gehört,

durch den Reichtum gewährleistet, auch dazu), *Ehre* und *Liebe*
war Ziel der gebildeten Schicht der Spätantike, war Inbegriff
der sinnlichen Ideale für Augustin, stellte für ihn die Lust der
Welt dar.

41 Ehrgeiz: Übersetzung von *honores;* denn mit *honores* ist die
persönliche Ehre so gut gemeint wie die öffentlichen Ämter.
Es mag an die Professur gedacht sein, vielleicht aber auch noch
an andere Ehrenstellen, die Augustin erwarten durfte, wenn er
die reiche Braut heiratete, welche ihm die Mutter vermittelt
hatte (vgl. S. 214).

42 Der zweimal begegnende Ausdruck »ich habe das Verlangen
überwunden« *(cupere destiti)* und die verwandten »ich habe
mich entschlossen« *(statui, decrevi)* und »ich habe mir das Verbot auferlegt« *(mihi imperavi)* zeigen den Willensentscheid Augustins, der sein Leben zu zügeln beschlossen und begonnen
hat. Wir legen Gewicht auf diese Ausdrücke, weil J. Nörregaard, Augustins Bekehrung, Tübingen 1923, 75 behauptet,
Augustin verschleiere die Entscheidung, da er sein Vorbild
Cicero allzusehr nachgestaltet habe. Aber daß Augustin nur
des literarischen Vorbildes wegen seine Bekehrung verschleiert
habe, ist nicht zu glauben. Wir kommen der Sache näher,
wenn wir uns daran erinnern, daß die Bekehrung kein theolo-
gischer Übertritt war, sondern eine durchaus ethische Entscheidung. Und dazu bekennt sich Augustin hier mit aller
Deutlichkeit. Er macht kein Hehl daraus, daß er sich der rationalen Philosophie verschreibt und daher mit seinem früheren,
als »äußerlich« empfundenen Leben bricht. Denken wir daran,
daß Augustin noch nicht der Bischof des Jahres 400 ist, der vor
der Christenheit Gott für die Bekehrung lobpreist. Die kirchli-
che Bekehrung steht erst noch bevor. Augustin verschleiert in
den Soliloquien seine ethische Entscheidung nicht, sondern bekennt sich dazu mit ciceronischer Sprache.

43 Die Frage, ob der Weise heiraten solle, ist in der Antike viel
erörtert worden; vgl. etwa die Schriften des Musonius.

44 Die Liebe zur Frau nimmt meistens den größten Platz ein,
wenn es sich um die ›Welt‹ handelt. Gewiß liebäugelte Augustin mit einem sorgenfreien Leben, das seine Braut ihm gewäh-
ren konnte. Die persönlichen Erlebnisse sind für das Werk
überaus wichtig.

45 Auch Plotin erwähnt 1,2,5 in der Reihe der sinnlichen Genüs-

se, auf die der Forschende verzichten müsse, die Lust an Essen
und Trinken sowie die Liebe.

46 Cicero ist, nach Art des antiken Zitierens, gemeint, der
Tusc. 4,54 das Sprichwort übermittelt.

47 Augustin ist ein guter Freund; vgl. W. Thimme, Augustin.
Ein Lebens- und Charakterbild, Göttingen 1910, 7 ff.

48 An diese Zahnschmerzen und die Bedeutung, die sie für ihn
besaßen, erinnert sich Augustin noch zur Zeit der Confessiones, 9,4: »Aber auch das will ich nicht vergessen noch ver-
schweigen, wie hart du mich gezüchtigt und wie wunderbar
schnell du dich meiner erbarmt hast. Damals prüftest du mich
durch Schmerzen der Zähne, und als sie sich derart gesteigert
hatten, daß ich nicht reden konnte, stieg in meinem Herzen der
Gedanke auf, die Meinigen alle, die anwesend waren, aufzu-
fordern, daß sie dich, den Gott jeglichen Heiles, für mich anflehen sollten. Ich schrieb dies auf die Wachstafel und ließ es
ihnen vorlesen. Alsbald, da wir einfältigen Sinnes uns nieder-
gekniet hatten, schwand der Schmerz. Aber was war es für ein
Schmerz? Oder auf welche Weise ist er geschwunden? Mir
graute davor, ich gestehe es, denn niemals in meinem Leben
hatte ich solches erfahren. Und im tiefsten Innern verstand ich
deinen Wink, mit freudigem Glauben lobte ich deinen Namen,
aber eben dieser Glaube ließ mich nicht ruhig bleiben wegen
meiner früheren Sünden, die mir noch nicht von dir in der
Taufe nachgelassen waren.« (Übersetzung von Georg Graf
von Hertling.)

49 Enzyklopädist des 1. Jahrhunderts n. Chr. Von seinem Haupt-
werke, das in altrömischer Weise die Landwirtschaft, die Me-
dizin, die Beredsamkeit und das Kriegswesen behandelte, ist
nur der medizinische Teil erhalten. Die von Augustin ausge-
schriebene Stelle gehört einem selbständigen philosophischen
Werke an, das auch von Quintilian 10,1,123 erwähnt wird.
Vgl. K. Barwiek, Würzburger Jahrbücher für die Altertumswissenschaft 3, 1948, 117 ff; anders A. Dyroff, Der philosophische Teil der Enzyklopädie des Celsus, Rhein. Museum 88,
1939, 7 ff.

50 Eine letztlich materialistische Definition des Menschen, wonach die ›Teile‹ zusammengesetzt werden können. Vgl. E. Gilson, Introduction à l'étude de Saint Augustin, Paris 1928, 55.

51 Diese Aussage mißfällt dem alten Augustin; er nimmt in den
   Retractationes 1,4,6 Stellung dagegen: »Als ob es einen andern
   Weg gäbe als Christus, der sagte: ›Ich bin der Weg‹
   (1. Joh. 14,6). Ich hätte diese Beleidigung frommer Ohren vermeiden sollen.«

52 Augustin will das Auge in fortschreitender Steigerung der Helligkeit an das Hellste gewöhnen; aber die Stufenleiter Kleid,
   Wand, Gold und Silber im Licht, Feuer, Sterne, Mond, Sonne
   am Morgen- und am Abendhimmel entspricht keineswegs den
   Stufen der photischen Helligkeit, da zum Beispiel ein besonn-
   tes weißes Kleid oder blinkendes Silber mehrfach heller sind als
   der milde Glanz der Sterne. Die Fehler liegen auf der Hand: sie
   stammen vom Dogma her. Die Seele soll aufsteigen vom ir-
   disch Plumpsten (Materie unedler Art: Kleid, Wand) über
   Vornehmeres (Gold und Silber) zu beinahe Geistigem auf Erden (Feuer) und erst dann zum Himmlischen (Sterne). Ange-
   messener wird der geistige Aufstieg geschildert in Augustins
   unmittelbarer Vorlage, Plotin 1,6,9: »Was sieht dies innere
   Gesicht? Wenn es eben erweckt ist, kann es den Glanz noch
   nicht voll erblicken; so muß man die Seele gewöhnen: zuerst
   muß sie die schönen Tätigkeiten sehen, dann die schönen Werke, nicht welche die Künste schaffen, sondern die Männer, die
   man edel nennt; und dann blick auf die Seele derer, die diese
   schönen Werke tun. Wie du sehen kannst, welche Schönheit
   eine schöne Seele hat? Kehre ein zu dir selbst und sieh dich an
   … Wer aber die Schau unternimmt mit einem durch Schlech-
   tigkeit getrübten Auge, nicht gereinigt, oder schwach, der
   kann aus Schwachheit das ganz Helle nicht sehen und sieht
   auch dann nichts, wenn einer ihm das, was man sehen kann,
   als anwesend zeigt. Man muß nämlich das Sehende dem Gesehenen verwandt und ähnlich machen, wenn man sich auf die
   Schau richtet.« (R. Harder, Plotin, Band 1, Leipzig 1930, 12 f.;
   etwas abgewandelt: Hamburg ²1956, 23 ff.) Die Lehre geht
   letztlich auf Platon zurück, dessen Ausführungen im Staat
   7,514 ff. (Höhlengleichnis) die Grundlage boten.

53 Diese Zeitangabe dient der Stilisierung auf Glaubwürdigkeit
   hin; s. S. 239 ff. Daß mit *alio die* wirklich der folgende Tag gemeint ist, erhellt aus dem nächsten Paragraphen, der das vor-
   hergehende Gespräch *hesternus*, ›gestrig‹ nennt (25,3).

54 Zusammenfassung des schönen Abschnitts De ordine 2,25 ff.

55 Für den Christen wie für den Neuplatoniker Vorbedingung des neuen Lebens. Daß bei der Erwähnung der Sinnenwelt nicht so sehr an die Täuschung durch die sinnliche Erkenntnis gedacht ist als an die sinnliche Lust, sich der Welt hinzugeben, wird aus den Vergleichsstellen deutlich: De libero arbitrio 2,37: De vera religione 3,3 »Die Wahrheit zu erfassen, behindert nichts mehr als ein Leben, das der Lust frönt«. In den Retractationes 1,4,7 zeigt sich Augustin der vorliegenden Stelle gegenüber bedenklich; besser, meint er, wäre es gewesen, wenn er nicht einfach von der Sinnenwelt, sondern ausdrücklich von der vergänglichen Sinnenwelt gesprochen hätte, damit nicht der Anschein erweckt werde, er folge der Ansicht des ›falschen Philosophen‹ Porphyrius, der lehrte, der Körperwelt als solcher müsse man entfliehen. Daß der Schüler Plotins, der Christenfeind Porphyrius, in Cassiciacum bereits seinen Schatten zwischen Augustin und den Neuplatonismus hätte werfen können, wird widerlegt durch die geradezu glühende Bejahung des Neuplatonismus, etwa Contra Academicos 2,5. Vermutlich hat Augustin damals Porphyrius noch nicht genauer gekannt, hatte er doch sogar von Plotins Schriften nur wenige gelesen (sicher 1,6 und 5,1, aber wohl auch 4,7); vgl. P. Henry, Plotin et l'Occident, Spicilegium sacrum Lovaniense 15, Louvain 1934, Kap. 4, und P. Henry, La vision d'Ostie, Paris 1938, 16 ff. Zu Porphyrius s. P. Henry, Plotin et l'Occident 73; P. Alfaric, L'évolution intellectuelle de Saint Augustin 1, Paris 1918, 374 ff. Anders W. Theiler, Porphyrios und Augustin. Schriften der Königsberger Gelehrten Gesellschaft, Geisteswiss. Klasse 10,1, 1933. Vgl. Anm. 177.

56 Das Bild der geflügelten Seele nach Platons Phaidros 246 a ff. auch bei Plotin 5,9,1. Das Bild der gefangenen Seele nach Platons Phaidon 82 e.

57 Ein in der sokratischen Literatur geläufiges Bild; im Dialog De magistro wird Christus als Seelenarzt bezeichnet.

58 Zur Stilisierung auf Glaubwürdigkeit hin s. S. 239 ff.

59 Den folgenden Abschnitt nennt W. Thimme, Augustins geistige Entwicklung, Berlin 1908, 113 »Platonismus von reinster Stilart«.

60 Ständig kommt Augustin sein eigenes sittliches Problem in die Quere: so fällt ihm als erstes Beispiel für die Ideenlehre die Keuschheit ein; vgl. oben in § 17 die Ausführungen über die

Ehhe. Auch De libero arbitrio 1,6 nennt als erste Sünde den
Ehhebruch.

61 Bilisher ist erst klar, daß die Denkmöglichkeit, ›wahr ist, daß
dides und jenes existiert‹ ewig ist, also die Wahrheit als Denk-
maöglichkeit, nicht die Wahrheit selber, sofern damit auch
›WWirklichkeit‹ gemeint ist.

62 DDie Vernunft, die hier doziert, stellt sich in Widerspruch mit
sicch selbst, wenn sie Soliloq. 2,32,4 erklärt: Körper sind nicht
wvahr, sie sind Täuschungen, ahmen nämlich nur ihre Idee
naach, ohne sie zu erreichen. Ein Widerspruch auch gleich in
1,,29,2: Die Wahrheit ist nicht *in loco*. Wenn Augustin den
Baaum *verus* nennt, meint er die Identität des Baumes mit sich
seelber, die Wirklichkeit des Baumes; dieser Begriff hat aber mit
deer Idee nichts zu tun.

63 Imm Ausdruck ›es gibt‹ steckt der Begriff ›existieren‹, was der
DJenkmöglichkeit ›wahr‹ Eigendasein zubilligt.

64 NJach Platon ist Lehren identisch mit Erinnern; Augustin teilt
hiier noch Platons Ansicht von der Präexistenz der Seele; vgl.
S. . 220.

65 V/ergleiche die verwandte Formulierung im Gebet oben § 5,3:
»MMein gnädigster Vater … nimm mich …, deinen Diener,
ann.«

66 UJnvergeßlich in der genialen lateinischen Kürze des Isokolons
nooverim me, noverim te. Franz M. Sledaczek, Die Selbsterkennt-
ñiüs als Grundlage der Philosophie nach dem heiligen Augusti-
nuus, Scholastik 5, 1930, 329 ff. weist auf platonische Tradition
hijin und macht seine Behauptung glaubwürdig mit Beispielen
auuch aus Plotin.

67 AAugustin nimmt hier das *cogito, ergo sum* Descartes' vorweg,
dɗessen Formulierung eben auf Augustin beruht. Der Gedanke
sppinnt sich von Contra Academicos 3,19 über De beata vita 7;
Sȯoliloquien 2,1; De libero arbitrio 2,7; Confessiones 7,7; De
geenesi ad litteram 7,28; De trinitate 10,13.14; 13,3 bis zur Civi-
taas Dei 11,7 hin. Vgl. E. Gilson, Introduction à l'étude de Saint
AAugustin, Paris 1928, 52; W. Windelband, Lehrbuch der Ge-
soсhichte der Philosophie, hg. v. H. Heimsoeth, Tübingen
19935, 232; E. Bréhier, Histoire de la philosophie 2, Paris 1948,
7.73.

68 AAugustin zeigt, daß er mit den antiken Auseinandersetzungen,
ɔob die Welt ewig sei oder nicht, vertraut ist. Als Christ hätte er

die künftige Zerstörung der Welt nicht in Zweifel ziehen dürfen.

69 Nach der platonischen Ideenlehre bringt die Idee der Wahrheit das Wahre erst hervor; in der christlichen Formulierung des Gebetes lautet dieselbe Lehre Soliloq. 1,3,1: »Gott Wahrheit, durch den wahr ist, was wahr ist.«

70 Die sensualistische Wissenslehre, die Augustin der folgenden Beweisführung zugrundelegt, ist die Lehre des Protagoras (5. Jh. v. Chr.), wie sie von Platon im Theaetet (151 d ff.) dargestellt und widerlegt worden ist. Augustin kennt diese Erörterungen aus der späteren skeptischen und der den Skeptizismus bekämpfenden Literatur. Vgl. Windelband, Lehrbuch (s. Anm. 67) 140.

71 Der anscheinend von Cicero geschaffene Ausdruck (de fin. 4,48; vgl. ad Att. 1,16,2) ist von Augustin auch später noch gern verwendet worden (c. Julian. 1,4,12; 3,7,16); vgl. A. Otto, Die Sprichwörter und sprichwörtlichen Redensarten der Römer, Leipzig 1890, 282, der allerdings das Zitat der Soliloquien nicht kennt.

72 Man darf den Trugschluß ›Sein bedeutet Vorgestelltwerden‹ nicht zu leicht nehmen. Er ist das Leitmotiv des extremen Idealismus, des Spiritualismus (Windelband, Einleitung in die Philosophie 127 ff.), und resultiert aus der Überschätzung des absoluten und des menschlichen Geistes, die als einzig wirklich angesehen werden. Bei Augustin nimmt der Trugschluß einen wichtigen Platz ein: Wenn die Sinnenwelt nur Sein hat, insofern sie vom Geist durch Vermittlung der Seele gestaltet ist, ist ein Weltgeist und eine Weltseele anzunehmen, um so eher, als es Ungestaltetes nicht gibt. Darum auch 2,5,7 die Frage nach der Aufeinanderfolge von Seelen, weil die Welt nicht wäre, wenn sie der Geist nicht dächte.

73 Steine und Holz als Beispiele nach Platons Phaidon 74 b.

74 Den Begriff der relativen Größe erarbeitete Plato im Theaetet 153 d ff. Für die Späteren gehörte er zu den frei verfügbaren Stücken der Erkenntnistheorie.

75 Der Dialogstil gehört zur platonischen Tradition; s. S. 239 ff.

76 Schlaf und Traum stehen oft im Interessenkreis Augustins; s. zu 11,5. – Der ganze Abschnitt über die Sinnestäuschungen steht in derselben Tradition wie etwa Lukrez mit seinem 4. Buch. Die unmittelbare Vorlage ist für Augustin aber si-

cherlich der verlorene Teil der Academica Ciceros gewesen. Die historischen Zusammenhänge klärt trefflich der Aufsatz von O. Gigon, Zur Geschichte der sogenannten Neuen Akademie, Museum Helveticum 1, 1944, 51 f. Vgl. auch Anm. 78.

77 Traum und Wahnsinn, auch die Fieberträume, standen als vorgeformte Beispiele jedem antiken Schriftsteller zur Verfügung, seitdem Protagoras auf sie hingewiesen hatte; vgl. Plat. Theaet. 157 e ff.; s. auch Anm. 76.

78 Augustins Zurückhaltung gegenüber dem neuplatonisch-christlichen Dämonenglauben verdient Beachtung. Die Stelle zeigt aber auch, wie sehr Augustin mit fremdem Gedankengut arbeitet, das ihm in ähnlichen Erörterungen schon gestaltet vorlag. Außer Ciceros Academica sind offenbar auch spätere erkenntnistheoretische Schriften von ihm berücksichtigt worden.

79 Man vergleiche A. Rehm in der Realencyclopädie der class. Altertumswissenschaft 8 (1913) 2416 ff. unter dem Stichwort *horologium*; J. Marquardt – A. Mau, Das Privatleben der Römer, 2. Aufl., Leipzig 1886, 256.792 ff.; Herm. Diels, Antike Technik, 3. Aufl., Leipzig 1924, 192 ff. – Wie der Mechanismus beschaffen war, ist nicht sicher zu sagen. Wahrscheinlich stürzte, durch eine sinnreiche Stauung vorbereitet, eine bestimmte Wassermenge in einen Kolben und drängte die dort stehende Luftsäule durch Pfeifen hindurch.

80 Die angekündigte Darlegung hat Augustin nicht mehr ausgeführt.

81 Ähnlich die Reihenfolge bei Lukrez, nämlich: Gesichtssinn 4,54 ff., Gehörsinn 4,524 ff., Geschmackssinn 4.615 ff. und Geruchssinn 4.673 ff.; auch er steht hier in einer Tradition, die von der Neuen Akademie geschaffen war. Vgl. Anm. 76.

82 S. Anm. 75.

83 O. Keller, Die antike Tierwelt, Leipzig 1913, 2,261; die von Aristoteles (hist. anim. 516 a 24) verbreitete falsche Beobachtung findet sich zuerst bei Herodot 2,68. Seltsamerweise gibt es fossile Formen (Dinosaurier), die den Oberkiefer bewegen konnten: vgl. O. Abel, Lehrbuch der Paläozoologie, Jena 1920, 398. Daß man im Altertum davon Kenntnis gehabt hätte, ist unvorstellbar.

84 S. § 11,1.

85 Diese Auffassung hatte Augustin schon oben § 3,6 vertreten und war darauf widerlegt worden.

86 S. Anm. 29.

87 Dichtungen lügen: eine Auffassung, die der ganzen Antike gemein ist, und zwar seit Hesiods Theogonie 27 f.; s. etwa Hans-Georg Gadamer, Plato und die Dichter, Frankfurt/Main 1934; J. W. H. Atkins, Literary Criticism in Antiquity, 2 Bde., Cambridge 1934. In der römischen Welt begegnet diese Auffassung zum Beispiel bei Horaz, Ars poetica 151. – Der rein inhaltlich interessierte Wahrheitssucher Augustin kann jetzt mit der Dichtung nicht viel anfangen ; vgl. De ordine 1,8.

88 Spiegelbilder als Täuschungen oben § 10,4; 11,3.7; 10,3.

89 Malerei als Beispiel für Täuschungen schon oben § 10,4; 11,8; über die Täuschung in den Künsten reden die folgenden Paragraphen, besonders § 18.

90 Die Träume der Schlafenden und die Einbildungen der Wahnsinnigen dienten oben § 10,2; 11,5; 12,3; 13,4 als Beispiele; s. auch Anm. 77.

91 Die Bewegung der Türme, das gebrochene Ruder, Schattenbilder dienten oben § 10,4; 11,5 als Beispiele.

92 Berühmter römischer Schauspieler, der mit Cicero befreundet war und von diesem häufig erwähnt wird. Der Name des Roscius ist schon zu seinen Lebzeiten der Inbegriff des vollkommenen Künstlers geworden: »Wer in einer Kunst Hervorragendes leistete, hieß in ihr ein Roscius« (Cicero, Vom Redner 1,130; vgl. Brutus 290).

93 Wie Augustins Ausdrucksweise erkennen läßt, erinnert er sich an Ciceros Bemerkung in der vierten Rede gegen Verres § 135, wo unter den großen Kunstwerken des Altertums die in Athen befindliche eherne Kuh des Myron (*ex aere Myronis bucula*) genannt wird. Es handelt sich um die Darstellung einer säugenden Kuh, die der große Erzbildner Myron von Eleutherae im 5. Jahrhundert v. Chr. geschaffen hatte und die wegen ihrer erstaunlichen Naturähnlichkeit viel gepriesen worden ist (vgl. die Epigramme Anthologia Palatina 9,713/742.793/798; dazu Goethes Aufsatz »Myrons Kuh«).

94 Mit der Grammatik hat sich Augustin gerade in Cassiciacum viel beschäftigt. Sie stand unter den Wissenschaften, die in Varros Disziplinen zusammengefaßt waren, an erster Stelle (ihr folgten als die beiden nächsten Wissenschaften die Rhetorik und die Dialektik, danach die Musik, Geometrie, Arithmetik und Astronomie), und sie ist die einzige dieser Wissenschaf-

ten, deren Darstellung Augustin bei der Bearbeitung des varronischen Werkes im Jahre 386 in Cassiciacum wirklich hat zu Ende führen können. Das Buch ist ihm später aus seinem Schranke *(armarium)* verlorengegangen (Retr. 1,6,6), doch scheinen sich Auszüge in den zwei unter Augustins Namen stehenden Schriften De grammatica (1. ed. H. Keil, Grammatici Latini 5,490 ff.; 2. ed. C. F. Weber, Univers.-Programm Marburg 1861) erhalten zu haben. Vgl. H.-I. Marrou, Augustin et la fin de la culture antique, Paris 1938, 570 ff.

95 Vgl. Horazens Ars poetica v. 333 f.

96 Lehre, *disciplina:* Zur Ableitung und Begriffsbestimmung des Wortes s. O. Mauch, Der lateinische Begriff Disciplina, Diss. Basel 1941.

97 Flug des Daedalus: etwa bei Ovid, Metamorphosen 8,183 ff.; vgl. De ordine 2,37.

98 Schläge auf die Hände der Schüler waren im Altertum, wie zahlreiche Zeugnisse beweisen, eines der gebräuchlichsten Erziehungsmittel; s. etwa H. Leclerq im Dictionnaire d'archéologie chrétienne et de liturgie 3,1 (1913) 1217 ff. s. v. *châtiments.* Von den Schlägen, die er selbst empfangen hat, spricht Augustin auch conf. 1,9,14.

99 Augustin sollte beweisen, daß die Wissenschaft existentielle Eigenschaft der Seele ist, aber wie in De immortalitate 5 geht er über den Beweis hinweg. Es handelt sich eben um einen platonischen Gemeinplatz (vgl. etwa Plotin 4,7,10[15]).

100 Feuer und Schnee als Beispiel nach Platons Phaidon 103 d. 106 a.

101 Platon im Phaidon 105 d.

102 Das Gesetz, von dem ausgehend Platon im Phaidon 102 b ff. seinen Beweis für die Unsterblichkeit der Seele entwickelt hat; 102 e: »Kein Entgegengesetztes, das noch ist, was es war, mag zugleich das Gegenteil werden oder sein, sondern entweder entfernt es sich oder es geht bei diesem Vorgang unter.« Ähnlich 104 b. Augustin kommt von diesem Satze aus, indem er die Unterscheidung zwischen dem Verschwinden und dem Untergehen auswertet, zum Zweifel an der allgemeinen Unsterblichkeit.

103 Zu Beginn dieses zweiten Buches: oben § 2 ff.

104 Augustin denkt wohl an die griechische philosophische Literatur, die ihm bei seinen damals noch geringen Griechischkennt-

nissen nur soweit ohne Schwierigkeiten zugänglich war, als er
sie in Übersetzung lesen konnte; vgl. P. Courcelle, Les lettres
grecques en Occident de Macrobe à Cassiodore, 2. Aufl., Paris
1948, 137 ff.

105 Es kann nur Ambrosius gemeint sein, den Augustin in Mailand beobachten konnte, ohne ihm so nahe zu kommen, wie er
es wünschte. Vielleicht ist R. Guardinis Bemerkung (Augustins Bekehrung, Leipzig 1935, 218) richtig, Augustin habe
diese Begegnung doch nicht so gewollt, wie er sie hätte wollen
müssen, um sie zu erreichen. »Die beiden Geister waren sehr
verschieden, und es ist nicht unwahrscheinlich, daß der genia-
le, feinfühlige, von allen Fragen des Daseins geschüttelte und
wiederum so ehrgeizige Augustin den großgeformten, wahrhaft römischen Mann mit seiner herrscherlichen Überlegenheit
im Grunde gefürchtet hat.« »Nicht zu helfen, ist grausam«,
fährt Augustin weiter; ein deutliches Urteil über Ambrosius,
dessen Abgeklärtheit ihm offenbar unheimlich war.

106 Die Mauriner und Alfaric, L'évolution intellectuelle de Saint
Augustin 373 vermuten, wohl mit Recht, daß Augustin hier
von seinem Freund Zenobius spreche, der nach De ordine 1,20
zunächst zum Kreise von Cassiciacum gehört und sich zu den
dort erörterten Fragen in einem Gedicht geäußert hatte, dann
aber in raschem Aufbruche hatte abreisen müssen. Die Vermutung hat um so mehr Wahrscheinlichkeit, als von dem Freunde
an beiden Stellen mit demselben Ausdruck gesagt wird, er
nehme an dem Leben in Cassiciacum immer *pro familiaritate*
Anteil.

107 Gemeint ist wohl allein Zenobius, den Augustin in § 26 erwähnt hatte; zur Ausdrucksweise s. Anm. 26. Weniger über-
zeugend dachte Thimme, Augustins geistige Entwicklung 122
Anm. 3 an Ambrosius. Vgl. Anm. 105 und 106.

108 Ein Vers des alten Tragikers Pacuvius (Ribbeck, Trag. Rom.
Fragm., 2. Aufl., S. 150 Nr. 397), wohl aus dessen »Medus«,
in dem zu Beginn der Handlung Medea auf einem Drachenwa-
gen aus der Luft herabgekommen zu sein scheint. Der Vers
diente schon bei Cicero De inventione 1,27 als Beispiel für die
mythischen Erzählungen, die »weder Wahrheit noch Wahrscheinlichkeit enthalten«.

109 Die weibliche Kleidung der Schauspieler und der Homosexul-
len wird bei Augustin gleich bewertet; verborgene Homo-

sexualität zieht nicht den Makel der *infamia* auf sich, erweist aber den betreffenden als *nequam*.

110 Augustin begründet diesen Satz mit einem Rückverweis auf die idealen Figuren der Geometrie. Eine deutlichere Erklärung findet sich De immortalitate animae 24, wo Augustin ausführt, die Rangordnung innerhalb des (neuplatonischen) Stufenbaus entscheide über den Seinsgehalt. Er sagt dort: »Wenn der Körper so unvermittelt seine Gestalt gewänne wie die Seele, wäre er, was die Seele.« – Zum Begriff der Gestalt vgl. auch S. 232 sowie Anm. 148.

111 1,9,2 ff.; s. auch Anm. 27.

112 Siehe S. 220. Im besonderen hat Augustin sich hier wieder nach dem Phaidon gerichtet (76 c ff.).

113 Gegen die hier vertretene platonische Erinnerungslehre führt Augustin später in den Retractationes 1,4,8 die Erleuchtungslehre ins Feld.

114 Zum ersten Abschnitt vergleiche man Soliloq. 2,21 ff. Der Beginn der später geschriebenen Abhandlung faßt den Inhalt der früheren in wenigen klaren Sätzen zusammen.

115 *animus/anima*: Augustin gebraucht das Maskulinum und das Femininum ohne Bedeutungsunterschied. *animus* überwiegt bei weitem; es ist in den Paragraphen 1–7 und 11–21 allein gebraucht. Offensichtlich ohne Grund steht in den Paragraphen 8–10 und 22–25 *anima*. In den Paragraphen 10 und 23 finden sich beide Ausdrücke nebeneinander. Man könnte vermuten, *animus* werde verwendet, wo von den rationalen Fähigkeiten gesprochen wird, *anima* hingegen, wo die Leben spendende Kraft gemeint ist. Dem scheinen die Formulierungen wie *ratio est aspectus animi* (§ 10), *semper ergo animus vivit, sive ipse animus sit sive in eo ratio inseparabiliter* (§ 2), *mori animam* (§ 8), *de animae immortalitate* (§ 10) zu entsprechen. Aber die Vermutung wird nichtig, wenn wir vergleichen *rationalis anima* (§ 25), *neque animus esse, nisi vivat, potest* (§ 15).

116 Logik, *disciplina*. Der Übersetzer steht dem Wort *disciplina* machtlos gegenüber. Es umfaßt im weitesten den Begriff ›Wissenschaft‹, bezeichnet aber im einzelnen die Logik, die Dialektik, ja die Mathematik (Geometrie). Anderseits vertritt es das Verbum *discere* = ›lernen‹ als Substantiv, muß also zuweilen mit dem deutschen Wort ›Lehre‹ übersetzt werden (vgl. Soliloq. 2,20,1). Da kein deutsches Wort all diese Begriffe umfaßt,

tritt bald das eine, bald das andere ein. – Vgl. auch Anm. 96.

117 Der greise Augustin widerspricht in den Retractationes. 1,5,2: »Und es kam mir nicht in den Sinn, daß Gott die Wissenschaften nicht aufnimmt und doch aller Dinge Wissen hat, worin auch die Voraussicht des Zukünftigen ist.« Dieser Widerspruch gilt auch dem Satz gegen Ende des Paragraphen: »(Die Seele) umfaßt nichts in ihrem Wissen, das nicht irgendwie zur Logik gehörte.«

118 Wiederaufnahme von Soliloq. 2,19ff.

119 Geometrie, Mathematik dienen, als das rationalste Wissen, seit Platons Menon 82aff. dem Unsterblichkeitsbeweise; vgl. Anm. 27.

120 Zusammenfassung von Soliloq. 2,24,3.

121 Vgl. oben in Anm. 55 die Erläuterung zu Soliloq. 1,24,2.

122 Die Handschriften bieten an der vorliegenden Stelle nicht ›was erkannt wird‹, sondern ›was sie erkennt‹, jedoch wird die Fassung ›was erkannt wird‹ durch Augustin in den Retractationes 1,5,2 bezeugt, wo er gegen seinen Satz »daß das, was erkannt wird, immer sich selber gleich sei« den Einwand vorbringt, daß »auch der Geist erkannt wird, der doch nicht immer sich selber gleich ist«. In der Tat gehört die Unveränderlichkeit (das ἀεὶ ὡσαύτως ἔχειν) nach platonischer Lehre wesenhaft zum geistigen Sein, mit dem der erkennende Geist zwar verbunden ist, dem er aber nicht gleichgesetzt werden darf; s. auch Anm. 157.

123 Der frühe Augustin ist Rationalist; der Christ hätte hier den Glauben nennen müssen; vgl. Anm. 24 und Anm. 124.

124 Augustin sieht ja mit Vorliebe das rationale Element der Seele; die vitalen seelischen Regungen wie Schlaf, Traum und der ihnen ähnliche Wahnsinn bedrohen den rationalen Unsterblichkeitsbeweis; s. S. 228ff. sowie Anm. 76 und 77.

125 Die pythagoreische Theorie, daß die Seele die Harmonie des Körpers sei (vgl. Plat. Phaid. 85eff.; Aristot. de anima 1,4,407b27ff.), wird von Plotin (4,2,1 Anfang; 4,7,8[12]) ebenso abgelehnt wie hier von Augustin. Ähnlich unten § 17,1ff.

126 Siehe oben Anm. 119.

127 Der ganze Abschnitt lebt von der platonisch-aristotelischen Lehre des ersten Bewegenden, das selber unbewegt ist (πρῶτον κινοῦν; vgl. Plat. Phaidr. 245c/e; Aristot. Metaphysik 1024d; 1071b2ff.).

128 Tun/betätigen/bewegen/handeln: Die lateinischen Wörter *agere* und *movere* ersetzen sich gegenseitig. Das mag daher rühren, daß Augustin ja im Grunde nur von der menschlichen Seele redet, also von ihrem Handeln *(agere)*, sich aber bemüht, philosophiegerecht zu abstrahieren. Da stellt sich der abstraktere Begriff ›Bewegung, Betätigung‹ ein *(movere)*. Hier scheint die Anschauungsform, die der Abstraktion zugrunde liegt, durch.

129 Die Ausführungen an dieser Stelle deuten schon auf das wertvolle elfte Buch der Confessiones voraus (siehe dort besonders Kap. 14).

130 Veränderlichkeit scheint die Unsterblichkeit in Frage zu stellen; s. S. 259 f.

131 Logik und Mathematik sind gemeint.

132 Augustin lehnt diesen Satz in den Retractationes 1,5,2 ab, mit der Bemerkung, daß doch auch Gott ein solches Leben besitze, »da bei ihm das höchste Leben und die höchste Vernunft ist«.

133 Diese im Schlußsatz des Abschnitts als wahr hingestellte Aussage entspricht der platonischen Lehre, daß der Seele ihre Kenntnisse durch die vorleibliche Schau zuteil werden, so daß sie nur bewußt gemacht werden müssen; diese Kenntnisse gelten als »sozusagen verschüttet«; vgl. Anm. 112 und S. 220 f.

134 Die in der platonischen Tradition so wichtige sokratische Methode; s. S. 244 ff.

135 Die Torheit scheint die Unsterblichkeit der Seele in Frage zu stellen; vgl. S. 262 f.

136 Veränderung der Seele durch Älterwerden, Krankheit, Angst u.s.w.: S. 262 f.

137 Mit einer solchen Veränderung ändern sich natürlich auch die entsprechenden existentiellen Eigenschaften, die ja »untrennbar mit ihrem Subjekt verbunden« sind (vgl. Soliloq. 2,22.23). Da sich aber die Vernunft, nach Augustin die existentielle Eigenschaft der Seele, nicht verändert (was Augustin zu Beginn des § 9 ergänzt), ist eine Veränderung, welche die Seele zu einem andern Begriff werden ließe, nicht anzunehmen.

138 Hier wie im § 11 finden wir jene unzulässige Hypostasierung der Vernunft, welche auf falsch verstandenen Neuplatonismus schließen läßt; vgl. auch Anm. 122 und 142.

139 Die der neu gewonnenen Erkenntnistheorie Augustins, dem Illuminismus (s. S. 220 f.), entsprechende Vorstellung; wir treffen sie im Werk Augustins in den Soliloquien 1,13.

140 Diese Gleichsetzung spielte, in einer etwas andern Form, schon
     Soliloq. 2,21 eine wichtige Rolle; die rationalste Wissenschaft,
     die Logik, wurde dort mit der Wahrheit gleichgesetzt (weil sie
     den andern Wissenschaften ihren Wahrheitsgehalt gibt); diese
     Gleichsetzung diente damals (vgl. S. 256 C zu Soliloq. 2,21)
     als die zweite Hypothese im Unsterblichkeitsbeweis. – In der
     gleichfolgenden Auseinandersetzung mit der vorliegenden
     Definition deutet Augustin an, daß diese Wahrheit »für sich
     selbst bestehe«, was eine Weiterbildung der platonischen ›sei-
     enden‹ Idee ›Wahrheit‹ darstellt.
141 Gemäß der Erörterung in § 9; vgl. § 5.
142 Vernunft eine Substanz: diese Anschauung wurde im § 9 vor-
     bereitet; vgl. Anm. 138.
143 Augustin erhebt in den Retractationes 1,5,2 Einspruch gegen
     diesen Satz: »Das hätte ich sicher nicht gesagt, wenn ich schon
     damals in der Heiligen Schrift so gebildet gewesen wäre, daß
     ich mich an das erinnerte, was geschrieben steht: ›Eure Sünden
     trennen euch von Gott‹ (Jes. 59,2). Hieraus kann man erken-
     nen, daß man auch bei jenen Dingen von Trennung sprechen
     kann, die nicht an Orten, sondern unkörperlich verbunden
     waren.«
144 Dieser Satz und der folgende Abschnitt sind reiner Neuplato-
     nismus. Vgl. S. 226.
145 Vgl. oben Anm. 135.
146 Die Theorie von der unendlichen Teilung der Materie ist eine
     Täuschung der nicht-materialistischen Philosophie, obschon
     ihr von Aristoteles die These der Unteilbarkeit der Atome
     entgegengestellt wurde. Den Fehler begeht Augustin wohl aus
     folgendem Grund: Er geht von der mathematischen These der
     unendlichen Teilbarkeit der Strecke aus (7. Abschnitt des vor-
     liegenden Paragraphen und Soliloq. 1,10); dies ist ein Axiom
     und darum unanfechtbar. Aber die Gleichsetzung der Strecke
     mit einem Körper (vgl. Anm. 147) ist ein grober Fehler. Augu-
     stin begeht ihn übrigens auch im 3. Brief. Eben dieses Fehlers
     wegen stehen die Schlußsätze des Paragraphen auf schwachen
     Füßen.
147 Unzulässige Gleichsetzung der Materie mit der abstrakten ma-
     thematischen Strecke; vgl. Anm. 146.
148 Das Wort *species* hat Cicero für das griechische ἰδέα verwen-
     det; es vereinigt die verschiedensten Begriffe in sich: Idee, Ge-

stalt, Gestaltetheit, Schönheit (besonders im Adjektiv *specio-sus*); vgl. Aug. div. quaest. 83, quaest. 46,1 f. – In der Überset-zung stehen die deutschen Ersatzbegriffe, je nachdem es die Umgebung verlangte. – Zum Sachlichen vgl. die Ausführun-gen S. 232. Die hier erörterte Frage wird unten in § 18 wieder aufgenommen.

149 Diese Bewertung des Seelisch-Geistigen entspricht Augustins sittlicher Entscheidung ebenso wie der Lehre des Platonismus; s. S. 226 und Anm. 55.

150 Das *gignere* wird hier, wie es scheint, vom *facere* unterschieden; man mag die Lehre des Aristoteles erkennen, die er mit dem Worte, daß »der Mensch den Menschen erzeugt«, zum Aus-druck bringt (vgl. Bonitz im Index Aristotelicus S. 59 s. v. ἄνθρωπος 8). Anderseits ließe sich der lateinische Satz durch eine leichte Änderung auch mit der Lehre (z. B. Porphyr. sent. 13), daß der Erschaffende dem von ihm Erschaffenen überlegen sei, in Übereinstimmung bringen. Aber man wird von dieser Möglichkeit keinen Gebrauch machen dürfen. (Das Vorstehende auf Grund dankbar benützter Auskünfte von W. Theiler.) Vgl. Plotin 3,8,5,24 Henry-Schwyzer.

151 In diesem Satz, ja im ganzen Abschnitt, erkennt man das, was die mittelalterliche Philosophie den Gottesbeweis *a contingentia mundi* nannte; vgl. E. Gilson, Introduction à l'étude de Saint Augustin 24.

152 Am Anfang des Paragraphen.

153 Gilson 67 Anm. 2 erklärt: »Cela ne signifie nullement qu'elle puisse subsister sans Dieu, mais que, à la différence des corps, elle n'a pas besoin de se mouvoir ni de changer pour subsister.«

154 Nach neuplatonischer Vorstellung heißt diese Wesenheit ›Weltseele‹. Offenbar steht Augustin hier wiederum in Abhän-gigkeit von neuplatonischer Literatur.

155 Mit diesem Satz wird das ›Leben‹ zu einer Substanz gemacht. Augustin arbeitet mit diesen Abstraktionen wie mit Vorstel-lungen, die der Körperwelt angehören.

156 Dieser Gedanke erinnert an die Ausführung über die Seele, welche eine Harmonie des Körpers darstellen könnte (2,2 ff. mit Anm. 125). Die Erörterung ist im vorliegenden Abschnitt ausführlicher.

157 Daß nur die geläuterten Seelen die wahren Wesenheiten schau-en, ist die Lehre Platons und der Platoniker; s. etwa Plat.

Phaid. 79 c ff.; Rep. 6,484 a ff. Augustin gibt diese Lehre bis in
die Einzelheiten des Wortlauts genau wieder *(quae vere sunt =
τὰ ὄντως ὄντα; incommutabilia = τὰ ἀεὶ ὡσαύτως ἔχοντα; pur-
gare = καθαίρειν).* Vgl. Soliloq. 1,23 mit Anm. 52.
158 Vgl. Soliloq. 1,24 mit Anm. 55.
159 Der Begriff der Farbe sprengt hier wie unten im gleichen Paragraphen die Reihe der existentiellen Eigenschaften, die als Beispiele verlangt wären. Soliloq. 2,22 lehnt Augustin die Farbe
als existentielle Eigenschaft ab.
160 Die Beweisführung ist hier ähnlich wie in § 11.
161 Oben in § 13 ff.
162 Siehe oben § 15 sowie Anm. 153.
163 Vgl. oben Anm. 102.
164 Vgl. die langen Ausführungen Soliloq. 2,5–21.
165 Der ›Unsterblichkeitsbeweis der Wahrheit‹ findet sich in Soliloq. 2,2; vgl. dazu S. 228 ff.
166 Vgl. den ähnlichen Gedanken Soliloq. 1,27,7; 2,21,2; 29,1;
31,4 und im Gebet Soliloq. 1,3,1; s. dazu Anm. 5 und 69.
167 Die unterste Stufe im neuplatonischen gestuften Sein; vgl. S. 226.
168 Siehe oben § 12,1.
169 De Labriolle bemerkt in seiner Ausgabe S. 166 dazu: »Nous
goûtons assez peu ... ces discussions ... sur l'éventualité que
l'âme devienne corps si elle s'assujettit à une autre âme. ... Par
ce côté, il est déjà l'homme du moyen-âge, lequel s'est souvent
complu, à sa suite, dans ces jeux d'ombres, dans ces phantas-
mes plus ou moins chimériques.«
170 Man vergleiche dazu unsere Zusammenfassung der plotinischen Lehre S. 226.
171 Die ersten Sätze dieses Abschnitts gehören zu jenen unklaren,
die Augustin im Alter nicht mehr begriff; er verwahrt sich
gegen diese Stelle in den Retractationes 1,5,3: »Was dies bedeutet: ›Wenn die Seele keinen Körper hat, ist sie nicht in
dieser Welt‹, kann ich mich nicht erinnern. Denn haben etwa
die Seelen der Toten den Körper noch, oder sind sie nicht in
dieser Welt? Als ob die Unterwelt nicht in dieser Welt wäre!
Aber weil ich die Freiheit vom Körper zum Guten gerechnet
habe [Text unsicher], habe ich mit dem Worte Körper vielleicht die Verderbnis des Körpers bezeichnet. Ist dies der Fall,
so habe ich das Wort allzu kühn gebraucht.«

172 Im vorhergehenden Paragraphen.

173 Vgl. Soliloq. 2,11,5, wo von der Täuschung durch Traumbilder in der langen Auseinandersetzung über die Täuschung die Rede ist.

174 »Dies alles ist recht unbedacht behauptet«, stellt Augustin in den Retractationes 1,5,4 unwirsch zweimal fest. Die Lehre von der Weltseele war ihm unannehmbar geworden. – Hier sehen wir besonders deutlich die neuplatonische Lehre von der Stufung des Seins den augustinischen Ausführungen zugrunde liegen.

175 Wir erinnern an den Satz der Soliloquien 2,32,6: »Ich glaube, ein Körper wird durch eine Form und Gestalt gebildet. Hätte er sie nicht, wäre er kein Körper; hätte er eine wahre Gestalt, so wäre er eine Seele.«

176 »In allen Teilen (des Körpers) ist (die Seele) zur gleichen Zeit als ganze gegenwärtig, und nicht klein in kleinen Teilen und in großen groß, sondern am einen Orte mehr, am andern weniger gespannt ist sie sowohl in allen Teilen ganz als auch in den einzelnen Teilen ganz.« Augustin Brief 166,4. Vgl. auch De quant. anim. 25.

177 Dasselbe Beispiel bei Plotin 4,7,7. – Auch sonst bestehen Beziehungen zwischen Plotins Schrift 4,7 und der vorliegenden Abhandlung Augustins (vgl. Anm. 99.125). Daß Augustin jene Schrift unmittelbar benutzt habe, ist die nächstliegende und wahrscheinlichste Annahme (F. Wörter, Die Geistesentwicklung des hl. Aurelius Augustinus bis zu seiner Taufe, Paderborn 1892, 163 ff.; einschränkend Thimme, Augustins geistige Entwicklung 134 ff.).

WORT- UND SACHVERZEICHNIS

LITERATURHINWEISE

Die wichtigste Literatur faßt zusammen:
C. ANDRESEN, Bibliographia Augustiniana. Darmstadt ²1973, 62.
253 (Carnicelli), ferner: 58 (Hoffmann; Voss).

Im folgenden sind nur wenige Werke genannt, die gründlich infor-
mieren und gut weiterführen.
P. ALFARIC, L'évolution intellectuelle de Saint Augustin, I: Du Ma-
nichéisme au Néoplatonisme, Paris 1918.
C. ANDRESEN (Hrsg.), Zum Augustingespräch der Gegenwart, 2
Bde. Darmstadt I: ²1975, II: 1981.
MARY I. BOGAN, The Vocabulary and Style of the Soliloquies and
the Dialogues of St. Augustine, Diss. Washington 1935 (The Ca-
tholic University of America, Patristic Studies Vol. 42).
E. GILSON, Introduction à l'étude de Saint Augustin, Paris ⁴1969
(mit vielen wertvollen Literaturangaben).
R. GUARDINI, Die Bekehrung des heiligen Aurelius Augustinus,
München ³1959.
P. HENRY, Plotin et l'Occident, Spicilegium sacrum Lovaniense 15,
Louvain 1934.
P. HENRY, La vision d'Ostie, Paris 1938.
K. HOLL, Augustins innere Entwicklung, Abhandl. der Preuß.
Akademie der Wissenschaften 1922, Phil.-Hist. Klasse Nr. 4,
Berlin 1923 (auch in Holls Gesammelten Aufsätzen zur Kirchen-
geschichte 3, Berlin 1928, 54 ff.).
R. JOLIVET, Dieu, soleil des esprits, ou la doctrine augustinienne de
l'illumination, Paris 1934.
H. P. MÜLLER, Augustins Soliloquien. Einleitung, Text und Erläu-
terungen. Diss. Basel 1954.
J. NÖRREGAARD, Augustins Bekehrung, übersetzt von A. Spelmey-
er, Tübingen 1923.
G. SÖHNGEN, Der Aufbau der augustinischen Gedächtnislehre, in:
»Aurelius Augustinus«, Festschrift der Görres-Gesellschaft zum
1500. Todestag des heiligen Augustinus, herausgegeben von
Martin Grabmann und Joseph Mausbach. Köln 1930, 15 ff.

K. Svoboda, L'esthétique de Saint Augustin et ses sources, Opera Facultatis Philosophicae Universitatis Masarykianae Brunensis 35, Brno 1933, vgl. Bibl. Aug. ²1975, 130 sub nomine.

W. Theiler, Porphyrios und Augustin, Schriften der Königsberger Gelehrten Gesellschaft, Geisteswiss. Klasse 10, 1933, Heft 1; wiederholt: ders., Forschungen zum Neuplatonismus, Berlin 1966, 160–251.

W. Thimme, Augustins geistige Entwicklung in den ersten Jahren nach seiner ›Bekehrung‹, 386–391 = Neue Studien zur Geschichte der Theologie und der Kirche, Drittes Stück, Berlin 1908.

W. Thimme, Augustin. Ein Lebens- und Charakterbild auf Grund seiner Briefe, Göttingen 1910.

F. Wörter, Die Unsterblichkeitslehre in den philosophischen Schriften des Aurelius Augustinus, mit besonderer Rücksicht auf den Platonismus, Programm Freiburg i. Br. 1880.

F. Wörter, Die Geistesentwicklung des hl. Aurelius Augustinus bis zu seiner Taufe, Paderborn 1892.

C. W. Wolfskeel, De immortalitate animae von A. Augustinus, Diss. Utrecht 1973, vgl. ders. in: Vigiliae Christianae 26, 1972, 130–145.

M. Wundt, Ein Wendepunkt in Augustins Entwicklung, Zeitschrift für die Neutestamentliche Wissenschaft 21, 1922, 51 ff.

ÜBERSETZUNGEN

L. Schopp und A. Dyroff: Aurelius Augustinus, Selbstgespräche. Übersetzt von L. Schopp. Einleitung und Anmerkungen von A. Dyroff, Münster 1938.

P. De Labriolle: Soliloques. De immortalitate animae. De.quantitate animae. Texte de l'édition bénédictine, traduction, introduction et notes par Pierre De Labriolle = Bibliothèque augustinienne, Oeuvres de Saint Augustin, 1ᵣₑ série: Opuscules, V Dialogues philosophiques, II Dieu et l'âme, Paris 1948.

P. Remark: Augustinus Selbstgespräche. Lateinisch und deutsch herausgegeben von P. Remark, München ²1965.

NACHTRÄGE ZUR LITERATUR

R. AYERS, Language, Logic and Reason in the Church Fathers, Hildes-
heim / Zürich / New York 1979.

P. BROWN, Augustine of Hippo. A Biography. Berkeley 1967, dt. München
1973.

H. CHADWICK, Augustin, Göttingen 1987.

K. FLASCH, Augustin. Eine Einführung in sein Denken, Stuttgart 1980.

W. GEERLINGS, Augustinus, Freiburg i. Br. 1999.

A. V. HARNACK, Augustin. Reflexionen und Maximen (1922), Tübingen
1995.

L. HÖLSCHER, Die Realität des Geistes. Eine Darstellung und phänome-
nologische Neugründung der Argumente Augustins für die geistige
Substantialität der Seele, Heidelberg 1999.

CH. HORN, Augustinus, München 1995.

H. MARROU, Augustinus und das Ende der antiken Bildung, Paderborn
²1995.

U. NEUMANN, Augustinus, Reinbek bei Hamburg.

Augustinus-Lexikon, herausgegeben von C. Mayer [u. a.], Basel 1994.

Corpus Augustianum Gissense (CAG) auf CD-ROM, herausgegeben
von C. Mayer, Basel 1996 (Bibliographie).

NACHWORT ZUR 2. AUFLAGE

Das vorliegende Buch entstand nach Abschluß (1947) meiner Dissertation über die Soliloquien (s. Literaturverzeichnis) in jahrelanger Zusammenarbeit mit Herrn Prof. Dr. H. Fuchs, dem ich an dieser Stelle herzlich danke. Für die Zweitauflage hat in dankenswerter Weise Herr Prof. D. Dr. C. Andresen die Literaturangaben auf den neuesten Stand gebracht.

H. P. M.

Anläßlich der 3. Auflage (2002) wurden die Nachträge zur Literatur eingefügt.